W0350091

La naissance d'une famille

Du même auteur

Votre bébé est unique au monde
Albin Michel, 1971

T. Berry Brazelton

La naissance d'une famille

Ou comment se tissent les liens

TRADUIT DE L'AMÉRICAIN
PAR CHRISTIAN BOUNAY

Préface du Pr. J. de Ajuriaguerra

Stock/Laurence Pernoud

EN COUVERTURE : photo Pascale Roche
Agence Petit Format

Titre original : *On becoming a family*
(Delacorte Press/Seymour Lawrence, 1981)
© 1981, T. Berry Brazelton
© 1983, éditions Stock pour la présente traduction

ISBN 2-02-008655-7

La loi du 11 mars 1957 interdit les copies ou reproductions destinées à une utilisation collective. Toute représentation ou reproduction intégrale ou partielle faite par quelque procédé que ce soit, sans le consentement de l'auteur ou de ses ayants cause, est illicite et constitue une contrefaçon sanctionnée par les articles 425 et suivants du Code pénal.

A Gertrud Reyersbach et Ralph Ross
remarquables pédiatres et amis dévoués.

Préface

Le professeur T. Berry Brazelton, pédiatre, néonatalogiste, professeur attaché à la faculté de médecine d'Harvard, chef de l'Unité de développement de l'enfant du Centre médical pour enfants de Boston, a publié de nombreux ouvrages. Dans *Votre enfant est unique au monde (Infants and mothers)* — son premier livre traduit en français — et dans *Toddlers and Parents*, il s'est intéressé tout particulièrement à l'étude du nourrisson dans son environnement et a observé des différences individuelles à partir de trois types de bébé (actif, moyen, calme) dont il a suivi l'évolution au cours de la première année. C'est ainsi qu'il a mis en évidence les caractéristiques des comportements parentaux leur répondant, et, poursuivant la même démarche clinique, il s'est attaché à décrire les relations médecin-enfant *(Doctor and Child)*.

On a dit avec juste raison, et tout particulièrement Winnicott, qu'un enfant seul, c'est-à-dire sans son environnement, ça n'existe pas, ce qui a justifié les nombreux travaux portant sur l'impact de l'environnement sur l'enfant. C'est plus récemment que l'éclairage s'est porté sur *le rôle actif joué par le bébé*, et que les notions d'interactions parents-enfants-parents ont commencé à se répandre. T. Berry Brazelton a été justement un des premiers à nous faire découvrir cette nouvelle approche, comme en témoigne le présent ouvrage, *Naissance d'une famille (On becoming a family),* écrit tout d'abord à l'intention des parents mais aussi de tous ceux concernés par ces recherches.

Dans le livre que nous présentons ici, T. Berry Brazelton décrit, d'une façon originale, les étapes normales du développement neuropsychologique du bébé. Il s'agit pour lui de montrer aux parents quelle est la signification de ces étapes afin qu'ils puissent comprendre ce qui se passe chez leur enfant et qu'ils sachent alors déchiffrer son langage comportemental. L'auteur vérifie ainsi, dans cette période de préparation aux adaptations réciproques, la « synchronie » ou l'« asynchronie » parents-enfant. On suit avec lui l'évolution des inter-relations et de l'attachement dont il situe la programmation dès la vie intra-utérine — période que n'avait pas approfondie Bowlby et ses collaborateurs. Devant l'importance, dans la formation de cet attachement, de tous les événements petits et grands qui vont être à la base des inter-relations parents-bébé, il met en évidence l'intérêt *d'une consultation prénatale du pédiatre,* consultation tout à fait originale, permettant de prendre conscience des rôles respectifs du père et de la mère, et d'évaluer la place de chacun, fœtus et médecin compris, pour ce couple « en train de devenir une famille ». Avec T. Berry Brazelton on voit alors que, sous-jacent aux inquiétudes de tout futur parent — inquiétudes qu'il juge normales et saines — un conflit est présent, soulevé par la contradiction permanente qui existe entre le désir d'avoir un enfant et celui d'en être débarrassé. La plupart des parents, ajoute T. Berry Brazelton, nient ce sentiment de refus mais, dans l'inconscient, l'ambivalence des désirs tend toujours à dominer les rationalisations. Tout cela mobilise une énergie affective qui, au long de la grossesse, va être une source de stimulations, aidant les futurs parents à franchir ce cap important de leur existence. Mais cela va bien au-delà : l'énergie suscitée peut dès lors être utilisée au bénéfice de l'être qu'ils ont créé. Car le bouleversement émotionnel, inhérent à la grossesse, sert une fonction majeure, en préparant les futurs parents à la fois à l'*attachement* à l'enfant et à leur nouvelle relation en tant que parents.

L'auteur évoque également des questions actuellement de premier plan pour de nombreux lecteurs, comme celles du lieu de l'accouchement, des techniques, des méthodes, du climat qui y préside, et des notions de choix et de liberté des parents et professionnels concernés. Il aborde ensuite la phase de désorganisation, voire de semi-dépression et de confusion, qui suit l'accouchement, mais en l'envisageant comme un état contribuant à accélérer, chez la mère, un repli par rapport à son univers antérieur pour lui donner le temps d'acquérir un nouveau type de sensibilité et de réactivité à l'endroit de son bébé.

Actuellement, avec T. Berry Brazelton, tout le monde accorde à l'enfant d'extraordinaires potentialités dès qu'il vient au monde. Si les parents perçoivent cette *compétence* et ce langage précoces du bébé, les interactions parents-enfant s'établiront rapidement, selon une dynamique en harmonie avec les stades adéquats du développement.

A chacun de ces stades, *des processus de détachement vont jalonner le chemin de l'attachement* pour lequel T. Berry Brazelton nous montre que, s'il est vraiment réciproque, il laissera la place à des périodes de ruptures négociées. On doit alors entendre le détachement comme le processus de maternage qui permet à l'enfant de prendre la relève, *de se rendre compte,* et *de rendre compte, qu'il peut devenir indépendant.*

Il est particulièrement intéressant de mettre en valeur, au cours de ce cheminement, des cycles de comportement, entre parents et enfant, réglés comme des systèmes homéostatiques de communication, ou des phases dyadiques. Les travaux de T. Berry Brazelton nous montrent qu'on perd quelque chose si l'on continue à décrire des comportements à partir de phénomènes isolés (par exemple les sourires ou les vocalises). Les réalités que recouvrent les patterns décrits par l'auteur sont plus riches : phase d'accueil chez le bébé, orientation mutuelle chez les deux partenaires, phase de dialogue (jeu suivi de désengagement momentané), puis cycle d'attention mutuelle, vocalisation, désengagement. Ces patterns sont fluides et rythmiques lors des relations avec la mère, alors qu'ils sont en dents de scie lors des relations avec les objets. C'est parce qu'il y a réciprocité qu'il peut y avoir synchronie affective, l'interaction étant un système mutuellement réglé dans lequel chaque partenaire modifie son action en réponse au « feed-back » provenant de l'autre.

Ces patterns d'interaction réciproque s'organisent en périodes sensibles, différentes selon les types d'enfants et les types de mères, l'activité de l'enfant et la disponibilité de la mère, et la capacité de l'un et de l'autre à réagir aux signaux. Cela dépendra également de la façon dont la mère, qui a son propre rythme social d'activité, s'adapte — au cours des premières semaines — aux rythmes biologiques innés du bébé et comment celui-ci supportera certaines contraintes. Les conditions qui rendent ces patterns fonctionnels dépendent de la confrontation entre mère et enfant, de leur activité-réceptivité. On voit ainsi la richesse des variables qui se chevauchent dans ces spirales d'interaction sans qu'on puisse toujours distinguer celles qui seront déterminantes. De même, la causalité directe univoque est souvent, chez le bébé, difficile à isoler, car ce qui déclenche une modification ne peut pas être dissocié de la réponse qu'on obtient.

On conçoit alors, si l'on fait sienne cette démarche

globale, que les faits n'ont de sens que dans un contexte donné. Ils peuvent être eux-mêmes ou leur contraire. Le mécanisme de répétition dans lequel une réaction peut apparaître, disparaître et réapparaître, ne peut être valorisé qu'en fonction de la situation dynamique et de la trajectoire dans laquelle il se manifeste.

Les « comportements » décrits par T. Berry Brazelton ne nous paraissent simples que grâce à la clarté de l'auteur. Ils sont d'une grande complexité et nous apprennent qu'on doit se méfier lorsqu'on dit « un fait est un fait ». Ce qui importe est de savoir à quoi ce fait répond, dans un contexte donné, et à quoi il s'ouvre, et comment il s'organise. Un fait est tantôt un simple signe, tantôt une « proposition » dans le sens linguistique du terme. Des actions ou des réactions, comme les vocalises et les sourires, sont tantôt de simples signaux, tantôt l'ouverture d'un dialogue, l'ébauche d'un discours, le désir d'un échange dans lequel il y a un locuteur et un interlocuteur.

Dans ce livre, T. Berry Brazelton, sémiologue averti et observateur minutieux, ouvre la voie, avec passion et originalité, à des recherches pluridisciplinaires nouvelles et fructueuses, tant il est vrai que nous avons encore à apprendre sur la manière dont se tissent les liens...

J. de AJURIAGUERRA.

Le calendrier de l'attachement

L'attachement à un nouveau-né n'éclôt pas du jour au lendemain. Il est tentant pour les futurs parents d'imaginer que l'on s'attache instinctivement à son enfant et que tout le monde est apte à remplir le rôle de parent le moment venu. De fait, il est plus aisé pour les parents de prendre pour argent comptant l'idée communément répandue selon laquelle, si l'accouchement se déroule sans encombre, l'attachement à l'enfant naîtra spontanément et sera profondément gratifiant. Et les ravissantes photos du père, de la mère et de leur beau bébé souriant, rendent un peu plus romantique cette vision du rôle des parents. Bien sûr, dans une très large mesure, l'attachement est effectivement instinctif ; mais il n'est ni instantané ni « automatique ». Pour le percevoir dans toute sa complexité et avec ses écueils, il faut le voir comme un processus continu.

Quand on mûrit l'idée d'avoir un enfant, et que l'on observe ses amis qui eux, sont déjà parents, toutes sortes de remarques viennent à l'esprit. De prime abord, on constate qu'ils vivent repliés sur eux-mêmes. Ils ont l'air fatigué et n'ont d'autre sujet de conversation que leur bébé, qu'ils ne cessent d'ailleurs de porter aux nues, tant ils le trouvent superbe. Pour excuser ses cris désagréables, ils disent qu'il a faim, qu'il est fatigué, ou qu'il fait ses dents. Ils ennuient leur entourage, à force de tergiverser en se demandant s'ils s'y prennent comme il faut quand leur enfant a la colique, pour l'endormir, ou quand ils lui donnent le biberon. Leur univers semble tout entier centré sur le bébé et ils ne pensent qu'à lui, même quand il n'est pas là. C'est à croire qu'ils ont renoncé à leur propre personnalité, et on a le sentiment qu'ils se donnent trop à lui. Croient-ils à ce point que le moindre de leurs gestes est si important ? Faut-il donc renoncer à sa propre existence pour son enfant ? Pour l'homme ou la femme qui envisage de franchir un tel cap, ces questions prêtent à réfléchir.

Le fait que les jeunes parents se sentent tenus de toujours faire pour le mieux, conjointement au mythe communément répandu selon lequel l'attachement à l'enfant éclorait dans un court laps de temps déterminant à la naissance, ne font qu'alourdir leurs préoccupations. En insistant trop sur la nécessité d'un *renforcement* immédiat et sur le besoin impérieux de produire les « réponses » adéquates au bon moment, on sape la sérénité et la confiance en soi du jeune parent.

Rares sont les parents qui perçoivent l'aspect enrichissant de la relation parent-enfant. En règle générale, on se souvient mieux des conflits que des joies qu'a pu nous procurer notre relation avec nos propres parents. Nous étions alors nous-mêmes les bénéficiaires de leur attachement. Enfants, nous exigions et l'on s'adaptait à nous, tandis que nous nous accommodions tant bien que mal du comportement compliqué de nos parents. Contrairement à ce que laissent croire certains mythes romantiques, on n'apprend à devenir parent que par un processus long et complexe. C'est un investissement de soi et un dévouement pour lequel nous avons été conditionnés, pour le meilleur ou pour le pire, par notre expérience passée — quand nous étions nous-mêmes maternés.

La grande majorité des jeunes parents d'aujourd'hui ont passé leur enfance dans des familles comptant peu d'enfants et sans avoir eu, quand ils étaient plus grands, l'occasion d'apprendre à s'occuper d'un petit frère ou d'une petite sœur en bas âge. Dans certaines cultures où plusieurs générations se côtoient dans la même famille, la tradition orale perpétue, d'une génération à l'autre, la transmission des conseils pour l'élevage des enfants. Mais, dans nos sociétés, les parents n'ont d'autre recours que de lire beaucoup pour assimiler ce qu'ils peuvent de la somme considérable de savoir et de théories modernes sur la façon d'élever les enfants. Le plus souvent, ils n'ont personne pour les aider à faire un tri dans ce qu'ils ont appris et à en concevoir la mise en pratique. Sachant qu'ils doivent pouvoir reconnaître les étapes importantes du développement de leur enfant, les parents sont la plupart du temps trop tendus pour vivre de façon épanouie cette période. Ils passent le plus clair de leur temps à comparer leurs observations avec celles d'autres parents. Chaque acte, chaque décision, sont minutieusement pesés et soupesés. Et, dans un tel contexte, l'enfance ne saurait être agréable à vivre pour personne — et encore moins pour l'enfant lui-même.

J'aimerais aider les parents à ne pas se sentir constamment tenus de rechercher la perfection. Selon moi, l'essence du maternage, ce n'est pas ce que l'on fait pour l'enfant, mais plutôt l'échange, l'« écho » profondément gratifiant que l'on peut instaurer entre l'enfant et soi. Les moyens de faire naître cet échange sont nombreux et varient selon les personnes. Chaque nouvelle étape vers un attachement profond et gratifiant intervient à des périodes très variables selon les personnes ; et les différences se comptent plutôt en mois qu'en jours. Le meilleur atout des parents est la liberté par la connaissance de soi, et la liberté de suivre avant tout leurs propres désirs. Les signaux que leur adresse leur enfant sont le moyen le plus sûr de savoir s'ils sont sur la bonne voie.

Je voudrais aussi aider les parents à percevoir les étapes « normales » qui jalonnent la préparation et l'adaptation au nouveau-né. Dans le cadre de ce livre, j'ai voulu étudier le maximum de réactions que nous sommes maintenant en mesure de comprendre chez un nouveau-né, afin que les parents sachent ce qui se passe chez leur enfant à chaque nouvelle étape, et qu'ils puissent déchiffrer son langage comportemental ; c'est ce qui leur permettra de savoir quand ils sont en harmonie avec leur enfant et quand, au contraire, ils ne le sont pas.

John Bowlby, le grand pionnier de l'étude de l'attachement, centre son travail sur le comportement d'attachement, plus chez le nouveau-né que chez ses parents ; et il s'intéresse relativement peu aux tout premiers mois de la vie de l'enfant. « Nous pouvons difficilement dire qu'il y a comportement d'attachement tant qu'il n'est pas prouvé que l'enfant non seulement reconnaît sa mère, mais qu'il essaie aussi par son comportement, de se maintenir en contact avec elle. » (Bowlby, 1969.)

Dans le cadre de nos recherches au *Children's Hospital Medical Center* de Boston, nous avons analysé les étapes du début de l'attachement, qui sont déterminantes à la fois pour l'enfant et pour ses parents. Et nous avons découvert que l'enfant est un individu étonnamment bien organisé dès sa naissance, et d'emblée en mesure d'adresser des signaux à son entourage pour faire savoir s'il se sent bien, ou moins bien. En lui répondant, les personnes qui le maternent lui procurent le contrôle nécessaire — et qui lui manque — sur ses propres réactions ; elles lui fournissent le support qui lui permet de se tenir réceptif et de répondre aux événements importants qui interviennent dans son environnement ; ce qui, en retour, encourage l'enfant à approfondir sa connaissance de soi. Robert White (1960), appelle cet apprentissage la « sensation de compétence ». Cet apprentissage, au travers du mélange de l'excitation intérieure produite par l'acquisition de chaque phase nouvelle du développement comportemental et du renforcement par les réponses des parents, apporte à l'enfant des sensations enrichissantes de maîtrise de soi et de son environnement. Conjointement, la maturation de ses systèmes nerveux et moteur forge la base de son développement à venir.

En apprenant à connaître leur enfant, les parents apprennent à mieux se connaître eux-mêmes. Quand l'enfant réagit comme ils l'espèrent aux attentions qu'ils lui prodiguent, l'écho de ce succès leur procure une sensation gratifiante. Les parents se découvrent ainsi dans leur rôle de personnages maternants. Quand, en revanche, l'enfant n'a pas la réaction attendue, ils se sentent frustrés et perçoivent les aléas du rôle de parents. L'attachement et le maternage ne sont pas seulement une question d'amour ; ce sont des processus qui consistent aussi à apprendre à maîtriser sa colère, ses sentiments de frustration, son désir de démissionner de son rôle, voire d'abandonner son enfant. En apprenant à ne pas s'arrêter à ces sentiments et à voir plutôt les récompenses simples mais profondes que procure le maternage — par exemple, les sourires de l'enfant et l'accomplissement des étapes successives de son comportement — les parents parviennent à un équilibre nécessaire. L'acquisition de cet équilibre constitue en quelque sorte le « calendrier de l'attachement ». Sans les sentiments négatifs de déception, d'échec et de frustration, les succès ne seraient pas si gratifiants. On peut aimer son enfant sur un simple coup de foudre, mais continuer à l'aimer est un apprentissage : on apprend à se connaître en même temps que l'on découvre son enfant. Tel est le thème de ce livre.

1

La grossesse : naissance de l'attachement

Mettre au monde un premier enfant est un des grands paris de l'existence, probablement le plus exaltant de tous. Donner la vie est synonyme d'enrichissement et de maturation ; pour la première fois, on nourrit de son propre corps un autre être et l'on est responsable de lui et de son développement. C'est l'occasion de se perpétuer et de prendre un nouveau départ dans la vie. La naissance du premier enfant, c'est aussi la « naissance de la famille » ; prendre part à la croissance et au développement de l'enfant, c'est l'assurance de récompenses indicibles. Et puis, il y a ce sentiment de « responsabilité » qui prend corps. Craindre de ne pas être « à la hauteur », ne jamais être certain, ou certaine, d'avoir choisi ce qui valait le mieux de ceci ou de cela, s'empêtrer dans les soucis (amplifiés le plus souvent), douter de soi parce que l'on manque d'expérience, se sentir inefficace : craintes universelles s'il en est, et auxquelles nul parent n'échappe. Et il est vrai que plus les parents s'attachent à faire « pour le mieux » pour l'enfant, plus ils en viennent à douter d'eux-mêmes et sont en proie à une foule d'angoisses quotidiennes.

Notre culture occidentale met à notre disposition quelques méthodes pour se préparer au bouleversement affectif que représente la venue du premier enfant. N'oublions pas que, lorsque les jeunes parents d'aujourd'hui sont nés, rares étaient les heureux pères qui assistaient à l'accouchement, et tout aussi rares étaient ceux qui s'occupaient activement du nourrisson. D'autre part, les grands-parents n'habitent pas nécessairement à proximité et le désir qu'ont les parents de tout faire par eux-mêmes risque d'agrandir le fossé entre les générations. Le soutien apporté par la société aux jeunes parents est le plus souvent insuffisant, bien que les groupes de préparation à l'accouchement s'efforcent de combler tant bien que mal ce vide. Parmi les professionnels susceptibles de prodiguer conseils et assistance, les parents peuvent se tourner vers les médecins et les pédiatres. Mais les médecins sont des gens fort occupés ; les sachant peu disponibles parce que sollicités par les « vraies urgences », les jeunes parents n'osent pas faire appel à eux pour apaiser les inquiétudes dues à l'inexpérience.

Pour ma part, j'ai essayé de déterminer les stades précis auxquels les tensions éprouvées par les jeunes parents réclament une disponibilité réelle du pédiatre ou du médecin de famille : dans ces moments, le praticien doit se montrer à eux comme un élément d'un système d'aide et de soutien qui, quelles que soient ses déficiences, n'en est pas moins là pour aider ceux qui ont besoin de lui. Je me suis attaché à mettre en évidence ces moments où, avec un peu de compréhension et en donnant aux parents la possibilité de poser des questions et de décharger leur anxiété, on leur est d'une aide précieuse. Dans ce sens, j'aimerais voir les pédiatres jouer un rôle actif dès le tout début du développement de l'enfant et de l'évolution des parents. J'aimerais qu'ils suivent le développement intégral du bébé, et ce, pas seulement au plan physique. Enfin, j'aimerais qu'ils comprennent les processus qui ont été amorcés et qu'ils participent au travail difficile du tissage des liens de l'attachement et de l'amour parental. A ces fins, j'ai consacré une bonne partie de ma carrière à essayer de mettre en relief les moments favorables au contact — ces périodes où les parents et l'enfant sont ouverts à une intervention de l'extérieur et que le médecin peut mettre à profit pour s'introduire dans la famille en tant que participant actif et pour aider, dans le court laps de temps disponible, les parents et l'enfant à mieux se connaître et à s'aimer. A l'occasion de ces périodes de réceptivité, un simple contact avec un observateur attentif et averti peut contribuer à resserrer les liens de la famille, à aider ses membres à mieux se percevoir mutuellement et leur apprendre à renforcer les liens de leur attachement.

LA VISITE PRÉNATALE

Le premier contact, et peut-être le plus enrichissant, peut intervenir à l'occasion d'une rencontre avec les futurs parents au dernier trimestre de la grossesse. Une quinzaine de minutes suffisent pour faire connaissance. Ce premier moment passé avec les futurs parents équivaut pour moi aux dix ou quinze heures qui seraient nécessaires pour établir une relation médecin-parents après la naissance. Cette prise de contact est d'un enseignement précieux pour mon travail avec les futurs parents et, je l'espère, précieux aussi pour eux, dans le sens où ils peuvent commencer à voir en moi un allié une fois le travail d'obstétrique mené à bonne fin.

Une certaine Mme Dorn me téléphona pour prendre rendez-vous pour une visite prénatale. Elle était enceinte de sept mois et me dit que, puisque tout semblait bien se passer, elle n'avait pas vraiment besoin de cette consultation ; mais son gynécologue lui avait dit que j'aimais rencontrer les parents avant la naissance de l'enfant.

Ce genre d'entrevue nous offre l'occasion de faire plus ample connaissance avant de nous concentrer sur l'enfant lui-même. Les futurs parents peuvent mettre cette rencontre à profit pour me sonder et s'assurer qu'ils ont bien fait de me choisir comme médecin ; pour moi, c'est l'occasion de répondre aux questions qu'ils se posent et d'essayer d'endiguer l'émotion et la confusion qui sont inévitables à l'approche de la naissance de l'enfant. En parlant avec eux avant l'événement, je suis à même de toucher du doigt certains de leurs problèmes, tout en leur montrant que je n'ignore pas à quel point leurs inquiétudes et leurs motivations sont profondes. Je les aide aussi à voir que leurs difficultés sont normales, et même « productives ». Il faut qu'ils sachent que ces difficultés, ce trop-plein d'émotions sont en quelque sorte le moteur de la relation qui les liera à l'enfant. Connaissant les tenants et les aboutissants de cette phase capitale, et en la débarrassant de sa connotation négative, j'aide les parents à se préparer à une relation affective constructive, dont l'enfant sera le premier à bénéficier.

Cette entrevue crée entre nous certains liens qui porteront encore leurs fruits bien longtemps après la naissance de l'enfant. Dans leur majorité, les obstétriciens et les sages-femmes éprouvent quelque difficulté à partager avec d'autres praticiens la relation privilégiée qu'ils ont établie avec la future maman ; dans ce sens, le fait que parents et pédiatre puissent se connaître avant la naissance représente certainement un pas de géant pour notre système médical ultra-spécialisé et trop cloisonné. Cela dit, les parents eux-mêmes sont réticents, parce que déjà totalement dépassés par ce qui leur arrive, et aussi parce qu'ils savent à quel point il est important qu'ils se concentrent sur la relation déjà existante avec la personne qui aidera à mettre l'enfant au monde. Pour surmonter ces réticences naturelles, je m'efforce de souligner l'apport capital que, par la suite, cette visite peut représenter pour eux, lorsque nous commencerons à travailler avec le nouveau-né.

Au téléphone, je confirmai à Mme Dorn que j'aimais rencontrer les parents avant l'accouchement, afin de les connaître d'abord en tant que personnes. Sur un ton plus intéressé, elle me demanda : « Quand voulez-vous m'examiner ? » Je lui expliquai que si je voulais la voir, ce n'était pas pour l'examiner, mais pour faire sa connaissance et lui donner l'occasion de me connaître aussi. Je pouvais ne pas lui plaire et cette entrevue lui permettrait de décider si elle voulait vraiment « travailler » avec moi. « Tous les pédiatres voient-ils les choses ainsi ? » Je lui répondis que beaucoup étaient tout prêts à rencontrer les jeunes parents avant la naissance et que, pour elle-même et son mari, c'était un bon moment pour arrêter leur choix.

S'il est vrai que beaucoup de praticiens n'aiment guère être jaugés et ne reconnaissent pas encore l'utilité de la consultation prénatale, il n'en reste pas moins qu'un bon nombre ont admis cette notion et méritent bien une « petite visite ». Ces derniers sont vraisemblablement aussi de ceux qui suivent à la fois le développement de l'enfant et l'évolution des parents, et qui aident activement ceux-ci à s'occuper du bébé.

Elle reprit : « Quand voudriez-vous que je vienne ? Je travaille et je ne peux pas m'absenter pendant les heures de bureau. » A l'entendre, je sentis que d'avoir à venir me voir était un poids, une contrainte que je lui imposais et qui l'importunait.

Le fait que les parents hésitent à s'engager dans une nouvelle relation importante à un moment où leur énergie est tout entière axée sur le bébé et les futurs changements de leur mode d'existence, relève d'une réticence naturelle. N'oublions pas qu'ils entretiennent déjà une relation avec l'obstétricien et qu'en soi, ces liens sont d'une importance capitale. Autrement dit, une relation de plus risque d'être une de trop. Pourtant, s'ils voient en nous l'« avocat » de l'enfant, il est probable qu'ils pourront concentrer plus efficacement leur énergie sur lui.

Lorsque je lui eus dit que je recevais encore après son heure de sortie du travail et que je tenais vraiment à la connaître, elle parut soulagée. Je lui promis que l'entrevue ne durerait que quelques minutes, que ce serait une sorte de prise de contact. Je la sentis rassurée aussi de savoir que je ne la submergerais pas de questions et que je ne m'immiscerais pas trop dans sa vie privée. Comme je lui demandais si elle pourrait venir accompagnée du futur père, elle me dit qu'il était son mari et qu'elle n'était pas sûre qu'il voudrait bien venir. « Il travaille. Pourquoi irait-il voir un médecin quand il n'en a pas besoin ? » Sur ce, je lui répétai que je consultais en fin de journée et que j'aimerais qu'elle lui demande de venir. Et, en effet, elle me rappela pour me dire : « Il veut bien venir ! » Comme si elle en était très étonnée. Rendez-vous fut pris en fin de journée.

Selon moi, la réticence de la future mère à venir accompagnée de son mari est en quelque sorte une façon de garder des « réserves » — un moyen de défense pour empêcher que trop de détails de son intimité ne soient dévoilés avant la naissance de son enfant ; c'est peut-être aussi une façon de ne pas avoir à partager avec une tierce personne notre relation à venir. Or, il faut savoir qu'à un tournant aussi important, l'intérêt de connaître le père dépasse de loin le risque de voir s'étioler la relation praticien-future mère. En engageant le partenaire dans notre relation, je m'assure sa pleine participation aux événements à venir. Il comprendra bientôt qu'il est essentiel que je puisse avoir une vision exacte de l'évolution de la cellule familiale. Plus important encore, il faudra qu'il se sente *nécessaire* au développement harmonieux de l'enfant, et c'est à moi qu'il revient de lui faire prendre conscience de son rôle.

De prime abord, Mme Dorn me parut être une jeune femme plutôt douce, à l'air réservé ; elle était brune et avait les cheveux courts. Comme elle n'était pas grande, son abdomen était très proéminent. Elle marchait en se dandinant, les mains posées sur le ventre, comme pour garder le contact avec l'enfant qu'elle portait. De son visage se dégageait un air patient et mesuré, et quand je me présentai, elle me donna l'impression de vouloir garder ses distances. Son mari la suivait, discret ; c'était un homme jeune, grand et svelte, aux cheveux blond roux et qui me sembla impatient et peu assuré. Il portait des lunettes, derrière lesquelles brillaient des yeux vifs et curieux et qui, lorsque je me mis à parler doucement pour accorder le ton de cette prise de contact à la quiétude de sa femme, m'adressèrent un regard reconnaissant.

Je les priai d'entrer dans le cabinet ; M. Dorn pressa gentiment la main de sa compagne et la fit passer devant. Elle prit place dans le fauteuil profond et moelleux qui se trouvait derrière mon bureau ; ses pieds touchaient à peine terre et son abdomen comprimait sa poitrine, de sorte qu'elle en avait le souffle court. Comme elle me semblait être mal assise, je lui demandai si elle ne préférait pas une chaise ; mais elle me fit signe que non. Sur ce, elle se redressa et me regarda, comme pour dire : « Allez-y. »

Son mari était allé s'asseoir sur la chaise qui se trouvait derrière la table d'examen et je devais me pencher pour le voir. Il se tenait raide et silencieux, comme s'il s'agissait du « numéro » de sa femme et qu'il en avait conscience. Bref, je me retrouvais dans mon cabinet devant un couple quelque peu guindé et pas très affable.

De nombreux couples restent ainsi sur la défensive lors de la première entrevue. C'est pour eux une relation importante qui s'annonce, et leur façade protectrice cache qu'ils sont conscients de l'enjeu de leur démarche. Pour ma part, plutôt que de prendre cette réserve pour argent comptant, j'y vois un moyen pour eux de gagner du temps, le temps de m'évaluer et de définir la place de chacun de nous dans ce contexte nouveau.

DÉCIDER D'AVOIR UN ENFANT

Quand de futurs parents viennent me consulter, je sais par avance qu'ils passeront par un certain nombre de réactions prévisibles. L'avenir est passionnant et s'ouvre dans mille directions nouvelles. Mais, parallèlement, il se ferme dans d'autres ; ce qui prend beaucoup de jeunes parents au dépourvu, et risque même de troubler l'enthousiasme qui les porte jusqu'à la naissance de leur enfant. Je m'efforce de souligner les inévitables conflits inhérents à la grossesse, en espérant qu'en en parlant et en percevant ces conflits comme normaux, les parents pourront envisager la venue de l'enfant sans avoir à en supporter les aléas les plus pénibles.

A notre époque, décider d'avoir un enfant représente un cap plus difficile à franchir qu'autrefois. La possibilité de contrôler la fécondité par les moyens contraceptifs rend les responsabilités plus lourdes à porter. Or, la plupart des couples pressentent la nécessité d'avoir peu d'enfants et, s'ils décident d'en avoir seulement un ou deux, l'obligation de réussir devient d'autant plus contraignante. Dans une famille de six ou sept enfants, les grands aident à s'occuper des petits : il en résulte que la charge se trouve allégée, tant pour les parents que pour les enfants. Quand on n'a que deux enfants, la perte de l'un d'eux est appréhendée comme une perspective d'autant plus épouvantable. De la même façon, la crainte de commettre des erreurs est plus pesante si l'on n'a qu'un ou deux enfants. La liberté de choix qu'offre la contraception alourdit donc les responsabilités : l'enfant doit être « parfait » à tous les égards.

Je posai ma première question à Mme Dorn : « Pour quand l'enfant est-il attendu ? ». Elle me répondit qu'il ne restait que six semaines avant l'événement et qu'elle ne se sentait pas prête. Et elle ajouta : « Une des raisons pour lesquelles je ne voulais pas vous voir si tôt, c'est que cela supposait que je sois prête. Mais je me suis rendu compte que je ne le serais probablement jamais. »

Mais qui peut être vraiment prêt à franchir un tel pas ? Se sentir prêt à avoir un enfant signifie en partie se sentir sur un pied d'égalité avec ses propres parents. Or, il se trouve que les jeunes parents ont une notion du « parent idéal » à laquelle ils se mesurent. Ils revoient leur propre enfance et la réévaluent par rapport à cet idéal. Si leurs parents avaient été mieux préparés ou plus informés, auraient-ils commis autant d'erreurs ? Autant de doutes qui poussent les jeunes parents à espérer qu'en remettant la décision à plus tard, ils seront peut-être mieux préparés et qu'ils se sentiront vraiment prêts ; mais, quelque part au fond d'eux-mêmes, ils savent que ce n'est pas vrai. Si la relation avec les parents a été difficile, ou qu'un conflit de dépendance n'a pas encore été résolu, la réticence peut être d'autant plus grande, s'agissant de son propre enfant, à donner à une telle relation l'occasion de se reproduire. De fait, c'est souvent le passé des futurs parents qui les rend plus ou moins que d'autres aptes à avoir un enfant.

Cependant, un instinct puissant pousse chacun à vouloir se reproduire, à regarder vivre sa propre progéniture, à chercher à boucler le cycle adulte.

C'est vraisemblablement chez la femme célibataire que la décision est le plus difficile à prendre. Ces dernières décennies, des efforts considérables ont été accomplis pour accorder une plus large place aux femmes dans la société : les femmes ont lutté — et continuent de le faire — pour une plus grande égalité. Chez une femme indépendante, intégrer un enfant à un mode de vie chèrement conquis crée un conflit entre le désir d'être une bonne mère et celui d'être disponible pour son métier. Elle risque d'avoir à affronter l'angoisse de ne pas pouvoir subvenir aux besoins de sa famille si elle doit arrêter de travailler.

Dans le monde du travail, les femmes qui doivent cesser leurs activités pour mettre au monde et élever un enfant sont en butte à une réelle répression. Bien souvent, la législation ne permet pas aux femmes d'interrompre temporairement leurs activités sans que cela nuise à leur carrière. Dans la plupart des entreprises, une jeune maman qui demande à travailler à mi-temps pour s'occuper de son enfant est considérée comme peu motivée. Dans certains pays, comme la Suède, le Danemark et la Pologne, la législation du travail prévoit des congés de maternité et de paternité ; les employeurs accordent une mise en disponibilité de six mois à la mère et de trois mois au père[1]. Un tel système entérine la responsabilité des parents d'élever leur enfant, au même titre qu'ils sont considérés responsables dans l'exercice de leur métier. D'autres pays, comme les Etats-Unis, ne prévoient aucune mesure de ce genre, et la femme recommence à travailler très tôt après la naissance, si bien que la seule perspective qui s'offre à elle est de partager son enfant avec une nourrice ou une crèche. La confusion autour du rôle de la femme et la pression croissante qu'exerce notre monde de compétition sur les hommes et les femmes, semblent rogner à la fois l'énergie et le temps nécessaires pour s'occuper décemment d'une famille.

Mais bien d'autres contraintes sociales s'exercent sur les jeunes parents et peuvent les faire renoncer à élever un enfant. Les taux de divorce sont tels qu'ils hypothèquent généralement l'espoir d'unions durables, et ce d'autant plus qu'on a vu nombre de ses amis divorcer ou qu'on les sait en passe de se séparer. Or, pour un enfant de divorcés, le tribut à payer est énorme. Enfin, les difficultés auxquelles se heurte un parent célibataire donnent à réfléchir. Les facteurs qui pèsent sur l'avenir de l'enfant ne manquent pas, dont, en premier lieu, l'explosion démographique de ces dernières décennies, l'épuisement des ressources mondiales et la menace d'une guerre nucléaire.

1. En France, le père a droit à un congé spécial de trois jours à l'occasion de la naissance de l'enfant. Le congé de maternité est de six semaines avant la naissance et dix semaines après. (N.d.T.)

Si, malgré cela, le couple décide d'avoir un enfant, il lui faudra faire preuve d'une solide volonté. On le sait, il existe chez la plupart des couples modernes un certain nombre de conflits latents ; à mes yeux, ces conflits sont non seulement normaux, mais ils renforcent l'affection naissante autour de l'enfant.

Mme Dorn semblait regretter un peu d'avoir été aussi franche avec moi. Je m'empressai de la rassurer : « Personne n'est jamais prêt. C'est un grand pas à franchir pour vous deux et, pour l'instant, cela peut vous sembler un peu irréel et vous mettre mal à l'aise. » Elle posa les mains sur son ventre, comme pour vérifier que le bébé était bien là ; son mari réagit à mon « ... vous deux », qui le faisait entrer dans la discussion, par un hochement de tête convaincu.

A mon sens, c'est peut-être pour le futur père que la réalité est le plus difficile à saisir. Par sa croissance et ses mouvements, l'enfant rappelle sans cesse à sa mère qu'il est bien présent ; pour le père, il en va tout autrement, car il ne peut qu'imaginer cet enfant que la femme sent en elle, et auquel elle « répond ».

UNE NOUVELLE ADAPTATION

Le visage de Mme Dorn s'éclaira un peu et elle m'adressa un regard plus direct, comme pour me remercier de l'avoir comprise. « Je me sens toujours fatiguée et déprimée. J'imagine que je devrais être aux anges, et en fait je le suis, mais la plupart du temps je me sens épuisée. Je n'y comprends rien. »

La grossesse est un effort physique. La réadaptation du métabolisme absorbe beaucoup d'énergie. Et puis, il y a aussi l'adaptation psychologique. Une future mère passe bientôt la moitié de son temps de veille à rêver à son nouveau rôle et à s'y préparer.

Généralement, les femmes enceintes éprouvent des sentiments où se mêlent l'impuissance, l'anxiété, et une heureuse attente. L'énergie puisée sur leur vie de tous les jours sert à faire le « tri » de ces sensations. Dans son entourage, on trouve la future mère tantôt déprimée ou étourdie, tantôt rêveuse et lointaine.

Il peut lui prendre l'envie de rendre visite à sa mère, pour la regarder vivre et, à l'occasion, lui poser des questions sur son enfance. Elle peut aller jusqu'à remuer de vieux conflits avec sa mère, mais elle l'observe avidement et sent qu'elle a de nouveau grand besoin d'elle. Un tel empressement à prendre tout ce qu'elle peut de sa mère risque de les surprendre toutes les deux. Parfois, le désir d'être maternée peut la rendre excessivement attentive à sa belle-mère ; elle désire alors être dorlotée et conseillée par la mère de son époux, tout en cherchant à s'en défendre. Elle peut aussi s'en prendre à tous les autres personnages maternels de son entourage.

Elle en viendra même à regarder sous un autre jour ses amies et les femmes de sa connaissance qui ont des enfants. La grossesse est certainement le moment où l'on apprend le plus sur soi-même tandis que l'on se prépare à son nouveau rôle. Aux Etats-Unis, par exemple, les séances de préparation dispensées par la *Childbirth Education Association* et la *Leche League,* aident considérablement les futures mères. Non seulement les classes prénatales préparent à l'accouchement lui-même, mais elles contribuent aussi à mieux expliquer aux parents leur futur rôle. Plus important encore, ces réunions permettent aux jeunes parents de rencontrer d'autres personnes dans la même situation et de se reconnaître en elles.

Une jeune femme sur le point de se lancer dans une telle aventure a besoin de connaître d'autres femmes qui, ayant à franchir le même stade d'adaptation, sont d'autant mieux à même de l'écouter et pourront l'aider à ne pas se sentir dépassée tandis qu'elle se prépare à sa nouvelle charge.

Mme Dorn : « Je n'arrive plus à faire correctement mon travail et je crains de perdre mon emploi. En même temps, je suis prête à le quitter pour avoir le temps de penser à mon enfant. Je ne sais pas quoi faire. » Elle s'était empressée de le dire, manifestement impatiente de discuter de la façon dont elle pourrait concilier ses activités professionnelles et sa maternité.

Que doit faire une mère qui travaille ? Quand doit-elle arrêter de travailler pour se préparer à son nouveau rôle ? Nombreuses sont les femmes qui n'ont pas le choix ou qui préfèrent mener de front les deux activités.

L'enfant parviendra-t-il au terme de la grossesse ? Cette question engendre une angoisse profonde, qui empêche beaucoup de femmes de vivre leur grossesse en toute sérénité. Si la future mère a besoin de travailler et qu'elle est habituée à une vie active, il lui sera bien plus facile de continuer à travailler tant que sa condition physique le lui permettra. Mais elle doit aussi se ménager du temps libre pour se mettre en condition. Si la construction du foyer est une composante heureuse de cette période, la préparation psychologique en est la composante nécessaire.

A mon sens, l'anxiété et l'émotion indissociable de la grossesse sont pour les jeunes parents un conditionnement de l'énergie émotionnelle à la phase essentielle du processus : l'attachement à l'enfant. Faute de se donner le temps et la liberté de vivre à son rythme cette période trouble et de s'informer sur son « adaptation », la future mère peut se trouver dépassée par sa nouvelle charge de maternage, auquel cas elle risque de ne pas pouvoir garder le meilleur de son énergie pour l'enfant.

A la naissance et durant la période qui suit, la plupart des mères ont besoin de se sentir entourées et dorlotées. Mais elles peuvent aussi ne pas vouloir reconnaître ce besoin de dépendance, ce qui peut être particulièrement sensible chez une femme qui, jusque-là, a toujours mené une vie indépendante. Pour elle, il s'agit de réapprendre le bien-être que procure le fait d'avoir quelqu'un qui s'occupe et s'inquiète d'elle. Mais cette période peut se révéler bénéfique sur d'autres plans : de son côté, le mari peut lui aussi avoir des besoins plus forts et s'ils sont perçus, il peut en retour dispenser sa tendresse à sa femme et être aux petits soins pour elle, ce qui à la fois le comblera et resserrera les liens du couple. Sa propre mère jouera peut-être volontiers ce rôle, et même si cela peut raviver les vieux conflits du passage à l'âge adulte et de la séparation, ce pourra être un bon moment pour se réhabituer à la dépendance. En effet, la régression et le retour à cette dépendance permettront de préserver l'énergie en vue de la nouvelle et plus importante adaptation à venir ; le processus même de cette dépendance retrouvée peut aider la future mère à mieux percevoir l'importance d'un tel confort pour l'enfant.

La plupart d'entre nous ont dû lutter âprement pour acquérir leur indépendance vis-à-vis de leurs parents et ont appris à tant apprécier leur autonomie qu'ils ont oublié — ou effacé volontairement — le souvenir de cette chaleur, de la sensation d'être dans un cocon, que l'on éprouve quand on se laisse prendre en charge et que l'on est béatement dépendant. Cette période est idéale pour apprendre à savourer le confort de la dépendance, dont les bienfaits seront ensuite prodigués à l'enfant. Durant la plus grande partie de notre vie, nous sommes « sous pression » ; nous devons réussir et tendre à la perfection dans notre travail ; c'est ainsi que, consciemment ou non, nous reportons sur l'enfant la volonté de toujours faire mieux. En amortissant cette composante par l'autre facteur, le maternage, on donnera à l'enfant l'équilibre dont il a besoin.

Une des grandes difficultés auxquelles se heurte un jeune parent réside dans le fait qu'il lui faut renoncer à un mode de vie pour se réadapter. Sachant que l'acquisition de l'indépendance vis-à-vis des parents a pu être difficile, il risque de l'être d'autant plus d'admettre que l'on a de nouveau besoin d'eux. Le jeune parent hésite encore davantage à perturber délibérément son adaptation à la vie active, avec sa finalité, la réussite. En dernier lieu (mais non par ordre d'importance), est elle-même menacée l'adaptation qui s'est faite chez le jeune couple au moment du mariage : la réciprocité de la relation. Mais on rencontre aussi chez les deux partenaires la crainte sous-jacente d'avoir à « partager » l'enfant avec une autre personne. Vu de l'extérieur, les parents peuvent sembler ravis de cette perspective ; mais en eux-mêmes, ils sont en proie à des inquiétudes tout à fait normales. En parler entre eux peut les soulager.

« Que pensez-vous des mères qui reprennent le travail après la naissance de l'enfant ? A votre avis, quand pourrai-je le faire — je veux dire, sans que mon enfant en souffre ? »

C'est une question à laquelle il faut se garder de donner une réponse universelle. Je répondis donc : « Ne vaudrait-il pas mieux attendre de voir comment cela se passe pour vous et votre enfant et régler plus tard la question ? Si votre employeur veut savoir quand vous pourrez reprendre le travail, dites-lui que vous aurez besoin de rester à la maison au moins quatre mois. Cela vous permettra de prendre un bon départ et vous déciderez vous-même de reprendre le travail quand vous le jugerez opportun. D'ailleurs, vous aurez peut-être envie de faire prolonger votre congé. »

Les trois premiers mois, les adaptations nécessaires sont si nombreuses que si les parents n'en sont pas venus à bout au quatrième mois, ils peuvent avoir l'impression que cela ne finira jamais. Toujours durant ces premiers mois, un beau jour, l'enfant se mettra à sourire et à gazouiller, *pour ses parents.* Partager l'enfant avec d'autres personnes avant ce stade risque d'altérer la sensation de communication et d'appartenance. Or, beaucoup de femmes et une grande majorité d'hommes reprennent le travail avant que cette phase de bouleversement et de repli ne soit parvenue à son terme ; ce n'est guère idéal pour le besoin de plénitude des parents.

Quant à l'enfant et à son développement, dans l'état actuel de nos connaissances nous ignorons encore à partir de quel moment il devient moins important pour lui d'avoir une relation protégée avec ses parents. Nous étudierons plus loin les types de crises qui se présenteront dans les premiers mois de la vie, ainsi que les différents stades de l'attachement. Bien entendu, toutes sortes de variantes individuelles sont aussi possibles.

Ne pouvant donner une réponse « type », je m'efforce de répondre en fonction de chaque cas qui se présente. Je suis fermement convaincu que les tout premiers mois sont d'une importance capitale, le laps de temps idéal se situant entre six mois et un an.

A mon sens, cette phase est aussi importante pour l'évolution des parents que pour l'enfant, si bien que toute décision doit s'appuyer sur l'observation de cette évolution qui est difficilement prévisible. La séparation de la mère et de l'enfant avant que celle-ci ne soit prête à le « partager » risque de diminuer son sentiment de compétence et d'importance vis-à-vis de l'enfant. L'idéal voudrait que la décision de cette séparation soit exempte de toutes considérations d'ordre purement matériel : la jeune mère doit pouvoir prendre cette décision à son propre rythme.

L'ALLAITEMENT

Mme Dorn sembla soulagée par ma réponse. « En demandant quatre mois d'arrêt, cela me permettrait de nourrir mon enfant au sein. Je le voudrais bien, mais je me dis que si je dois me remettre tout de suite à travailler, ce n'est même pas la peine de commencer. On m'a dit qu'au début, la montée de lait ne se fait pas facilement. Si je me sens tenue par une date limite, je suis sûre que je n'y arriverai pas. »

Voyant qu'elle avait besoin d'encouragements, je lui dis : « Comme c'est votre premier enfant, la montée de lait ne se fera pas avant quatre ou cinq jours. Mais vous en serez bien récompensés, vous et votre enfant. Il apprendra tout seul à téter en stimulant le mamelon pour faire monter le lait. »

Sur ce, je lui expliquai comment se préparer à l'allaitement, en renforçant ses mamelons. « Commencez par bien vous laver les mains et la poitrine pour éliminer les microbes et avec eux, les risques d'infection, puis massez un peu chaque jour les aréoles pour les rendre moins sensibles. Ainsi, quand l'enfant commencera à téter, il ne risquera pas de vous faire mal. Les premiers temps, vous augmenterez progressivement la durée de la tétée et le lait affluera sans que le mamelon soit abîmé. Cette préparation est essentielle pour éviter les gerçures. De nos jours, dans les cliniques et les hôpitaux, on encourage plutôt les femmes à allaiter, si bien que vous ne risquez guère d'avoir affaire à des médecins ou à des infirmières qui refuseront de vous aider si vous souhaitez nourrir votre enfant. »

Dans les maternités, à la naissance d'un enfant, il se crée toujours une rivalité naturelle à laquelle les mères sont sensibles. Récemment encore, cette rivalité (bien souvent inconsciente) consistait à dissuader la jeune maman d'allaiter son bébé. Mais désormais, dans la plupart des maternités, l'ambiance a bien changé. Aux Etats-Unis, notamment grâce aux efforts « militants » d'organismes tels que la *Childbirth Education Association* et la *Leche League*, les nurseries sont maintenant équipées pour aider les femmes qui veulent allaiter leur enfant. L'importance de l'allaitement pour la mère, pour sa remise en bonne forme physique et son épanouissement personnel (car son rôle de nourricière lui procure une sensation de plénitude), va de pair avec les bienfaits physiques et psychologiques du lait maternel pour l'enfant. Nul doute dans mon esprit que tous deux bénéficient largement de la réciprocité implicite de l'acte d'allaitement (Raphael, 1973).

Les bienfaits de l'allaitement sont désormais si amplement reconnus que, pour ma part, je suis maintenant inquiet de l'attitude critique qui risque de s'exercer à l'égard des mères qui ne veulent ou ne peuvent nourrir leur enfant au sein. On a, en effet, tendance à presser la jeune mère d'allaiter son enfant, en laissant entendre que si elle ne le fait pas, elle compromettra des composantes fondamentales de l'attachement et que l'enfant en souffrira. Bien entendu, ce n'est pas vrai car pour le bébé, c'est le climat général qui entoure l'allaitement qui prime ; le type d'allaitement compte moins.

Je suis un farouche défenseur des bienfaits du lait maternel pour l'enfant, et ce pour bien des raisons ; mais je suis convaincu que si la mère se sent forcée à donner le sein, l'enfant souffrira de cette ambivalence maternelle. L'allaitement peut et doit être agréable pour les deux parties.

Mme Dorn me demanda de l'aider à décider si elle devait allaiter ou non. Je lui posai donc quelques questions sur son passé médical et lui demandai ce qui la faisait hésiter. Elle me répondit : « Je n'y ai pas vraiment réfléchi ! » Je sentis qu'elle cachait son inquiétude. Mais elle m'assura pourtant qu'elle tenait à pouvoir allaiter son enfant, sachant que c'était « le mieux ». Je lui demandai alors pourquoi elle en était si sûre. Elle me dit avoir lu que le lait maternel protégeait le nourrisson contre les infections, était moins allergène, et que l'on se sentait plus proche de l'enfant en lui donnant le sein qu'en le nourrissant au biberon. Etant entièrement de son avis, je lui redemandai pourquoi elle hésitait cependant. Elle rougit un peu, et me dit d'un air inquiet : « Notre mère ne nous a jamais donné le sein et je me demande si cela signifie que dans la famille, on n'en est pas capable. Ma sœur a essayé, mais comme le lait ne montait pas assez vite, elle y a renoncé. Maintenant, vous me dites qu'il faut attendre quatre ou cinq jours. Dois-je y renoncer moi aussi ? Je préfère ne pas essayer si c'est pour échouer. Je ne voudrais pas commencer sur un échec avec mon enfant, car il est si important pour moi de réussir. » Je reconnus que l'échec pourrait être pénible, même sur ce plan, mais j'ajoutai que toutes les mamans se posaient cette question. Je lui étais reconnaissant de s'en être confiée à moi et lui dis qu'en sachant les raisons de son indécision, je pourrais mieux l'aider.

Nombreuses sont les femmes qui pensent que pendant la grossesse il leur faut prendre une décision ferme et définitive concernant l'allaitement. S'inquiéter de savoir si l'on sera ou non une bonne maman, se souvenir de sa propre mère en se demandant si elle donnait le sein, craindre d'essayer et de ne pas savoir faire monter le lait : ce sont autant d'incertitudes qui peuvent empêcher la future mère de prendre une décision rationnelle. En principe, j'encourage les jeunes mères à attendre que le bébé soit dans leurs bras pour arrêter leur choix. Bien souvent, les réactions de l'enfant et le besoin instinctif de la mère à lui donner le sein font la décision.

LES SENTIMENTS DU PÈRE

A ce stade, je sentis qu'il fallait faire participer M. Dorn à notre conversation. Je lui demandai donc son avis au sujet de l'allaitement. Il se mit à parler d'un coup d'une voix que l'émotion rendait plus aiguë. « Je voudrais qu'elle nourrisse elle-même l'enfant, me dit-il avec élan. Quand nous en parlons et qu'elle tergiverse pour savoir si elle le fera ou non, cela me met en colère. Pourquoi ne pas essayer ? Bien sûr, si je le pouvais, je l'aiderais. Je crois que ça me tient tellement à cœur que je l'y pousse peut-être plus que je ne le devrais. Autant qu'elle, je veux que tout se passe parfaitement. On dirait que j'essaie de me placer moi aussi, n'est-ce pas ?» ajouta-t-il en rougissant.

De fait, c'est une attitude qui surprend la plupart des jeunes parents : il y a bien rivalité entre eux, pour s'occuper de l'enfant et pour l'avoir rien qu'à soi. De tels sentiments sont prévisibles ; plus on tient l'un à l'autre et à l'enfant, plus ils sont forts. Ils peuvent émerger à la surface de bien des façons. Lorsque sa femme se retranche dans ses rêves, le futur père peut se sentir rejeté et être jaloux de l'enfant. De plus, la mère peut sentir sa liberté lui échapper à cause de sa grossesse et tenir son mari pour responsable, ce qui vaudra à ce dernier d'être un peu plus exclu. Elle peut aussi se demander s'il sera un bon père pour « son » enfant, ou le comparer, à son détriment, à son propre père. De la même façon, elle en viendra éventuellement à remettre en question son mariage, à revivre une phase œdipienne et à désirer son père. Une telle remise en question risque fort d'effrayer les futurs parents s'ils n'en comprennent pas les raisons et s'ils ignorent que c'est une composante nécessaire des débuts de l'attachement à l'enfant. Ces sentiments de rivalité stimulent la dynamique de l'attachement à l'enfant ; s'ils sont compris à leur juste valeur, loin d'affaiblir l'attachement des parents l'un à l'autre, ils le renforcent.

Je rassurai M. Dorn en lui disant que cette rivalité autour de l'enfant était parfaitement normale, comme l'était son désir de tout faire au mieux pour cet enfant. J'ajoutai que si cela leur tenait tant à cœur, c'était plutôt de bon augure, tant pour eux-mêmes que pour l'enfant. Sur ce, il me dit d'une voix un peu plus sourde : « Parfois, je me sens vraiment rejeté. Elle passe de longs moments à rêver, en gardant les mains sur le bébé. Je ne peux les approcher ni l'un ni l'autre. »

Dans notre culture, la sensation qu'ont les jeunes pères d'être exclus est très profonde. Non seulement la future mère tend à reporter sur l'enfant une part de l'énergie et des attentions qu'elle consacrait à son mari, mais elle devient aussi le pôle d'attraction de tous. Durant cette période d'adaptation, plus personne ne prend de nouvelles du mari ; en revanche, on se préoccupe de la santé et des états d'âme de la future mère et chacun est « aux petits soins » pour elle. Pourtant, quand son mari est là, elle désire que ce soit lui qui s'occupe d'elle. Mais quoi qu'il fasse pour lui plaire, elle peut continuer à lui en vouloir d'avoir dû abandonner ses anciennes activités à cause de sa grossesse.

Comme il se sent responsable, souvent à un degré exagéré et irrationnel, le jeune père est très sensible à l'attitude de sa femme. Il se sent coupable de la moindre anomalie qui intervient durant la grossesse. Si, au lever, elle ne se sent pas très bien, il est responsable ; si elle a des lourdeurs et qu'elle est prise d'une nausée en pleine nuit, c'est sa faute ; si elle est fatiguée et qu'elle ne se sent pas la force de s'occuper de lui, il ne doit pas lui en vouloir car, après tout, c'est lui le coupable. Ainsi, ce sentiment d'isolement et l'amertume de se sentir de trop se retournent contre lui. Tout cela est sa faute et, bien qu'il soit tenté de se fâcher ou d'en vouloir à cette grossesse si envahissante, il est bien obligé d'admettre qu'il est responsable. Or, ces sentiments se font plus pesants s'il n'a personne à qui se confier.

« A vous entendre, on dirait que vous vous êtes senti très seul ces derniers temps. » Il me répondit que cela lui arrivait, par moments. Mais comme je m'efforçai de le réconforter, il éclata : « Jusqu'à

mes propres parents qui viennent nous voir seulement pour prendre de ses nouvelles. Moi, personne ne me demande comment je vais ! »

De fait, personne ne semble se préoccuper de la façon dont le futur père vit cette période. Sa femme, ou sa compagne, est totalement absorbée par sa propre réadaptation, et les parents et les beaux-parents ne s'occupent que d'elle et de l'enfant. Leurs amis les assaillent pour prendre de ses nouvelles, tandis que le médecin et le groupe de préparation prénatale s'intéressent avant tout à elle et à sa santé. On se désintéresse du futur père.

Que ressent-il ? Tout comme la jeune mère, il doit s'adapter à son futur rôle. Il s'inquiète aussi des dépenses supplémentaires que tout cela va entraîner. Pourra-t-il subvenir aux besoins de la famille ? Au bureau, il se surprend souvent à rêvasser et son travail en pâtit. Ne risque-t-il pas de perdre son emploi ? S'il a un métier très prenant, pourra-t-il se libérer et être suffisamment disponible pour l'enfant ? Ne lui a-t-il pas déjà été difficile de consacrer plus de temps à sa femme depuis qu'elle est enceinte ? Cela ne risque-t-il pas d'être encore plus problématique quand l'enfant sera là ?

Parfois, il préférerait même être en dehors de tout cela. Son envie de fuir, de connaître d'autres femmes peut se faire de plus en plus pressante, au point d'en devenir gênante. Se sentant abandonné (ou finissant par désirer l'être), il trouve la rivalité avec sa femme encore plus pénible. Elle a tout : l'enfant, la sollicitude de son entourage, les bienfaits de la régression. Lui, doit se surpasser. Il n'a plus personne vers qui se tourner. Quand, à l'occasion de la visite prénatale, j'ai en face de moi dans mon cabinet des futurs parents venus lier connaissance, je fais toujours participer le papa à la discussion en lui posant une ou deux questions sur la façon dont il vit cette adaptation à l'enfant attendu. Sa surprise d'être mêlé à la discussion va de pair avec son besoin de sentir que l'on se soucie de lui. Il en viendra immanquablement à me dire que *personne* ne s'intéresse à lui depuis que sa femme est enceinte.

Mme Dorn le regardait d'un air surpris et inquiet « Stan, j'ignorais que tu pensais cela. Pourquoi n'as-tu rien dit ? Je te comprends, et ça me fait du bien de savoir que tu te poses toutes ces questions. » Il lui adressa un regard affectueux. « Je ne voulais pas t'envahir avec mes problèmes. Ce ne serait pas honnête. Je sais que tu as déjà beaucoup de soucis. Je veux être un soutien pour toi, pas une charge. »

L'homme se dit qu'il doit assumer ses propres problèmes. Mais sera-t-il capable de s'occuper d'un enfant ? Dans les communautés où la famille est structurée de façon « idéale », les institutions permettent au père d'apprendre son rôle. Dans notre culture, on pourrait aisément mettre en œuvre des moyens d'éducation et de préparation à la paternité. Mais on se heurte à une règle tacite selon laquelle l'homme doit être fort et « masculin ». Laisser transparaître ses sentiments est une marque de faiblesse. Le futur père doit donc être un « vrai mâle ». Comment faire face à sa faiblesse et à son manque d'assurance ? Lutter contre ces sentiments peut être très éprouvant. Il existe aussi une conception plus moderne de la famille, selon laquelle il est normal pour l'homme de s'occuper de l'enfant. Mais cette position est encore bien fragile et les hommes qui l'adoptent ne trouvent que peu de soutien . C'est pourquoi il faut leur donner la ressource de surmonter leurs angoisses quant à leur aptitude à la paternité.

Car il est certain que même l'attitude protectrice

du jeune père pour sa femme est aussi une façon de cacher les doutes et les questions qui le préoccupent. Est-ce que je veux vraiment qu'elle soit la mère de mon enfant ? Sera-t-elle une bonne mère ? Et il aspire à une perfection utopique. Cet enfant représente tant pour lui qu'il pourrait bien préférer voir sa propre mère s'en occuper ; on retrouve ici la rivalité naturelle qui est projetée jusque dans ses désirs. Dès lors, il s'interroge plus sur les compétences maternelles de son épouse que sur lui-même ; c'est ce qui ressort quand il a la possibilité d'en parler. C'est pourquoi les hommes gagnent vraisemblablement à s'entendre dire que ce sont là autant d'interrogations universelles avant une première expérience de la paternité. Un homme a toutes les chances de ne pas se sentir compétent tant qu'il ne s'est pas essayé à son nouveau rôle.

« J'imagine que vous me trouvez ridicule, n'est-ce pas ? Pourtant, je tiens vraiment à m'occuper de cet enfant. Personne ne m'avait encore permis de parler de tout cela. Je suis effrayé de voir à quel point je m'inquiète pour elle et notre enfant. Je me fais l'impression d'être un faible. Et dans ma famille, les hommes doivent être forts. Je me souviens que quand j'étais petit, si l'on pleurait ou si l'on se montrait trop sensible, mon père partait, ou bien il se fâchait. Dans ma famille, on n'a pas le droit d'être comme je suis en ce moment. »

Je me souviens des cours que je donnais sur le comportement de l'enfant à des élèves en fin de scolarité. Les garçons étaient fascinés par ce sujet, plus que les filles ; ils voulaient tout savoir, depuis la façon de s'occuper d'un enfant, jusqu'à ce que signifie « être un enfant ». Si on leur posait la question, ils répondaient invariablement qu'ils n'en avaient pas la moindre idée ; mais tous disaient aussi espérer qu'ils auraient un jour le « courage » de s'occuper d'un enfant. A mon sens, cela reflète le besoin de materner qui, dans notre culture, sommeille chez la plupart des hommes.

Puisque nous encourageons désormais l'homme à prendre une part plus active dans l'éducation de l'enfant et à aider sa femme à s'en occuper, il faut aussi donner au futur père l'occasion de jouer avec un enfant et de s'en occuper avant et pendant la grossesse de sa femme. Cette expérience l'aidera à se sentir plus « compétent ». Sans cette préparation, les futurs pères continueront de se remettre en question — eux et leur femme — dans une période où ils sont particulièrement vulnérables. Fort d'une première expérience, le jeune père peut envisager sereinement la paternité, la construction du foyer et la perspective excitante de pouvoir bientôt jouer avec *son* enfant.

S'il perçoit ce que vit sa femme pendant la grossesse, le futur père se sent plus facilement sur un pied d'égalité avec elle. Pour ma part, quand ma femme était enceinte, j'avais coutume d'écouter au stéthoscope, quand elle dormait, les battements du cœur de l'enfant — mais ce n'était pas seulement pour m'assurer qu'il se portait bien. En réalité, je voulais, en même temps que sa mère, connaître cet enfant et me sentir plus proche de lui. Il était si évident que j'avais déjà besoin d'en savoir le plus possible sur cet enfant et sur ce qu'il était en train de vivre, que je compris bientôt à quel point j'étais déjà attaché à lui. Animé par ce désir d'avoir une relation avec le fœtus, j'étais d'autant plus attentif à tous les bébés que je voyais, aussi bien dans mon cabinet que dans le métro ou dans la rue. Et, ce qui n'est pas vraiment surprenant, je commençais à être jaloux de l'intimité qui liait déjà ma femme à notre enfant. Chaque soir, je la pressais de me décrire ce qu'elle ressentait, et je l'écoutais avec envie.

Un tel comportement est révélateur du besoin d'attachement à l'enfant. L'effort d'identification avec la femme est stimulé par le désir de savoir ce que fait son enfant, ainsi que par la remise en question inhérente à la préparation au rôle de parent.

S'étant libéré, avec mon aide, de ce qu'il avait sur le cœur, M. Dorn approcha sa chaise sans même s'en rendre compte et devint un participant à part entière de l'entrevue ; il s'assit sur le bord de son siège, le visage maintenant sérieux ; il avait perdu son air juvénile. J'eus l'impression de le voir mûrir devant moi. Il faisait désormais partie de la famille.

Chaque fois que, dans mon cabinet, je vis une expérience de cette sorte, je suis émerveillé de l'apport que représente la participation du père, le fait qu'il puisse s'exprimer et dire ce qu'il souhaite pour lui et pour l'enfant. Je savais par avance que, dès lors qu'il aurait « éclaté » et fait un peu le point sur lui-même, M. Dorn se sentirait plus proche du médecin que je suis et qu'il participerait plus activement à mon futur travail avec la famille.

UNE RELATION NAÎT : LE FŒTUS RÉPOND

Mme Dorn dut puiser de nouvelles forces dans l'éclat de son époux, car à son tour elle alla plus loin dans les confidences : « Vous savez, docteur, j'ai déjà la sensation de connaître cet enfant. Il semble réagir aux choses de la même manière que moi. Quand quelque chose m'énerve, il attend que je me calme avant de réagir lui aussi. C'est comme s'il voulait me montrer qu'il est d'accord avec moi. Pensez-vous que je suis folle de croire cela ? Je veux tellement croire à cette communication, que je n'arrive pas à faire la part de ce qui est vrai et de mes désirs. » Son expression était maintenant à la fois exaltée et suppliante, comme si elle tenait à me convaincre qu'en effet, elle commençait à déjà connaître son enfant. Je lui confirmai que les recherches récentes abondaient dans son sens et qu'effectivment, l'attachement au fœtus se développait bien avant la naissance et que c'était exactement ce qu'elle était en train de vivre.

Tout au long de la grossesse, le fœtus perçoit les sensations maternelles et il est modelé par elles. Quand, par réaction à un mouvement ou à une excitation chez sa mère, il se met à bouger, il lui renvoie par la même occasion un écho qui indique éventuellement à celle-ci comment il réagit, comment il est et, peut-être, de quelle façon il commence à la « modeler ». On sait depuis bien longtemps par le témoignage des futures mères que l'enfant réagit à la musique, tout comme à un accès de nervosité ou à un bruit violent. Et, en effet, on est maintenant en mesure de confirmer leurs dires en observant les déplacements du fœtus et en contrôlant son rythme cardiaque.

Vers les derniers mois de la grossesse, le fœtus réagit à toutes sortes de stimuli produits hors de l'utérus maternel. C'est ainsi qu'un bruit fort le fait sursauter, même si la maman ne réagit pas (Rosen et Rosen, 1975). La mère perçoit parfaitement ce brusque sursaut et elle le confirmera. De la même façon, si l'on enfonce le doigt dans l'abdomen, le fœtus tressaille et recule pour l'éviter. Si l'on allume une lampe forte près du ventre de la mère et dans le champ de vision du fœtus, il sursaute. En somme, le fœtus voit, entend et réagit au toucher. Parfois, un simple mouvement brusque de la mère suffit à le faire sursauter et quand elle marche ou si elle court, il tend à bouger en cadence.

En règle générale, la maman est habituée aux mouvements synchronisés de son enfant et elle n'y prête guère attention, si bien qu'il faut insister pour que cela lui revienne à l'esprit. Pourtant, elle n'en reste pas moins tributaire des mouvements de l'enfant et, sans qu'elle en soit consciente, son organisme enregistre la différence entre une immobilité totale et une brusque agitation du fœtus : la mère est « accordée » sur l'enfant et ses réactions.

A la lumière des études menées par Geoffrey Dawes (Angleterre) sur les fœtus d'agneau (Dawes, 1968), on connaît maintenant au moins trois états de conscience chez un fœtus pendant la seconde moitié de la grossesse. Ses recherches ont permis à Dawes de faire la distinction entre l'état de sommeil profond et l'état de sommeil léger ; on distingue les mêmes états de conscience chez le fœtus d'agneau et chez le fœtus humain.

En état de sommeil profond, le fœtus est inerte et ne réagit pratiquement pas à son environnement ; ses extrémités sont parfois agitées de secousses nerveuses, mais rarement l'ensemble du tronc. En sommeil léger, ou R.E.M. *(rapid eye movement* [1]*)*, les secousses sont plus fréquentes ; bien que l'ensemble du corps soit au repos, les membres peuvent s'agiter sporadiquement, ainsi que les extrémités et le diaphragme. La mère parlera de « hoquet » pour décrire ces secousses qui peuvent se produire n'importe quand. Ce « hoquet » peut être produit par une agitation du diaphragme, voire par des essais manqués de respiration *in utero.* Il est accompagné de secousses de l'ensemble du corps.

En état de sommeil léger, il ne se produit pratiquement pas de déplacements du fœtus et il est

1. Phase des mouvements rapides des yeux. (*N.d.T.*)

à peu près insensible aux stimuli extérieurs. En revanche, dans les états éveillés, le fœtus est plutôt remuant. Ses mouvements peuvent être aussi bien lents et souples que brusques et saccadés. Parfois, la mère a l'impression que le fœtus tente d'escalader la paroi utérine et, en effet, un examen aux ultrasons montre que le fœtus cherche à monter, comme un hamster sur une roue métallique. En Angleterre, Hooker (1952) et Humphrey (1969) ont fourni, à partir de l'observation minutieuse de fœtus vivants au moment de l'avortement, une description très détaillée des mouvements et des réactions du fœtus humain. Désormais, on est en mesure de vérifier leurs remarquables observations en suivant de l'extérieur de l'utérus les mouvements du fœtus, grâce à l'électronique et aux procédés par ultrasons qui ne présentent pas de risques. Ces mêmes techniques nous servent à suivre la croissance du fœtus et à détecter les éventuelles anomalies qui pourront être traitées dans l'utérus. Nous (en particulier notre collaboratrice, le Dr Barbara Howard, et le Dr Jason Birnholz, radiologue au Boston Hospital for Women) avons observé les réactions du fœtus à différents âges. Nous avons pu en conclure qu'il existe un large éventail de mouvements spontanés et de réactions, et que tous semblent être tributaires de l'état de conscience de l'enfant.

Maintenant que nous sommes en mesure de déterminer les différents états de réactivité chez le fœtus, nous pouvons commencer à comprendre comment la vie quotidienne de la mère et celle de l'enfant sont liées. Et cela vient confirmer le témoignage des mères qui disent que l'activité diurne de l'enfant suit parfois leurs propres activités. La nuit, quand elles se reposent, le fœtus s'agite ; quand elles sont actives, il dort ; quand elles dorment, il dort. Ces grands rythmes se décomposent en phases brèves, à l'occasion desquelles le fœtus s'agite à intervalles réguliers et pendant de courts instants, avant de redevenir calme : le cycle est à la fois régulier et prévisible. C'est la nuit, quand elle est couchée et au repos, que la future mère est le plus sensible à ces microrythmes de repos et d'activité du fœtus, qui sont inclus dans le rythme principal d'adaptation aux activités maternelles quotidiennes. Suivant l'état de conscience, l'enfant a ses propres rythmes de comportement, fondus dans ceux du quotidien maternel ; rythme fœtal et rythme maternel sont intimement liés et synchronisés, chacun apprenant à connaître l'autre. Tout au long de la grossesse, la mère sent que l'enfant est « accordé » à elle, et elle perçoit les réactions du fœtus à ses propres sensations.

Non seulement le fœtus réagit à la lumière, aux sons et au toucher, mais on note aussi une discrimination au niveau de ses réactions. Quelques-unes de nos expériences semblent indiquer que le fœtus pratique un tri parmi les stimuli afin d'y répondre de façon sélective *(cf.* le chapitre V *).* Comme il a été dit précédemment, si l'on allume une lumière violente près de l'abdomen de la mère et dans le champ de vision du fœtus (après avoir déterminé dans quelle direction il regarde), il sursaute et sa mère le sentira bouger. Ensuite, si l'on change la lampe pour créer un éclairage moins cru, non seulement le fœtus ne tressaille pas, mais il se tourne doucement vers la source de lumière. Autre expérience : un bruit fort et sec produit près de la paroi abdominale maternelle fait sursauter le fœtus ; si, en revanche, toujours près du ventre de la mère, une source diffuse un son doux et berçant, le fœtus se tourne vers la source, comme pour mieux entendre. On en conclut donc que le fœtus perçoit déjà les contrastes sonores et lumineux.

L'expérience nous montre aussi que, si l'on maintient un éclairage violent ou si le bruit fort persiste, le fœtus s'en accommode, cesse de s'agiter, et finit par se tenir tout à fait tranquille. Si l'on allume et que l'on éteint plusieurs fois de suite l'éclairage doux, ou si les sons séduisants sont répétés, le fœtus s'agite en se tournant vers les sources de stimuli, comme s'il se sentait attiré par elles. Ses mouvements suivront même la cadence du bruit si celui-ci se répète de façon rythmée. N'avons-nous pas là une explication aux témoignages des femmes enceintes qui disent qu'à l'occasion d'un concert, elles sentent leur enfant « danser » ? D'autant qu'elles ajoutent que le fœtus ne danse pas de la même façon s'il s'agit d'un concert de rock ou d'une œuvre classique. Ces observations de la relation entre le mouvement fœtal et l'ambiance extérieure montrent que le fœtus apprend à connaître son environnement, et qu'il renvoie à sa mère l'écho des sensations que celui-ci lui procure. La mère peut même dire qu'il partage avec elle ses sensations. Ainsi, tout au long de la grossesse, elle apprend à connaître son enfant.

Nul ne s'étonne qu'à sa naissance, l'enfant préfère de beaucoup une voix de femme à une voix d'homme. Si on le prend en plaçant une main sous sa tête et l'autre sous les fesses, les yeux regardant le plafond, dès qu'il entendra une voix, il tournera la tête et cherchera le visage de la personne qui a parlé. Si un homme et une femme se placent de part et d'autre et parlent doucement et en même temps, il se tournera toujours vers la femme. Il semble bien que ce soit le fait du conditionnement dans le ventre maternel.

Un autre exemple des répercussions des sensations intra-utérines m'a été donné par une jeune maman pianiste de concert. Elle m'a raconté que pendant les derniers mois de sa grossesse, elle répétait un concerto dont elle travaillait et retravaillait sans cesse la même phrase. Pendant les trois premiers mois qui suivirent la naissance, elle n'eut guère le temps de s'exercer ; mais quand l'enfant eut trois mois passés, elle le mit dans son parc, près du piano, et commença à jouer. L'enfant, qui était couché sur le dos, ne tarda pas à gigoter et à gazouiller en regardant autour de lui, visiblement ravi. Quand elle arriva à la phrase qu'elle avait travaillée avec tant d'acharnement plusieurs mois auparavant, il arrêta de gesticuler, se tut et regarda le piano les yeux écarquillés, comme pour dire : « Je connais ce morceau ! »

L'apprentissage constant que représente la vie intra-utérine permet à l'enfant d'être par la suite d'autant plus souple et de s'adapter d'autant mieux à l'environnement. Il est un mythe qui est solidement ancré dans nos esprits et qui veut que l'apprentissage du comportement, ainsi que les premières sensations importantes, ne commencent qu'après la naissance. Or, on sait maintenant que non seulement le fœtus perçoit ce qui se passe autour de lui quand il est dans l'utérus maternel, mais que, par ses réactions, il façonne aussi sa mère. Dès lors, il n'est pas étonnant que le père soit jaloux et qu'il veuille partager leur union symbiotique !

Les jeunes mères me demandent invariablement s'il existe une relation entre l'activité fœtale et l'activité future de l'enfant. S'il est remuant, le restera-t-il ? S'il est calme et lent à réagir, sera-t-il un enfant calme ? Dans la mesure où, grâce aux études des Drs Stella Chess, Alexander Thomas et Herbert G. Birch (Thomas, 1963), nous disposons désormais de connaissances fiables sur le tempérament des enfants, nous pouvons prédire, suivant leurs réactions au milieu ambiant, leur type de comportement futur (tranquilles, turbulents ou pondérés). Mon premier livre, *Infants and Mothers*[1],

1. Traduction française : *Votre bébé est unique au monde,* Albin Michel, Paris, 1971.

cherchait à mettre en évidence les différentes voies que peut prendre un enfant (et dans lesquelles il entraîne ses parents). Nombre de parents désirent se préparer par avance, et pour cela ils veulent connaître la catégorie dans laquelle on peut d'ores et déjà classer le fœtus. Quelques études ont montré la relation qui existait entre l'activité et les réactions du fœtus, et le type de comportement de l'enfant. C'est ainsi que Tjossem, du National Institute of Health de Washington, a constaté que le plus souvent les enfants dont les mères disaient qu'ils étaient très remuants pendant la grossesse étaient effectivement très agités dans leur première année. Peut-être, dans le cas des deux extrêmes — fœtus très remuant ou très calme — peut-on prévoir le comportement futur de l'enfant ; mais en règle générale, plusieurs raisons nous empêchent de faire une prévision valable. La première est affaire d'interprétation : à moins qu'elle n'ait déjà eu d'autres enfants, la mère peut difficilement savoir si l'enfant est « calme » ou « remuant ». Et, plus important encore, le fœtus peut se montrer plus agité ou plus calme selon les conditions intra-utérines dans lesquelles il se développe et qui peuvent être plus ou moins stressantes (pas assez cependant pour qu'il en souffre, mais assez pour que ses réactions s'en trouvent modifiées). Une fois hors de l'utérus, le nouveau-né acquiert un nouvel équilibre et son type de tempérament se dessine plus nettement.

LA PEUR DE FAIRE DU MAL AU FŒTUS

Comme je venais de lui parler des récentes découvertes concernant l'activité du fœtus, Mme Dorn en vint à ce qui la préoccupait le plus. « Si je suis tendue et anxieuse pendant la grossesse, le sera-t-il lui aussi ? Chaque fois que je me sens contrariée ou que je me fais du mauvais sang, j'ai l'impression qu'il est plus remuant. J'ai l'impression de lui faire déjà du mal et je me sens coupable. »

Toutes les mères se demandent, même si elles n'osent pas toujours le dire, si leur propre nervosité et leur agitation se répercuteront sur le bébé. Si elles sont tendues et anxieuses, l'enfant le sera-t-il lui aussi ? Si elles sont trop actives, l'enfant sera-t-il un hyperactif ? Tout d'abord, il faut savoir que toutes les femmes enceintes sont anxieuses et tendues. Pendant la grossesse, elles éprouvent à la fois un sentiment de responsabilité et une inquiétude naturelle, car elles se demandent si tout se passe bien. Quant à la façon dont le fœtus s'adapte à la tension et à l'agitation maternelles, le processus est peut-être plus complexe qu'une simple corrélation.

Sontag (1966) a étudié les battements cardiaques d'un fœtus durant le dernier trimestre au moyen d'une ceinture placée sur l'abdomen maternel. Dans un premier temps, il enregistra le rythme cardiaque normal du fœtus, puis il soumit celui-ci à trois types de stimuli : en produisant un bruit fort, en demandant à la mère de fumer une cigarette et, enfin, en la soumettant à un choc émotionnel. Dans chacun des cas, le rythme cardiaque du fœtus varia en réaction au stimulus. D'abord il accélérait, puis il diminuait, puis il se stabilisait, révélant ainsi une courbe homéostatique d'ajustement, qui revenait sensiblement au niveau initial de repos.

Ensuite, il soumit à ces mêmes stimuli des fœtus dont les mères étaient stressées de façon chronique : certaines avaient déjà plusieurs enfants en bas âge, d'autres étaient des fumeuses chroniques ; d'autres encore souffraient d'une tension émotionnelle passagère ou chronique à laquelle elles avaient dû s'adapter. La réaction des fœtus était similaire au cas précédent, mais cette fois, le rythme cardiaque variait beaucoup plus vite. Il accélérait, ralentissait et se stabilisait et ce, toujours en un laps de temps très court. En somme les bébés de cette catégorie avaient « appris » à s'adapter plus rapidement aux stimuli. Cette adaptation du fœtus répondait à une nécessité d'autodéfense et de préservation de son énergie ; il se tenait déjà sur ses gardes et était en partie protégé des effets de ces stimuli. Une telle adaptation peut conditionner le fœtus dans l'utérus d'une mère anxieuse ou agitée. On ignore si, après la naissance, cet enfant sera pour autant plus craintif ou plus agité, ou s'il aura appris à rester calme en dépit d'un environnement tendu ou perturbant. Cet enfant peut être très calme et relativement protégé, et s'accommoder de l'anxiété ou d'une ambiance très agitée.

« C'est plus fort que moi, disait Mme Dorn. Tout ce que je fais m'angoisse. Je crois bien que j'imagine mon bébé comme dans les livres d'images, mais je passe mon temps à avoir peur de lui avoir fait du mal. Sera-t-il mongolien ? Lui ai-je fait quelque chose qui a pu abîmer son cerveau ? Peut-on empêcher ces perpétuelles angoisses ? J'ai peur de lui faire du mal en m'inquiétant ainsi. » Au fur et à mesure qu'elle parlait, elle me semblait devenir plus dépendante et je souhaitais vraiment pouvoir dissiper ses angoisses. Mais je savais d'avance que je ne le pourrais pas, car tous les parents aimants s'inquiètent. Il semble que ce soit là le revers de cet amour.

Tous les futurs parents se posent des questions au sujet de leur enfant. Sera-t-il un garçon ou une fille ? Ressemblera-t-il à quelqu'un de la famille ?

Ressemblera-t-il à son père, ou à sa mère ? Et puis il y a la question que la mère se pose en se réveillant en sursaut au beau milieu de la nuit ou qui traverse l'esprit du futur père lorsqu'il s'accorde un moment de repos ; cette question vite chassée dans l'inconscient : « L'enfant sera-t-il normal ? »

Les mères et les pères ne cessent de ressasser cette question jamais posée, qui est à l'origine de beaucoup de superstitions. Même des gens tout à fait sensés croiront que, si un chat noir traverse la rue devant vous, votre enfant sera marqué. Que si vous voyez du sang, il sera affligé d'une tache de vin. Et que si vous mangez trop chaud, il sera brûlé. Dans les cultures où les tabous sont moins puissants que chez nous, ces superstitions sont très vivaces et l'on ne s'en cache pas. De fait, ces cultures permettent à la femme enceinte d'exprimer des craintes qui sont même prises en compte par les institutions, et un raisonnement très élaboré permet d'apaiser les sentiments de culpabilité de la femme qui met au monde un enfant anormal.

Toute future mère a peur que son enfant soit affligé d'un défaut. S'il n'en a pas, elle se dit qu'elle a eu de la chance. En revanche, si quoi que ce soit ne va pas, elle se sent inévitablement responsable. Bien que cela soit absurde, la mère se tient toujours pour responsable si l'enfant est malade, s'il naît prématurément, s'il présente des taches de vin ou toute autre « anomalie ». Cette angoisse est si commune qu'elle mine la plupart des jeunes femmes (et leurs compagnons) pendant la grossesse ; ce qui montre bien à quel point ils se sentent déjà responsables de l'enfant et sont attachés à lui. Ils ne peuvent pas échapper à ces sentiments de responsabilité et aux angoisses qui les accompagnent ; or, le fait de savoir que ces problèmes sont universels et d'en parler peut les aider.

Le mari et la femme connaissent tous deux ces

incertitudes — chacun pour des raisons personnelles — et ils gagneront à en parler. Mais il existe aussi une angoisse sous-jacente, qui tient plutôt de la superstition et qui empêche les futurs parents d'envisager ouvertement la venue d'un enfant anormal. Ils se disent que s'ils en parlent à haute voix, leurs angoisses n'ont que plus de probabilité de se réaliser. Or, il faut savoir qu'au contraire, c'est en étant intériorisées que ces angoisses risquent de faire le plus de dégâts. C'est ainsi que j'ai eu devant moi des femmes qui avaient perçu un changement dans le comportement du fœtus, changement pouvant laisser supposer que l'enfant était stressé. Et ces mères étaient en proie à de telles angoisses qu'elles n'osaient pas en parler, pas même à leur médecin. Or, il eût été amplement préférable d'exprimer ces inquiétudes pour pouvoir les analyser avec objectivité.

Personne ne peut vraiment affirmer qu'un enfant sera normal ; cependant, les médecins sont désormais à même de le prévoir d'une façon relativement sûre. L'amniocentèse (prélèvement de liquide amniotique par ponction dans la cavité utérine), permet d'examiner les cellules fœtales pour détecter les signes d'anomalies connues, telles que le mongolisme, les lésions de la moelle épinière et diverses malformations graves. On a recours à ce type d'analyses surtout chez les femmes de plus de trente-cinq ans présentant des risques héréditaires, comme la maladie de Tay-Sachs, des problèmes d'amino-acides ou des défauts du tube neural. On peut aussi examiner le fœtus par ultrasons (échographie), ce qui permettra de déceler d'éventuelles anomalies et de s'assurer de son développement normal. Tous les futurs parents doivent parler de ces problèmes avec l'obstétricien, qui leur expliquera les techniques d'investigation envisageables. Si le problème est de nature héréditaire, il sera préférable de consulter un généticien.

DES ANGOISSES UTILES

Sous-jacent à ces inquiétudes à la fois normales et saines, un conflit est présent chez tous les futurs parents, conflit soulevé par la contradiction permanente qui existe entre le désir d'avoir un enfant et celui d'en être débarrassés. La plupart des parents auront le sentiment qu'il leur faut nier *tout* désir d'être débarrassés de leur enfant. Mais ce désir est converti en inquiétudes plus acceptables, touchant par exemple à la santé et à la sécurité de l'enfant. *Bien sûr* qu'une femme redoute de perdre sa ligne, de voir sa silhouette changer et de devoir abandonner ainsi l'image qu'elle avait d'elle-même. *Bien sûr* qu'elle redoute d'avoir à renoncer aux ajustements acquis et à des relations équilibrées, pour se mettre au service de cet « intrus ». *Bien sûr* que son compagnon appréhende les responsabilités accrues et les changements inévitables que l'enfant provoquera dans ses relations. Mais toutes ces préoccupations tendent à être refoulées, et elles resurgissent sous la forme d'inquiétudes pour l'enfant. Ce conflit entre l'envie de fuir cette situation, le désir d'être débarrassé de l'enfant, et l'inquiétude pour son bien-être, engendre l'anxiété, mais sans qu'elle soit nécessairement destructrice. En effet, sans l'énergie mise en œuvre par la négativité de cette lutte d'ambivalence, le moteur de l'attachement à l'enfant ne serait pas aussi puissant.

Dans l'inconscient, les désirs négatifs tendent toujours à dominer la pensée. Si l'un de ses propres parents souffre d'une allergie quelconque, le futur parent redoute inévitablement que son enfant soit allergique. La future mère et son compagnon en viennent *inévitablement* à fouiller leur passé en essayant de se rappeler la moindre maladie dont ont pu être atteints les membres de l'une ou l'autre famille, jusque parmi les plus lointains cousins ; et ils craindront que leur enfant n'hérite de ces maux. Et ils redouteront *inévitablement* que l'enfant soit atteint de mongolisme ou de diverses malformations congénitales. Toute la durée de la grossesse est ainsi jalonnée de moments où les jeunes parents réactivent inlassablement leurs angoisses. Celles-ci refont sporadiquement surface et le jeune parent sent alors son cœur battre plus vite. Toutefois, ces angoisses ne font pas de mal à l'enfant et ne sont en fait que le reflet de l'ajustement considérable qui se prépare. Lorsque prend fin cette période de bouleversement, elle cède la place à un sens des responsabilités et un amour d'autant mieux ancrés.

Outre les bienfaits d'une communication de ces angoisses entre les parents, le fait de se demander ce qu'ils feront si le nouveau-né souffre d'une maladie ou d'une malformation peut leur être d'une aide capitale si le problème se pose. Ayant passé cette période à tourner et retourner ces questions, les parents s'adapteront mieux. S'ils parviennent alors à vaincre leur sentiment de culpabilité et s'ils ne se tiennent pas pour responsables des maux de leur enfant, ils seront d'autant mieux à même de s'occuper de lui et d'assumer la situation.

Tandis que j'essayais de la rassurer, j'eus l'impression que Mme *Dorn craignait de s'être trop épanchée. Elle se laissa aller en arrière dans son fauteuil et se tut. Je lui fis part de mon impression et la rassurai en ajoutant que toute future mère a besoin d'exprimer ses inquiétudes, mais qu'elle en a rarement la possibilité. Je lui dis qu'elle gagnait à m'en parler car, selon moi, de telles inquiétudes étaient une composante nécessaire de la grossesse et avaient même une fonction essentielle. « Elles sont non seulement universelles, mais elles vous donneront aussi l'énergie nécessaire pour remplir votre rôle vis-à-vis de l'enfant quand il ou elle sera né(e). Je suis heureux que vous m'en fassiez part. Si l'enfant est très taciturne ou au contraire très agité, ou que d'une façon ou d'une autre il n'est pas comme vous l'espériez, vous aurez besoin de toute cette énergie pour bâtir votre relation avec lui. Et je sais maintenant que je peux vous aider tous les deux. »*

Ce fut au tour de M. Dorn de poser des questions. Sa femme s'inquiétait de savoir si elle devait manger plus ou, au contraire, se mettre au régime. « Qui faut-il croire aujourd'hui ? »

Il est exact qu'à notre époque, les femmes ne s'y retrouvent plus entre les différentes écoles qui prônent ce qu'elles doivent manger, et en quelle quantité, pendant la grossesse. Pouvons-nous répondre, ou bien ce débat reflète-t-il seulement le fait que les recherches dans ce domaine n'ont pas encore abouti ? Quoi qu'il en soit, nous en savons vraisemblablement assez pour conseiller la majorité des femmes qui nous consultent. Le fait de trop manger ne semble pas présenter de risques pour l'enfant, si ce n'est qu'une mère obèse connaît plus de difficultés lors du travail et de l'accouchement. Sa musculature abdominale risque en effet d'être moins efficace pendant le travail ; l'obésité par ailleurs peut empêcher l'accouchement de se dérouler normalement et l'on devra recourir plus souvent à la césarienne. L'embonpoint rend la femme enceinte plus susceptible de diabète et d'hypertension, et l'enfant peut en souffrir ; mais ces problèmes ne se posent réellement que chez les femmes atteintes d'obésité grave.

Une femme enceinte en vient facilement à manger trop ; d'une part, elle a souvent faim en dehors des repas ; de l'autre, elle tend à manquer de sucre dans le sang. Un état dépressif normal fait qu'elle a souvent envie de manger. L'obésité qui en résulte parfois est difficile à éliminer après la naissance de l'enfant, si bien que la mère peut en souffrir à la longue. En somme, il faut éviter les excès de nourriture, et pas seulement pour le bien de l'enfant. La santé de la mère peut en pâtir, et si elle se laisse trop aller à prendre du poids, elle risque par la suite de le reprocher à son enfant, et il en souffrira lui aussi.

Il serait peut-être bon, d'autre part, de décourager les futures mères qui adoptent un régime trop strict au lieu d'une alimentation saine et équilibrée. On a constaté qu'un rationnement trop rigoureux peut se solder par un poids insuffisant de l'enfant à la naissance, ce qui risque de perturber son futur développement. L'*American College of Obstetricians and Gynecologists* a publié des « normes » en matière de soins obstétriques, selon lesquelles sur toute la durée de la grossesse le gain de poids doit être d'au moins dix à douze kilos.

Dans les pays occidentaux, la sous-alimentation chez une femme en bonne santé est pratiquement impossible. Tout porte à croire qu'un régime, s'il est raisonnable, n'est pas préjudiciable à l'enfant. A mon avis, une mère doit satisfaire avec prudence ses propres besoins, tant nutritifs que psychologiques. Ce faisant, elle sert indirectement les besoins de son enfant. Si elle éprouve le désir de se mettre au régime pour perdre du poids ou pour se préserver des risques d'hypertension ou de toxémie, l'enfant en bénéficiera lui aussi.

En revanche, la malnutrition qui frappe les économiquement faibles et les femmes souffrant de maladies chroniques ou toxicomanes, risque de compromettre le développement de l'enfant. La malnutrition pendant la grossesse influe sur le nombre et la reproduction des cellules du cerveau, sur la croissance normale des os (et de l'ensemble du corps), ainsi que sur la dimension de toutes les cellules de l'enfant. Selon Winick (Université de Columbia, 1976), une sous-alimentation grave et prolongée de la mère peut réduire de 40 pour cent le nombre de cellules du cerveau de l'enfant.

La malnutrition maternelle se solde donc pour l'enfant, non seulement par une croissance compromise, mais aussi par un développement insuffisant du cerveau. De la même façon, la carence en nutriments essentiels affecte divers organes, comme la thyroïde et les glandes surrénales, qui jouent un rôle capital dans l'éveil, la motivation, l'attention, etc. En somme, un tel enfant sera petit, fragile, son apprentissage de la vie sera difficile et il aura beaucoup de mal à s'adapter aux exigences de cette société complexe qu'est la nôtre. C'est pourquoi il faut à tout prix empêcher la pauvreté et la malnutrition d'opérer leurs ravages chez les femmes enceintes ; dans la période importante qu'est la grossesse, c'est, par leurs conséquences irréversibles, tout l'avenir de l'enfant qui se trouve compromis.

La malnutrition combinée à l'alcoolisme et à la toxicomanie est un problème grave et qui n'est que trop fréquent à notre époque. En effet, ces deux dépendances, ajoutées à la sous-alimentation maternelle, détériorent gravement le développement du fœtus dans l'utérus. Il en résulte que dans ses « réponses » à sa mère, l'enfant manque de vitalité ; réciproquement, le cercle vicieux créé fait qu'à son tour, la mère ne réagit pas au mieux à l'enfant.

Cependant, chez la plupart des couples qui, à l'instar de M. et Mme Dorn, sont informés et se sentent responsables, la crainte de la malnutrition ou de l'obésité peut être aisément écartée. L'alimentation équilibrée qui les maintiendra en bonne santé — comportant beaucoup de légumes, de céréales et de fruits, et évitant le sucre, les graisses animales et les glucides (ou hydrates de carbone) — sera tout aussi bénéfique pour l'enfant.

« Et le café, les cocktails et les cigarettes ? » M. Dorn avait entendu dire que leur consommation était néfaste pour le développement du fœtus. « Certains sont pour, d'autres contre, et nous ne savons que penser. »

Tout comme les drogues dures, nombre de médicaments, s'ils sont absorbés pendant les périodes critiques de la division cellulaire du cerveau fœtal en plein développement, peuvent avoir pour effet de réduire la quantité de cellules et de nuire à l'élaboration des structures complexes du cerveau. L'absorption massive d'alcool dans les premiers mois de la grossesse aura les mêmes conséquences. Quant au tabagisme, il peut être responsable d'un poids insuffisant du nouveau-né, tandis que l'excès de café peut se solder par une fausse couche. Même sans parler des effets reconnus nocifs de ces abus pour la mère, les risques pour son enfant devraient l'inciter à être d'autant plus prudente. Une consommation minime de ces produits ne sera sans doute pas nocive ; cinq ou six cigarettes ou deux ou trois tasses de café par jour semblent une limite raisonnable.

Pour assurer l'enfant d'une santé aussi bonne que possible, et pour être certaine d'avoir fait bénéficier le fœtus d'un environnement optimal, la mère doit toujours penser aux conséquences de l'absorption de ces produits dans l'utérus. Pour conclure, nous dirons que l'idéal consiste à s'alimenter raisonnablement et à consommer le moins de drogues possible — alcool, caféine et tabac compris — en particulier pendant les premiers mois de la grossesse.

« A propos, les rapports sexuels ont-ils des effets sur le bébé ? Maintenant, nous n'osons même plus

faire l'amour. Nous ne voulons vraiment pas courir le risque d'avoir un enfant prématuré.»

A notre connaissance, les rapports sexuels pendant la grossesse ne nuisent pas au fœtus, à moins qu'il n'existe déjà un risque élevé de fausse couche ou de prématurité. Bien que l'orgasme stimule les contractions de l'utérus, celles-ci n'entraîneront ni un accouchement prématuré ni un avortement spontané, sauf si l'un ou l'autre sont imminents. Même au dernier trimestre, un coït non douloureux ne déclenchera pas le travail. Si tel était le cas, bien peu de grossesses parviendraient à terme. Dans la mesure où, pendant la grossesse, les deux futurs parents ont déjà tendance à prendre leurs distances, au point que le couple lui-même peut s'en trouver menacé, il est préférable de ne pas y ajouter le poids de l'abstinence.

Sachant que, le plus souvent, les parents redoutent excessivement de nuire à l'enfant, il peut être salutaire de faire le point sur les «domaines d'inquiétude», à chaque consultation chez le médecin ou la sage-femme, et avec le conjoint.

A ce stade de l'entrevue, nous nous sentions tous trois très proches, et quand je dis à M. et Mme Dorn que dès la naissance de l'enfant, j'irais les voir pour les aider à bien «démarrer», ils furent ravis. Le fait qu'ils semblaient ne pas vouloir que cette entrevue se termine me montrait à quel point il avait été important pour eux de se libérer de leurs inquiétudes, mais aussi, qu'ils craignaient de ne plus avoir l'occasion de parler des questions qu'ils se posaient sur l'enfant. En effet, tandis qu'un obstétricien se préoccupe avant tout du bien-être de la mère, notre discussion avait été centrée sur le bébé et sur leur couple en tant que parents du bébé. Je leur conseillai vivement de suivre ensemble la préparation à l'accouchement ; le fait de participer aux cours, de s'informer sur le travail, et l'accouchement et sur la façon d'aborder cette phase, serait une occasion merveilleuse et particulièrement enrichissante.

Les groupes d'accueil aux futurs parents, comme ceux qui dépendent de la Childbirth Education et les Associations Lamaze, sont d'une aide précieuse. Non seulement ils conseillent les futurs parents pendant la grossesse — ils leur indiquent ce qu'ils peuvent faire et ce sur quoi ils doivent être prudents, ils leur expliquent à quel stade de développement en est le fœtus, ce à quoi il faut s'attendre lorsque commencera le travail, etc. — mais de plus, le soutien que se prodiguent mutuellement des participants ayant à affronter le même genre d'inquiétudes peut être extrêmement précieux. Le fait de pouvoir partager ses préoccupations, de poser ouvertement les questions qui les tracassent, pour s'apercevoir qu'elles sont universelles, permettra aux futurs parents de se libérer, de profiter de cette période d'attente et d'être préparés au mieux pour l'étape suivante.

L'entrevue rapportée plus haut a duré plus que de coutume ; les parents l'ont, en effet, mise à profit pour exprimer les nombreuses questions et préoccupations qu'ils avaient accumulées sans trouver de réponses tout au long des huit mois déjà écoulés. Ces entrevues sont précieuses pour le pédiatre aussi, dans la mesure où elles permettent de créer une relation active.

L'énergie affective mobilisée tout au long de la grossesse est plus qu'une simple source de stimulation aidant les futurs parents à franchir ce cap important de leur existence. La métaphore de la décharge électrique convient tout à fait pour décrire ce qui se passe — selon moi — au niveau émotionnel durant la grossesse. A la façon de décharges électriques, l'anxiété stimule d'anciennes liaisons qui ne sont plus en service et permet une réorganisation. Dès lors, de nouvelles connexions se créent, de nouvelles combinaisons relationnelles sont possibles et de nouveaux types de relations sont désormais disponibles, dans la mesure où ces circuits sont réceptifs durant cette période. Si le fœtus est très calme, les parents s'en accommodent ; en revanche, s'il est agité et s'il les sollicite sans cesse, une telle perturbation à la dernière phase de la grossesse mobilise l'énergie nécessaire à la prise en compte de ses exigences. Les parents peuvent alors s'évader des limites de leur ancienne personnalité et il ne leur est plus nécessaire d'être la copie conforme de leurs propres parents : leur anxiété peut devenir synonyme d'épanouissement. L'énergie que cette anxiété a suscitée peut dès lors être prodiguée à l'être qu'ils ont créé. En somme, le bouleversement émotionnel inhérent à la grossesse sert une fonction majeure, en préparant les futurs parents à la fois à l'attachement à l'enfant et à leur nouvelle relation en tant que parents.

PARTAGER L'ATTACHEMENT AVEC UN AUTRE ENFANT

Mme Clark vint accompagnée de sa fillette de deux ans pour une visite de routine. Alice, une enfant adorable, entra en trombe dans mon cabinet comme pour s'imposer d'emblée. Ses bouclettes dansaient et, comme je lui adressais la parole, elle leva les yeux sur moi. Elle me regarda de nouveau, se détourna vivement et marmonna : « Salut », en détaillant un angle de la pièce. Puis elle s'affaira, sortant jouet sur jouet, les tournant et les retournant, faisant crisser bruyamment les roues des voitures, embrassant les poupées en leur racontant à voix haute quelque chose d'incompréhensible. Elle ne faisait visiblement guère attention à sa mère et à moi-même tandis que nous commencions à discuter. Chacun de ses gestes était aussi précis qu'efficace. De temps à autre, sa mère lui adressait une petite réflexion, mais elle n'en tenait aucun compte, si ce n'est qu'elle redoublait d'entrain dans l'exploration bruyante de sa pile de jouets.

Après avoir répondu aux premières questions habituelles : « Comment va-t-elle ? » « A-t-elle été malade depuis la dernière fois que je l'ai vue ? » « Mange-t-elle normalement ? », Mme Clark devint plus grave. Elle se départit de son air gai et ouvert, et s'avança sur son siège ; son visage avait perdu ses couleurs et ses mains trituraient sa robe. Sa voix baissa d'un ton et devint plus tendue et insistante. « Je suis de nouveau enceinte. » Elle prononça ces mots un peu comme si elle venait d'être condamnée à faire de la prison. Je me rappelais encore ce bonheur que lui avait procuré le fait d'attendre Alice et cette période heureuse qu'elles avaient passée toutes les deux. J'eus du mal à faire le rapprochement entre une expérience aussi positive et le ton maintenant si pressant de Mme Clark.

Quand la voix de sa mère changea, Alice s'arrêta de jouer et la dévisagea. Son regard et son visage se firent aussi graves que ceux de sa mère. Imitant Mme Clark, elle se pencha aussi en avant. Elle oublia ses jouets, et s'approcha insensiblement et à tout petits pas de sa maman.

Je me demandais ce qui rendait Mme Clark si sérieuse. Cette grossesse se passait-t-elle bien ? « Oui, et nous désirons vraiment un autre enfant. Mon mari est ravi, il espère bien que ce sera un garçon ! Moi aussi, je suis heureuse — je crois.

Mais comment pourrais-je abandonner Alice ?» Elle lâcha cette phrase en étendant machinalement le bras vers la fillette maintenant cramponnée à son genou. Le couple assuré, apparemment insouciant, était devenu deux êtres inquiets et qui se raccrochaient l'un à l'autre.

Le problème le plus difficile qui se pose lorsque l'on va avoir un deuxième enfant réside dans l'« abandon » nécessaire du premier.

J'ai vu des mères me parler les larmes aux yeux de leur deuxième grossesse. Quand je les félicitais et m'en montrais ravi pour elles, elles me le reprochaient. J'ai appris à respecter la force des liens avec les aînés des enfants, sachant combien il peut être difficile pour la mère d'envisager l'idée de desserrer ces liens en introduisant un second enfant à la maison. Pour elle, cette nouvelle grossesse équivaut véritablement à abandonner son premier enfant et à hypothéquer l'avenir de celui-ci (et le sien).

Pourquoi les mères réagissent-elles si fortement ? Je pense que cela vient du fait que la mère craint de n'avoir pas assez de ressources maternelles pour tout mener de front. Avec son premier enfant, elle y est parvenue et elle a perçu la solidité de leur relation. Maintenant, en revanche, il se peut qu'elle n'ose affronter la perspective de ternir cette relation, de lui faire perdre de sa force, et ce au bénéfice d'une nouvelle relation, inconnue celle-ci. La crainte de voir l'aîné souffrir et être marqué par la rivalité qu'il sentira naître entre lui et son cadet est sans aucun doute universelle. Mais le fait d'avoir à partager, de devoir apprendre à s'adapter à un petit frère ou à une petite sœur, est un enrichissement considérable pour la plupart des enfants. Et, normalement, il n'est pas moins enrichissant pour une famille de compter deux enfants au lieu d'un.

Cependant, la crainte d'abandonner le premier

enfant a des fondements bien réels. En effet, au fur et à mesure que, durant la première période de la grossesse, la mère prend ses distances vis-à-vis de son mari, de ses amis et de ses propres parents pour se replier peu à peu sur elle-même, elle s'éloigne aussi de ses autres enfants. Mais ce processus étant inconscient, elle sera étonnée qu'ils lui en fassent le reproche.

Même les enfants en bas âge perçoivent ces changements chez leur mère pendant la grossesse.

Je n'oublierai jamais Leslie qui, alors âgé de deux ans, se trouvait un jour dans mon cabinet. Tandis que sa mère et moi parlions de lui, il jouait. Chaque fois qu'il se baissait pour attraper un jouet ou qu'il se tenait accroupi par terre, il laissait échapper un léger grognement. Il ne semblait pas boiter ni souffrir d'aucun problème particulier ; tandis qu'il jouait, il ne prenait visiblement pas de précautions spéciales. Pourtant, il lâchait régulièrement ce grognement en s'accroupissant ou en se baissant. Je lui palpai minutieusement le ventre, les hanches et la colonne vertébrale : il ne se plaignit pas. Je ne voyais aucune raison à ce grognement. J'étais perplexe, je dirais même plutôt désespéré, et je continuais à en chercher l'explication. J'eus l'idée de demander à sa mère si elle était enceinte. « Pourquoi ? Bien sûr que non. »

Et ils partirent. Elle me rappela deux jours plus tard pour me féliciter de l'exactitude de mon diagnostic. « Comment avez-vous bien pu savoir que j'étais enceinte ? Je ne pensais vraiment pas l'être. » Je lui expliquai alors qu'en cherchant pourquoi Leslie grognait quand il se penchait, je m'étais aperçu qu'elle aussi émettait un petit grognement. C'était une réaction tout à fait inconsciente à cette grossesse qu'elle ignorait encore. Leslie avait décelé ce changement chez elle et s'y était identifié avant même qu'elle ne s'en soit aperçue.

C'est ce genre d'expériences qui m'a conduit à penser que le premier enfant perçoit les changements chez sa mère. Si elle est capable de lui en parler, il pourra commencer à s'adapter au nouveau venu bien avant sa naissance. Ainsi, tandis que la mère se repliera sur elle-même, l'enfant sera incité à se tourner vers l'extérieur pour être materné. La chose la plus merveilleuse que j'aie connue pendant les grossesses de mon épouse est que les aînés de nos enfants venaient vers moi quand elle était peu disponible. S'ils ont la possibilité de pouvoir se tourner vers leur père, leurs grands-parents, ou des frères et sœurs, les enfants peuvent se préparer à la séparation prochaine. Ainsi, quand l'enfant arrive, l'aîné est prêt à partager. En revanche, si la mère est trop angoissée par cette séparation imminente, elle risque facilement d'en arriver à protéger excessivement le premier enfant ou à ne pas le laisser libre, de sorte qu'il a moins de chances de trouver d'autres ressources.

Je demandai à Mme Clark pourquoi elle était si triste. Et elle me répondit qu'elle n'avait jamais vécu une période aussi heureuse que ces deux années passées avec Alice et qu'elle sentait déjà que c'était le début de la fin de cette période de bonheur qu'elles avaient connue ensemble. « Alice me repousse, elle prend ses distances. » Alice était alors assise sur les genoux de sa mère et elle appuyait légèrement son dos contre elle.

Je m'efforçai de convaincre Mme Clark que l'attitude négative d'Alice vis-à-vis d'elle était un recul normal chez un enfant de deux ans. Si elle voyait du mal à cela, comment Alice pourrait-elle jamais devenir indépendante ? Mais Mme Clark était si affligée qu'elle m'écoutait à peine. Je lui demandai de nouveau pourquoi cet événement la bouleversait tant. « J'ai à peine eu le temps d'apprendre à m'occuper d'elle. Comment pourrais-je être une mère pour deux enfants ? J'ai peur d'avoir à en abandonner un pour m'occuper de l'autre. Je n'ai jamais su bien m'y prendre pour partager une relation avec plusieurs personnes. »

Je l'assurai qu'elle en était capable et qu'elle y arriverait, et j'essayai de la convaincre qu'à longue échéance, Alice profiterait réellement de cette adaptation. Pendant que nous parlions, Alice me fit savoir que mes remarques portaient : elle commença à se décontracter, descendit des genoux de sa mère, alla d'un pas décidé retrouver ses jouets et reprit ses occupations. Mme Clark la regarda partir ; son visage s'éclaira : « Vous m'avez vraiment aidée. »

Sa question suivante me prit de court. « Quand dois-je dire à Alice que nous allons avoir un autre enfant ? » Après ce que nous venions de voir, je pus lui affirmer qu'Alice savait déjà, de toute évidence, que quelque chose se préparait.

J'ajoutai que si elle voulait savoir par là quand elle devrait dire à Alice qu'elle devait la laisser pour aller mettre au monde l'enfant, je pensais qu'elle pourrait attendre la fin de la grossesse, mais que d'ici là, Alice serait rassurée si elle lui parlait franchement et ouvertement de ce qui se passait. Le lui cacher ou le lui annoncer trop solennellement ne ferait que l'effrayer, alors qu'elle avait besoin dès maintenant *de comprendre les changements d'humeur brusques et imprévisibles de sa mère. Je lui dis aussi qu'à mon avis, il serait peut-être bon de confier à son mari et à ses propres parents ses réticences, car Alice avait eu l'air grave quand sa mère avait parlé d'« aban-*

donner Alice » pour le futur bébé. Je craignais que la fillette ne prît cela au pied de la lettre et n'en fût effrayée. En parler avec les autres personnes de la famille pourrait l'aider à agir plus normalement avec Alice.

Les parents me demandent souvent quand ils devront dire à leur premier enfant qu'ils en attendent un autre. A mon sens, remettre à la fin de la grossesse le moment de le lui dire manque de naturel et risque de faire peur à l'enfant. Je pense que la réticence à aborder normalement cette question tient au fait que la mère ne veut pas abandonner la relation existante avec le premier enfant et qu'elle craint de ne pas être capable de s'occuper de deux enfants. Donc, plus tôt les parents assument la réalité de ce deuxième enfant, plus tôt le premier enfant pourra en faire autant. La mère sera, de ce fait, plus libre de penser au bébé à venir et de s'attacher par avance. Dans la mesure où le premier enfant sentira certainement qu'autour de lui, les choses ont changé et que l'ambiance est plus tendue, il serait préférable de lui expliquer pourquoi. Je conseillerais donc de parler, dès le début, de la naissance prochaine d'un enfant comme d'un événement naturel— c'en est un — et qui fait partie de l'évolution de la famille. En cachant cela au premier enfant, on ne fait qu'accroître son inquiétude. Cependant, il y a aussi le risque de parler trop de ce bébé, dans l'élan d'enthousiasme provoqué par l'événement attendu.

J'ai appris cela de Joe, un petit garçon de trois ans, potelé et ouvert, et qui avait pour habitude de dire tout ce qu'il pensait. Sa mère était puéricultrice et elle se faisait un devoir de toujours tout dire à Joe, si bien que dans son empressement à lui parler des événements qui se préparaient, elle l'entraînait souvent dans des recoins dont il ignorait jusqu'à l'existence. Ainsi, tout au long de sa grossesse, elle entretint Joe du « bébé », lui demandant sans cesse quel effet cela lui faisait et le mettant constamment en garde contre ce qu'il risquait d'éprouver. Un beau jour, à la fin de ces neuf mois interminables, et après une nouvelle « mise en condition », Joe demanda à sa mère : « C'est un garçon ? C'est une fille ? C'est quoi, un bébé ? »

Saturé d'être « préparé », Joe avait le sentiment que cela n'en finirait jamais. Il ne faut pas exagérer la préparation.

En lui parlant du bébé de façon naturelle, on peut s'assurer de la participation du premier enfant aux préparatifs ; par exemple, il aidera à aménager la chambre du nouveau-né. L'enfant aura ainsi l'impression de participer et il acceptera mieux de céder la place au nouveau venu. Lorsque la grossesse en sera à un stade avancé, l'enfant prendra part à tous les préparatifs d'accueil du nouveau-né, de sorte que toute la famille se tiendra prête ensemble. Par exemple, le père et le premier enfant pourront essayer d'écouter et de sentir le bébé remuer. S'ils se trouvent tous deux exclus, ils pourront créer entre eux des liens, en essayant de deviner ce que le bébé est en train de vivre et à quoi il ressemble. Tous deux peuvent aussi être jaloux de ce bébé que porte la mère, en enviant à celle-ci un état qui les intrigue. A peu près tous les jeunes enfants en viennent un jour ou l'autre à se promener le ventre en avant, pour faire comme elle.

« Que dois-je faire pour la préparer ? demanda Mme Clark. Quand lui dirai-je que je dois la quitter ? Par qui dois-je la faire garder — ma mère, qui pourrait la prendre chez elle, ou bien peut-elle rester chez nous avec son père ? Toutes ces questions me bouillonnent déjà dans la tête. »

La mise au point de la séparation d'avec le premier enfant est capitale pour lui. Si c'est possible, il est préférable de le laisser dans le contexte familial, avec ses jouets et son lit — et auprès de son père. La présence des grands-parents, de proches ou d'une baby-sitter l'aidera à s'accommoder plus facilement de l'absence de sa mère. Cette séparation n'est autre que l'achèvement du processus entamé pendant la grossesse et qui culminera, tant symboliquement que littéralement, durant les quelques jours pendant lesquels l'enfant devra céder sa mère à la clinique.

Un des arguments en faveur de l'accouchement à domicile est que la mère n'a pas à quitter son enfant. Et il est vrai que si elle accouche à domicile, elle ne se sépare pas à proprement parler du premier enfant. Pourtant, malgré sa présence physique à la maison, elle se détournera nécessairement de lui pour s'occuper du bébé. Et il est impossible de cacher cela au premier enfant, pas plus qu'on ne peut lui éviter d'avoir à s'adapter à la situation ; on peut, en revanche, atténuer ses difficultés et l'aider à réussir son adaptation. En un tel moment, l'idéal est qu'il puisse se tourner vers son père. Pour cela, il faut que l'enfant reste à la maison ou que le père l'emmène avec lui dans ses déplacements.

En lui faisant connaître, avant de partir, la baby-sitter ou en lui faisant revoir ses grands-parents, la maman rassure son enfant sur le fait qu'elle ne le laisse que temporairement à leur garde. Et surtout l'enfant a besoin de s'entendre répéter souvent qu'elle *va revenir.* En effet, pour les tout-petits, même une séparation d'un ou deux jours semble une éternité. Tant qu'elle n'est pas terminée, cette séparation est sans fin. Si la mère insiste bien sur le fait qu'elle reviendra très vite, et lui dit de lui téléphoner et de lui rendre visite à la clinique, l'enfant garde confiance car il sait qu'il la reverra saine et sauve. Néanmoins, quand elle reviendra, il faudra que l'enfant s'adapte. L'aide et la compréhension de toutes les personnes de son entourage lui rendront cette période moins pénible et, grâce à elles, il pourra mener à bonne fin une adaptation qui lui servira toute sa vie.

Ayant fini d'ausculter Alice, je me demandais pourquoi Mme Clark m'avait posé toutes ces questions alors que sa grossesse n'en était qu'à son tout début. J'étais cependant content qu'elle l'ait fait, car je la sentais soulagée d'avoir pu parler, d'autant qu'Alice l'était visiblement aussi. En outre, j'étais convaincu que nous avions rendu un service à l'enfant en parlant de tout cela dès maintenant. Mme Clark se sentirait plus libre avec sa fille et déjà, elle semblait être moins partagée par cette grossesse. Ce n'est que plus tard que je compris l'autre raison qui l'avait incitée à soulever ces problèmes : elle attendait la permission de s'attacher à son nouvel enfant. Et il fallait que cette permission lui vienne de l'« avocat » d'Alice, de son médecin. Aussi, une fois que je lui eus donné cette permission en lui disant qu'Alice serait non seulement capable de s'adapter, mais qu'elle y gagnerait aussi, Mme Clark reprit courage. Désormais, elle se sentirait libre de s'attacher à son nouvel enfant, et elle pourrait envisager son rôle de maternage pour deux enfants au lieu d'un. Bien que cela devienne plus facile aux troisième et quatrième enfants, il n'en reste pas moins que de nouveaux ajustements importants interviennent à chaque arrivée d'un nouvel enfant dans la famille. Pour ce qui est de Mme Clark, elle était sur la bonne voie ; avant la naissance du bébé, elle aurait plus ou moins trouvé comment partager son attachement entre les deux enfants. C'est pourquoi il est capital que la mère sache par avance qu'elle aura à régler ce problème — pour un deuxième comme pour un troisième enfant — et qu'on lui en donne la possibilité.

Et M. Clark ? Aura-t-il l'occasion de faire sa part du travail et de partager son affection entre Alice et le bébé ? Il s'y essaie déjà, en espérant que ce sera un garçon. Mais il n'existe aucune structure susceptible de l'aider à faire le point. Le fait d'en parler pourrait l'aider ; pour ma part, j'aimerais avoir les moyens qui me permettraient de recevoir les pères pour leur donner l'occasion de poser les questions qui les préoccupent.

2

L'accouchement : séparation et naissance d'une famille

LA PRÉPARATION À L'ACCOUCHEMENT

Mme Johnson ressentit les premières douleurs à 2 heures du matin ; elle s'était couchée à peine quatre heures plus tôt. Son mari comprit qu'elle se sentait mal quand il l'entendit faire couiner le bord du lit en s'y agrippant. Les douleurs étaient très fortes, et elle se remémora ce qu'elle avait appris aux séances de préparation à l'accouchement. « Respiration rapide et superficielle, se concentrer sur un objet quelconque. Ne pas essayer de se retenir. Ne pas s'inquiéter, ça ne durera pas toujours. » Tout cela lui revenait par bribes et la rassurait. Au fond, beaucoup de femmes étaient passées par là et s'en étaient très bien sorties. Et elle savait qu'elle pouvait en faire autant. Elle avait fait travailler ses muscles ; elle avait répété sans fin ce moment. Elle en avait appris chacune des phases — quand il fallait pousser, comment respirer, quand se relaxer. Elle connaissait les signes annonciateurs de l'accouchement. Aussi, quand, après le commencement des douleurs, elle vit dans l'eau des toilettes un bouchon muqueux teinté de sang, elle sut que le col de l'utérus se dilatait et que le travail avait commencé. Ces symptômes lui ouvraient la voie d'une aventure douloureuse, mais passionnante.

On ne surestime jamais l'importance de la préparation psychologique. Je me souviens du début des années 1950 aux Etats-Unis, avant que le Dr Dick Read, en Angleterre (1944), et le Dr Fernand Lamaze, en France (1952), n'aient entamé leurs travaux de pionniers qui devaient faire bouger les traditions obstétricales américaines. Nous traitions encore le travail et l'accouchement comme une maladie. Nous ne demandions jamais : « Désirez-vous des analgésiques ou une anesthésie ? » Mais, « Quel type d'anesthésie souhaitez-vous ? » Et, toujours aux Etats-Unis, même après que l'*International Childbirth Education Association* (ICEA), eut lancé l'accouchement dit « naturel » au milieu des années 1950, les quelques femmes avant-gardistes qui se risquaient à contester le système en place, se voyaient punies par les moyens les plus insidieux. Ou bien elles étaient contraintes d'endurer la phase de travail avec un support affectif minime ou inexistant, tout en ayant à faire face à une attitude répressive de la part de tout le monde ; et si elles finissaient par céder, on les bourrait de médicaments en guise de représailles.

Mais ces vingt dernières années, la pression exercée par les femmes qui exigeaient d'accoucher en étant totalement éveillées, de participer activement à l'accouchement et d'être traitées plus humainement tout au long du processus, a permis de faire progresser les choses, sous les auspices de l'ICEA et des organisations sœurs (associations Lamaze, la Leche League, etc.). Si l'on tend encore aujourd'hui à médicaliser le travail et l'accouchement au lieu d'y voir une grande étape du développement, cette attitude est maintenant en train de changer rapidement.

Nous — c'est-à-dire les membres du corps médical — ferions bien d'améliorer les choses, en rendant les maternités plus accueillantes et en revenant à un accouchement plus naturel, car la menace de voir l'accouchement en maternité céder le pas à l'accouchement à domicile se fait très pressante. Si nous ne prenons pas au sérieux notre rôle de médecins — qui est de rendre plus humain le climat qui entoure le travail, l'accouchement et, d'une façon générale, la mise au monde d'un enfant — nous n'avons pas le droit de critiquer la tendance qui s'est amorcée en faveur de l'accouchement à domicile. Nous avons contraint les jeunes familles à se charger elles-mêmes d'humaniser l'accouchement : en le pratiquant chez elles.

L'ACCOUCHEMENT À DOMICILE

Ceux qui optent pour l'accouchement à domicile doivent en connaître les risques. Dans bien des parties du monde, c'est la seule formule existante. Dans la société qui est la nôtre, nous sommes à même de protéger la mère et l'enfant avec des moyens médicaux modernes. Si nous pouvions maîtriser les risques pour la mère et l'enfant en leur assurant à l'un comme à l'autre un climat accueillant et humain, nous aurions un système idéal. L'introduction d'une préparation des sages-femmes à l'accouchement à domicile constitue un grand pas dans ce sens. Elles peuvent prévoir si la future mère présente des risques et doit être prise en charge par l'hôpital ; mais il subsiste néanmoins des impondérables qui peuvent exiger une hospitalisation d'urgence. Le compromis le plus sûr est peut-être celui qui consiste à aménager des salles d'accouchement rappelant le « chez-soi », mais dans le cadre de l'hôpital, si bien que les sages-femmes sont sur place, qu'un obstétricien est là pour diriger l'accouchement et qu'en cas de nécessité, l'enfant ou sa mère peuvent être immédiatement transférés à l'unité de soins intensifs [1].

Il m'est arrivé de suivre et de participer à des accouchements à domicile, et cela n'est pas toujours de tout repos. Chacun est conscient des risques et il y a de la bravade dans l'air : les choses peuvent aisément mal tourner. Et dans ce cas, la famille ne peut que s'en prendre à elle-même. Lorsque tous les moyens médicaux sont à portée, la responsabilité du libre choix d'un compromis repose toujours sur ceux qui en prennent la décision. Je me souviens du bébé d'un jeune couple, qui avait été mis au monde à domicile sous la direction d'une excellente sage-femme. Tout se passa très bien et c'était un beau bébé. Il cria d'emblée et accepta le sein, et il tétait bien.

La maman se rétablit très vite. Mais l'enfant présentait une malformation tout à fait mineure : l'ouverture urétrale était inhabituellement haute par rapport au pénis. Ce petit défaut n'a rien de rare et n'a aucun rapport ni avec le travail, ni avec l'accouchement, ni avec la grossesse elle-même. Autrement dit, la jeune mère n'y est absolument pour rien. Cependant, comme elle se sentait responsable — comme *toutes* les mères — de ce défaut mineur, et qu'elle avait caché ses inquiétudes sur son rôle en bravant le système pour accoucher à domicile, elle reporta sur l'accouchement la responsabilité du petit défaut du pénis. Bien qu'étant une

1. Aux États-Unis, il existe maintenant un bon nombre de maternités alternatives (sous le contrôle de l'hôpital de Mount Zion, Université de Californie), et l'on étudie actuellement le bilan de leur action.

personne parfaitement sensée, elle s'obstina pendant toute l'année suivante à se tenir pour responsable, en dépit de mes explications et de mes efforts pour la rassurer.

A mes yeux, cette façon de dénaturer les faits illustrait, parfaitement, les puissantes forces culpabilisantes qui sont prêtes à prendre le dessus et à accabler les jeunes parents dès que quelque chose ne se passe pas normalement. Je suis convaincu que nous devrions essayer d'aider plus les parents à faire la part de leurs véritables responsabilités en les débarrassant de leurs sentiments de culpabilité superflus. Nous pouvons et devons améliorer notre système, afin que les parents n'éprouvent pas le besoin de le fuir. L'autonomie que les jeunes parents recherchent en optant pour l'accouchement à domicile peut tout aussi bien leur être assurée par l'infrastructure hospitalière.

ANXIÉTÉ ET FÉBRILITÉ

Quand il comprit que la naissance était proche, M. Johnson se sentit aussi excité que sa femme. Il voulait téléphoner à tout le monde — l'obstétricien, le pédiatre, ses parents à lui, ceux de sa femme, la monitrice des séances de préparation à l'accouchement, et à tous les autres futurs parents de leur groupe.

L'importance du groupe en tant que système de soutien pour les futurs parents est considérable. En effet, les couples qui participent à ces séances se tournent les uns vers les autres et partagent leurs expériences avant et après l'accouchement. Et souvent, par la suite, ils continuent de se réunir pour parler des préoccupations que leur pose le maternage et les confronter ; autant d'éléments qui leur apportent un soutien précieux. Ces groupes remplacent en quelque sorte le support prodigué par les familles élargies d'antan.

Sa femme lui fit remarquer que c'était la nuit, et le rassura en lui disant qu'ils pourraient se débrouiller tout seuls. Comme elle tentait de le calmer, il se mit à rire en réalisant que c'était elle qui le réconfortait et commença à canaliser plus utilement son énergie. Il lui prépara sa valise et il l'aida à se déplacer quand elle en eut besoin. Et il relut à haute voix les instructions qu'on leur avait données aux séances de préparation, en lui répétant de se relaxer, en comptant les contractions et en notant le temps qui les séparait.

Cette anxiété que connaissent les jeunes pères à l'approche de l'accouchement me rappelle des souvenirs. Lorsque ma femme était enceinte, pendant tout le travail, j'étais en proie à des inquiétudes démesurées. Je me demandais si elle y survivrait. Si oui, en sortirait-elle indemne, ou bien l'enfant lui aurait-il fait du mal ? Je m'inquiétais pour elle, mais c'était une façon de dissimuler mon sentiment de culpabilité d'avoir créé cette situation. Quand elle attendait nos premiers enfants, je ne pouvais rien faire d'autre que de « laisser ça aux médecins ». Et c'était bien là le plus dur — ce sentiment d'inutilité et d'impuissance — et je rentrais à la maison, malheureux, tandis que ma femme faisait tout le travail.

La présence du père pendant le travail constitue sans aucun doute un progrès considérable. Il peut se rendre utile en y prenant part et, une fois l'accouchement mené à bonne fin, il sera terriblement fier de sa femme. Dans un tel moment, toute son anxiété peut être employée au service du bébé et elle contribuera à sceller les liens de la famille.

Au fur et à mesure que le travail avançait, ils étaient de plus en plus fébriles et concentrés. Les contractions n'étaient pas vraiment douloureuses et elles semblaient converger vers un but en devenant sans cesse plus régulières, plus longues et plus rapprochées. Au bout de quelques heures, la poche des eaux se rompit brutalement ; il était temps d'appeler le médecin. Quand il parvint à joindre le standard, M. Johnson avait grand-peine à contrôler sa voix. Et lorsque le Dr Thompson rappela, après une attente qui avait semblé interminable (en fait, elle avait duré une quinzaine de minutes), M. Johnson lui annonça fièrement « leurs » symptômes et l'évolution de la situation. Le Dr Thompson dormait à poings fermés quand le téléphone avait sonné et il lui était difficile de se mettre au diapason de l'excitation qu'il percevait dans la voix de M. Johnson. Il se fit néanmoins confirmer que le travail progressait et que les contractions douloureuses étaient régulières et devenaient intenses. M. Johnson insistait pour conduire sa femme à l'hôpital et la placer sous protection médicale. Quand le Dr Thompson lui conseilla sans s'émouvoir d'attendre à la maison que les contractions ne soient plus espacées que de quinze minutes, M. Johnson se fâcha. Mais le docteur lui promit de prévenir l'hôpital pour que tout soit prêt pour les accueillir, et il ajouta qu'il les verrait bientôt.

Un médecin conseille de laisser s'accomplir une partie du travail chez soi pour au moins deux raisons. D'une part, il peut s'agir, non de contractions utérines (qui constituent le vrai début de l'accouchement), mais de contractions de Braxton-Hicks (ou « faux travail »), qui produisent des sensations identiques, mais qui ne deviennent ni plus régulières ni plus intenses au fil des heures ; une hospitalisation inutile peut ainsi être évitée. D'autre part, si ce n'est pas le « vrai » travail qui a commencé et que n'apparaissent pas les contractions douloureuses et intenses, le transfert de la mère à l'hôpital et son soulagement de se trouver sous surveillance médicale risquent de ralentir, voire d'interrompre, la dilatation de l'utérus. Dans la mesure où cela ne saurait être qu'improductif, il est préférable que la mère reste à la maison pour laisser le travail progresser.

Mais dans le cas de Mme Johnson, puisqu'elle avait perdu les eaux, il fallait la conduire à l'hôpital. En effet, la rupture de la poche des eaux signifie aussi la perte de la membrane qui, dans l'utérus, protège l'enfant contre les risques d'infection ; or, médicalement, on considère qu'au-delà de la limite critique des vingt-quatre heures qui suivent la rupture de la poche, on ne peut plus être sûr que l'enfant est à l'abri d'une infection. D'où la nécessité d'hospitaliser la mère.

M. Johnson comprit qu'en se calmant, il pourrait mieux aider sa femme. Jusque-là, celle-ci était restée stoïque, presque indifférente. Mais quand il eut retrouvé son sang-froid et qu'il voulut la réconforter, elle se mit à pleurer doucement contre son épaule. Elle lui avoua qu'elle avait peur et lui dit combien elle avait besoin de lui. Cela fit de lui un autre homme. Dans l'heure qui suivit, il avertit les parents de sa femme. La mère de celle-ci arriva juste à temps pour la voir partir pour l'hôpital. Les contractions se faisaient maintenant plus intenses, mais Mme Johnson se sentait aussi plus forte. D'avoir pleuré l'avait soulagée et elle était d'attaque pour aborder la suite.

LE PROBLÈME DES MÉDICAMENTS

Une fois à l'hôpital, ils éprouvèrent un soulagement d'être là, mêlé de l'impression bizarre de se trouver dans une ambiance impersonnelle. A l'étage, chacun vaquait aux occupations matinales courantes. Leur arrivée fut une affaire de simple routine. Ils ne représentaient qu'une admission de plus. Les infirmières étaient sympathiques et encourageantes, mais sans plus. L'une d'elles entra brusquement et demanda : « Quand voulez-vous prendre vos médicaments ? » M. Johnson lui répondit vivement qu'ils n'en voulaient pas. L'infirmière fit mine de ne pas l'entendre et insista auprès de Mme Johnson. Ses contractions étaient devenues très douloureuses et le trajet l'avait fatiguée. Aussi est-ce plutôt faiblement qu'elle déclina l'offre. Elle dut faire un gros effort pour s'en tenir à leur décision de retarder le plus possible le moment d'accepter des médicaments ou une anesthésie. La proposition était pourtant très tentante.

Si la mère n'est pas fermement résolue à avoir un travail naturel et sans médicaments, il lui est très difficile de refuser un analgésique dans les moments où elle se sent fatiguée et inquiète. Elle n'ignore pas le bien-être que peut lui apporter le personnel soignant en enrayant la douleur et, de plus, toute son éducation lui a appris à contenter ceux qui détiennent le pouvoir. Mais elle doit penser avant tout à elle et à l'objectif qu'elle s'est fixé : être éveillée au moment de la naissance et avoir un bébé alerte. La première injection médicamenteuse émousse la volonté de la mère ; ensuite, elle se laisse aller. Dans le passé, quand l'administration d'une prémédication était une routine, on était frappé — dans les salles de travail et d'accouchement — par le manque de contrôle d'elles-mêmes des femmes sous analgésique. La mère doit donc se rappeler sans cesse sa décision d'aller le plus avant possible sans médicaments.

Pour un pédiatre, il est effrayant de voir arriver dans la nurserie des nouveau-nés endormis sous l'effet d'une forte dose de prémédication. Il faut savoir que l'anesthésie traverse le placenta, passe dans la circulation de l'enfant et entraîne une dépression de son système nerveux. Si la mère est restée de façon prolongée sous anesthésie à forte dose, les effets peuvent se faire sentir sur le comportement de l'enfant jusqu'à sept jours après la naissance (Brazelton, 1963). Plus récemment, des chercheurs (Brackbill, 1974) ont montré que si la mère a été fortement droguée pendant le travail, l'enfant peut éprouver des difficultés de résolution de problèmes [1] et cela, jusqu'à l'âge de quatre à huit mois.

Il est d'autre part certain qu'immédiatement après la naissance, des répercussions importantes se manifestent et faussent l'impression que la mère a de son enfant. Même si l'anesthésie devient nécessaire à un stade plus avancé du travail, plus la mère peut la retarder, mieux cela vaudra pour l'enfant et pour elle, ainsi que pour leur bien-être futur. Chaque heure supplémentaire sans anesthésie est un pas de plus dans la bonne direction.

1. Résolution de problèmes *(problem solving)*: méthode d'expérimentation consistant à soumettre le sujet à une situation-problème et à observer le comportement qui suit l'identification du problème. (*N.d.T.*)

CHOISIR SON ACCOUCHEMENT

Une fois qu'elle fut allongée, le travail se ralentit pendant un petit moment. Son mari lui rappela qu'elle devait se lever et marcher un peu. Ce qui eut pour effet de redéclencher des contractions régulières, et quand le Dr Thompson vint l'examiner, le travail progressait, intense et efficace.

Tout en l'examinant, il passa en revue le passé médical de sa patiente et récapitula ce qu'ils avaient décidé pour l'accouchement. M. et Mme Johnson avaient cherché un médecin connu pour respecter le choix de ses patientes. Plusieurs obstétriciens de la ville où ils habitaient professaient leur intérêt pour l'accouchement naturel et la participation du mari, mais n'étaient pas en mesure d'aider un couple si des problèmes se présentaient pendant le travail. Ils s'en remettaient tous trop vite aux analgésiques et à l'anesthésie. Le Dr Thompson lui, avait la réputation de s'en tenir aux options de ses patients et de s'employer à les mener à bonne fin.

Dans la mesure où c'est pour nous, membres du corps médical, une occasion de renforcer l'importance du rôle des parents pour l'enfant, il me semble essentiel de les soutenir quand ils prennent leur décision.

Il existe maintenant tout un éventail de types d'accouchement et les futurs parents doivent être suffisamment bien informés pour pouvoir choisir d'eux-mêmes l'une ou l'autre des formules suivantes :

a. l'accouchement par la méthode Lamaze, c'est-à-dire l'accouchement naturel et sans médicaments ;

b. les techniques d'accouchement Leboyer, dans une pièce calme et à éclairage tamisé ;

c. l'accouchement avec anesthésie locale — dont les plus répandues sont la *péridurale* et la *rachianesthésie* — qui, sans atteindre le fœtus, enraye les douleurs les plus pénibles des ultimes contractions, et de l'épisiotomie, si elle s'avère nécessaire ;

d. l'accouchement avec prémédication légère, en vue de la phase terminale d'un travail prolongé et difficile, de façon à détendre le col de l'utérus et à relâcher la tension musculaire susceptible de gêner la dilatation et l'expulsion ;

e. l'accouchement par césarienne, systématique ou occasionnelle, rendue nécessaire par un bassin rétréci, par une dystocie (interruption des contractions utérines), ou lorsque le fœtus est en situation de détresse.

Les parents peuvent parler avec le médecin des différentes options et décider avec lui de ce qu'il faudra faire dans tel ou tel cas. En décidant d'avance du genre d'accouchement que l'on choisira, on réduit les répercussions sur le comportement de l'enfant et l'on stimule le plus possible la participation de la mère durant le travail et l'accouchement. Cette participation est capitale pour qu'elle se sente compétente. Le fait de l'informer et de lui faire connaître les options possibles de façon à lui permettre de choisir en connaissance de cause la manière dont elle accouchera, est essentiel pour l'aider à prendre une décision « adulte » en ce moment important. Maintenant que le père et la mère peuvent choisir et participer activement à l'accouchement, ils se sentent beaucoup plus en confiance pour materner leur bébé.

Dans les années 1950, et même au début des années 1960, les parents repartaient de l'hôpital ou de la clinique en se sentant dévalués et dépersonnalisés. Mais aux Etats-Unis, entre autres, les choses ont considérablement évolué. Je ne peux donc qu'encourager les parents à se mettre en contact avec un médecin sensibilisé à ces questions et à chercher une maternité où l'état d'esprit a évolué.

M. et Mme Johnson rappelèrent au médecin qu'ils préféraient aller le plus loin possible sans médicaments et sans anesthésie. Il les approuva et leur dit qu'il demanderait à son assistante de vérifier que tous les médicaments que l'on voudrait administrer à Mme Johnson étaient bien nécessaires. Il viendrait de temps en temps voir Mme Johnson pour l'examiner. Il recommanda, enfin, à M. Johnson de rester auprès de sa femme, lui demanda s'il se sentait suffisamment « compétent » pour diriger les contractions, et lui dit que sa présence serait à la fois nécessaire et souhaitée dans la salle d'accouchement. Tranquillisés, ils attendirent la phase suivante du travail. Mais celui-ci semblait interminable. Au bout de six heures, ils étaient tous deux épuisés et accueillaient avec soulagement les visites du docteur et de l'infirmière qui leur redonnaient courage. Mais parallèlement, chaque visite et chaque auscultation réveillaient leur anxiété ; l'idée que les choses pouvaient mal se passer ne cessait de les ronger. Pourtant, le travail semblait progresser normalement. A un moment, l'assistante du Dr Thompson proposa d'accélérer le travail par une injection de Pitocin (nom commercial d'une hormone, l'ocytocine), qui aurait pour effet de renforcer les contractions utérines. Tous deux étaient tentés d'accepter, car Mme Johnson était complètement épuisée et son mari tenait à ce qu'elle souffre le moins possible. Mais ils se souvenaient qu'à la préparation à l'accouchement, on leur avait fortement recommandé d'éviter toute intervention s'il elle n'était pas absolument indispensable, aussi décidèrent-ils d'attendre encore. L'infirmière leur confirma que le seul intérêt de l'ocytocine était d'accélérer le travail et que l'on pouvait sans dommage décider de s'en passer.

Bien que, dans les mains de spécialistes, la Pitocin ne présente vraisemblablement aucun danger, ni pour le fœtus, ni pour la mère, il y a cependant intérêt à y recourir le plus tard possible, jusqu'à ce que l'injection s'avère absolument nécessaire, ou à moins qu'elle ne soit formellement indiquée. S'il devait arriver à l'enfant quoi que ce soit des suites de l'injection, les parents se sentiraient responsables toute leur vie. Il faut, en effet, savoir que lorsque l'utérus se contracte normalement, il se produit un ralentissement du rythme cardiaque du fœtus et que la pression qui s'exerce sur la tête pour la conformer au bassin augmente. Et quand le processus est lent, c'est probablement pour faciliter ce modelage de la tête du fœtus (Rosen et Rosen, 1975). Tout renforcement artificiel des contractions utérines risque de pousser le bébé au-delà de ses limites d'adaptation ; les contractions prolongées et lentes ont donc une fonction. Sachant cela, la mère les acceptera mieux, car elle sera ainsi assurée que son enfant sera indemne.

LE MONITORING

Le Dr Thompson proposa que l'on contrôle l'état du bébé par monitoring — un système qui consiste à appliquer des électrodes encéphalographiques sur le crâne du bébé par le col de l'utérus. L'électro-encéphalogramme est un excellent moyen pour détecter une situation de détresse du fœtus durant le travail. Mais comme le docteur ne semblait pas considérer ce contrôle comme impé-

rativement nécessaire, M. et Mme Johnson insistèrent pour qu'il leur explique pourquoi il le proposait. Il reconnut que, dans la mesure où dans cet hôpital on disposait du matériel de surveillance nécessaire, c'était un contrôle supplémentaire fiable lorsque le travail durait trop longtemps. Comme ils ne se contentaient pas de cette explication, le Dr Thompson ajouta que selon lui, le bébé se portait bien ; chez une primipare, il était normal que le travail soit plus long. Il pouvait tout à fait continuer de suivre sans monitoring la progression du bébé, mais il avait pensé que, puisqu'il disposait de ce matériel de surveillance, il se devait de le leur proposer. Ils déclinèrent donc sa proposition, en ajoutant que, si à un moment ou un autre, il leur disait que c'était nécessaire, il aurait leur accord.

Il est regrettable que parce que nous disposons d'un matériel ultra-sophistiqué, nous nous sentions obligés de l'utiliser. Rien ne justifie qu'il remplace notre jugement clinique. Il nous arrive d'avoir besoin de vérifier notre diagnostic ; mais ce serait une erreur que de recourir de façon systématique à un appareillage aussi « envahissant » que le monitoring, de même qu'il est regrettable qu'un praticien comme le Dr Thompson se sente obligé de faire une telle proposition pour ne pas risquer de s'entendre dire qu'il n'avait pas fait « tout ce qu'il devait faire ». Bien entendu, M. et Mme Johnson devaient lui faire confiance pour qu'il puisse exercer ses responsabilités et être prêts à accepter cela. Nous risquons tous de commettre une faute professionnelle. Mais cette menace ne doit pas mettre à ce point en péril le diagnostic et les rapports médecins-patients.

L'appareillage de monitoring peut paraître très inquiétant et imposant aux parents pendant la phase de travail. L'usage abusif qui a été fait en un temps des tracés encéphalographiques rend maintenant absolument nécessaire de réviser à la fois les indications d'utilisation de l'EEG et l'interprétation de ses tracés.

L'exagération — à la lecture des tracés de monitoring — des cas de détresse du fœtus s'est, dans nombre d'hôpitaux, soldée par une augmentation allant pratiquement du simple au double du taux de césariennes. M. et Mme Johnson avaient donc raison d'insister auprès du Dr Thompson pour qu'il retarde le recours au monitoring, en lui préférant son propre diagnostic clinique. Cela dit, en cas de nécessité, on aurait toujours pu s'en remettre à l'apport remarquable que constitue le monitoring, pour déterminer si le bébé était effectivement en situation de détresse et devait être artificiellement mis au monde. Beaucoup d'anomalies du système nerveux ont pu être évitées grâce à une utilisation à bon escient du monitoring fœtal (Rosen et Rosen, 1975).

LE FŒTUS PENDANT LE TRAVAIL

Au fur et à mesure que le travail progressait, Mme Johnson faisait automatiquement les gestes appris lors des séances de préparation à l'accouchement : bien respirer par inspirations et expirations courtes et rapides, se détendre entre deux contractions, et pousser quand la contraction était là. Au début, elle craignait que les contractions ne deviennent de plus en plus douloureuses. Mais à son grand soulagement, tel n'était pas le cas. Quand elles s'espacèrent régulièrement, la douleur se stabilisa.

La présence de son mari à ses côtés et les visites

du Dr Thompson et de son assistante rendaient la chose supportable. De temps en temps, elle devait faire un effort pour se rappeler la présence du bébé, qui avait pratiquement cessé de bouger. A chaque contraction, il lui semblait que le bébé s'immobilisait totalement et se raidissait. Elle se sentait très proche de lui dans l'épreuve qu'il subissait.

Effectivement, les mouvements spontanés du bébé se trouvent sensiblement réduits pendant le travail. Rien de plus normal, puisque, quand l'utérus se contracte, tout l'espace libre est comblé. Le coussin d'eau a déjà été évacué et l'enfant est poussé en avant. Il doit pivoter légèrement pour adapter sa position aux contractions de l'utérus. Ses réflexes (réflexe de Moro, réflexe tonique de la nuque, et réflexe d'extension — voir le chapitre suivant), l'aident à se faufiler le long du tunnel[1] de la naissance. Sa tête doit se modeler pour passer ; les petits os, qui ne sont pas encore soudés, se chevauchent, de sorte que le périmètre crânien se trouve réduit de deux centimètres et demi (ou plus), ce qui permettra le franchissement de l'orifice de sortie du bassin[2]. Des expériences ont permis de montrer que le seuil de sensibilité tactile de pression et de douleur s'élève considérablement au neuvième mois, comme si la nature préparait l'enfant à la naissance. D'autre part, l'enfant profite aussi des mécanismes d'habituation, dont nous traiterons au chapitre suivant.

Le monitoring du rythme cardiaque fœtal et du système nerveux central a permis de démontrer qu'un mécanisme de protection, consistant en un ralentissement du cœur et de l'activité électrique du

1. Ou filière pelvi-génitale. *(N.d.T.)*
2. Ou détroit inférieur. *(N.d.T.)*

cerveau, accompagne chaque contraction ; celle-ci est suivie d'une réaccélération et d'une revitalisation. Ce mécanisme non seulement protège le fœtus pendant le travail, mais il sert aussi à le mettre en condition pour l'ajustement majeur qui devra intervenir à la naissance, lorsque l'enfant devra assurer tout seul le contrôle de sa respiration et de ses battements cardiaques. Alors qu'il menait une vie parasitaire, grâce au placenta et à la circulation sanguine maternelle, en quelques minutes il doit devenir autonome ; et l'on peut penser que le travail et ses stimuli répétés le préparent à cette transition.

Nous avons pu observer que des bébés qui étaient nés par césarienne, sans la phase de travail, avaient besoin d'une stimulation plus forte pour pousser leur premier cri, et qu'il fallait les surveiller et les stimuler périodiquement pour déclencher l'adaptation nécessaire. Ce qui n'est vraisemblablement jamais le cas chez un enfant mis au monde par voie naturelle : il s'adaptera de lui-même. Dans ce cas, en effet, les gaz en circulation dans le sang stimulent le cerveau de l'enfant pour qu'il fasse les efforts respiratoires et cardiaques nécessaires sans aucune aide de l'extérieur.

D'AUTRES CHOIX

Deux heures plus tard, les contractions étaient beaucoup plus rapprochées ; elles semblaient durer longtemps et Mme Johnson sentait leur efficacité augmenter. Elle avait même l'impression qu'entre deux contractions, la tête du bébé appuyait de façon égale entre ses jambes et dans l'ouverture du bassin. En gagnant en intensité, le travail devenait aussi plus douloureux, mais la douleur était compensée par cette sensation d'efficacité. Son mari et elle redoublaient d'énergie à l'idée qu'ils approchaient peut-être de la fin. L'infirmière lui dit qu'on l'emmenait « quelque part » et la prépara pour le transfert en salle d'accouchement. Une fois que son pubis fut rasé (cette pratique n'est pas systématique), elle était prête pour passer en salle d'accouchement. Son cœur battait la chamade et à chaque contraction, elle serrait très fort la main de son mari, trop heureuse qu'il puisse rester avec elle pour la phase suivante.

Dans la salle d'accouchement, il régnait une activité débordante. On la fit passer sans cérémonie de son lit à la table. On lui releva les jambes pour lui placer les pieds dans les étriers, et on la badigeonna d'une solution antiseptique froide. Elle regarda les infirmières qui s'affairaient autour d'elle avec leurs masques, trop occupées à préparer les instruments qui s'entrechoquaient avec un bruit métallique pour faire attention à elle. M. Johnson avait le souffle coupé d'émotion. Bien qu'il eût l'impression de se trouver régulièrement sur le passage et de gêner ces personnes très compétentes, il savait que sa femme avait d'autant plus besoin de lui au fur et à mesure que cette agitation froide et impersonnelle s'amplifiait. Les douleurs s'étaient faites plus longues et plus fortes et elle devait serrer sa main très fort pour ne pas crier. A chaque contraction, il lui répétait les instructions. Plus les douleurs devenaient intenses, plus son regard était suspendu à lui, et elle buvait littéralement les consignes, si bien qu'il se sentait vraiment très utile. Il régnait maintenant une activité fébrile dans la salle d'accouchement et l'on auscultait de plus en plus régulièrement son ventre pour contrôler les battements cardiaques du fœtus. L'anesthésiste entra et commença à lui poser des questions pour savoir quel type d'anes-

thésie elle souhaitait. Quand il lui demanda si elle pourrait tenir sans rachianesthésie[1] *ni bloc paracervical*[1] *(une injection locale atténuant les douleurs de la dilatation du col de l'utérus), elle s'enquit des risques que cela comportait. Mais il lui répondit qu'elle était si proche de l'expulsion qu'aucune de ces deux injections n'atteindrait le fœtus et que pour elle, la dernière phase s'en trouverait facilitée. Ce serait plus facile, en particulier, au cas où l'on serait amené à pratiquer une épisiotomie. Mais, ajouta-t-il, l'anesthésie risquait de ralentir légèrement le travail.*

C'est un point que l'on précise rarement aux parents ; pourtant, cela pourrait les aider à arrêter leur décision. En général, les mères ont hâte d'arriver à la fin de cette phase, et si on leur laissait le choix, elles préféreraient en finir sans médicaments. Chez une primipare, l'épisiotomie (incision du périnée), est pratique courante ; elle est destinée à éviter un déchirement dangereux du périnée en fin d'accouchement. Elle permet aussi d'accélérer le dégagement de la tête du bébé. Mais l'épisiotomie rend aussi plus douloureuses pour la mère les suites de l'accouchement, et je me suis laissé dire qu'un peu de patience de la part de chacun permettrait de réduire le nombre d'épisiotomies inutiles. Si tel est le cas, cela mérite un effort supplémentaire.

Mme Johnson regarda son mari d'un air insistant, comme si c'était à lui de prendre la décision. Comme ils avaient tenu bon jusque-là, il désirait ardemment que la naissance soit entièrement naturelle. Il demanda donc s'ils pouvaient

1. Dans la rachianesthésie, l'anesthésique est injecté dans le liquide céphalo-rachidien ; dans le bloc cervical, il est injecté de chaque côté du col de l'utérus. Cette dernière technique est très peu employée en France. *(N.d.T.)*

attendre encore, avant de décider, en ajoutant qu'ils pourraient faire une anesthésie locale si une épisiotomie s'avérait nécessaire. Le Dr Thompson entra à point nommé pour abonder dans son sens. Il se lava rapidement les mains et prit place à l'extrémité basse de la table. Comme une longue contraction s'était engagée, il demanda à l'anesthésiste de rehausser la table sous la tête de Mme Johnson pour l'aider à pousser plus efficacement. Un simple relèvement de 10 degrés fut suffisant pour la mettre beaucoup plus à l'aise et lui permettre de pousser plus fort à chaque nouvelle contraction.

Dans la mesure où sa tension était constamment contrôlée et que quelqu'un (l'anesthésiste) s'assurait que Mme Johnson allait bien, rien n'interdisait de la rehausser davantage.

Dans les pays où l'on pratique un accouchement plus naturel, l'accouchée est assise ou accroupie pour expulser son bébé ; cette position est sans aucun doute plus efficace et plus confortable. Si, chez nous, l'accouchée est allongée sur le dos, c'est pour éviter la chute de la tension artérielle, sachant que le sang converge vers l'utérus et que le cerveau est donc moins bien irrigué. Cela dit, dans la plupart des cas, il n'y aurait aucun problème à ce que la mère soit dans une position plus relevée. Elle serait à la fois plus à son aise et pourrait participer plus efficacement à l'expulsion.

LA NAISSANCE D'UN ENFANT

Le travail avait atteint son point culminant d'intensité. Mme Johnson haletait, poussait et, pour se retenir de crier, dès qu'une contraction était là elle s'agrippait aux bras de son mari. Puis vint le moment où elle sembla être enfin sur le point de mettre au monde l'enfant. Le col de l'utérus était bien dilaté et pendant une contraction particulièrement longue et pénible, une touffe de cheveux noirs apparut dans le miroir que l'on avait installé pour que M. et Mme Johnson puissent voir ce qui se passait. Ce petit « brin » du bébé leur redonna courage à tous les deux, et Mme Johnson commença à se dire que toute cette longue période de travail en valait la peine. Elle eut envie de crier : « C'est vrai que je vais avoir un bébé ! » A la longue contraction douloureuse qui suivit, elle se mit à pousser spontanément, et le Dr Thompson dit : « Haletez, respirez rapidement, mais ne poussez pas », en retenant doucement la tête du bébé pour qu'elle ne déchire pas le périnée. Quand la douleur fut passée, Mme Johnson cria et M. Johnson sentit les ongles de sa femme se planter dans le creux de ses mains.

A la contraction suivante, encouragée par le Dr Thompson, elle sentit la tête de l'enfant sortir doucement, mais inexorablement. « Bravo ! » s'exclama le docteur, et il commença à aspirer le mucus de la bouche et du nez du bébé pour dégager les voies respiratoires et lui permettre de respirer pour la première fois. Avant même que n'intervienne la contraction suivante, qui allait dégager les épaules et le tronc, l'enfant avait commencé à haleter et il émettait un petit gargouillement. Mme Johnson redoublait d'énergie et quand, presque immédiatement, vint la contraction suivante, elle sentit qu'elle expulsait le bébé. Le Dr Thompson tira doucement l'enfant, en dégageant les épaules et les extrémités. Tout était soudain si facile !

Elle venait de mettre au monde un petit garçon

en bonne santé, vigoureux et bien constitué, de 3,600 kilos ! Bouche bée, M. Johnson était si envoûté par le spectacle qu'il en oubliait presque sa femme. Il voulut prendre l'enfant avant même que l'on ait eu le temps de ligaturer le cordon ombilical. Mme Johnson sanglotait de joie et de soulagement. Ils observaient tous les deux le moindre mouvement du bébé — quand on le désobstrua, quand il ouvrit les yeux pour regarder prudemment autour de lui, quand il réagit par des tressautements, et qu'il se mit à vagir. Son visage bouffi passa d'un bleu violacé à une teinte de la pâleur de l'ivoire et, en l'espace de trois vagissements hoquetants, au rose. C'était un petit être capable de gigoter et de crier ! Et c'étaient eux qui l'avaient fait.

L'allégresse qui succède à un effort aussi considérable est à la mesure de l'anxiété et du travail pénible qui a précédé. Rien d'étonnant à ce que les parents soient si heureux après un effort de plusieurs heures. L'excitation, la peur, le soulagement, l'anxiété et la joie, rendent les parents en quelque sorte disponibles et prêts à accepter pratiquement tout. Un nez épaté, des oreilles décollées, un visage boursouflé et violacé, des bras et des jambes qui battent l'air, des vagissements perçants, une tête à l'aspect déformé, et la peau couverte d'un épais enduit cireux : en salle d'accouchement, tout cela semble aussi merveilleux aux jeunes parents que le bébé idéal des livres d'images qu'ils avaient imaginé tout au long de la grossesse. Ce n'est qu'ensuite, quand ils reprennent contact avec la réalité, qu'ils comptent les orteils du bébé, qu'ils étudient son visage pour savoir à qui il ressemble, qu'ils remarquent le nez aplati, les oreilles décollées et le sommet de la tête bosselé et en pain de sucre.

C'est plus tard aussi qu'il leur revient à l'esprit que

c'est un garçon, et non une fille. Ou bien une fille, et non un garçon. Plusieurs heures s'écoulent avant qu'on ne réalise que cet enfant n'est pas la perfection dont on avait rêvé. Mais le soulagement d'avoir réussi, la reconnaissance que le bébé soit bel et bien là, l'extase parce qu'il est normal, et un immense besoin de prendre dans ses bras et de materner ce minuscule être si dépendant, priment tout.

LA NAISSANCE D'UNE FAMILLE

Les gestes exécutés par le Dr Thompson après l'accouchement étaient simples, fondés sur les recommandations du Dr Leboyer. Il habilla le bébé sans le comprimer et le tendit à M. Johnson. Celui-ci était si ému qu'il manqua de le faire tomber. Tout ce qu'il était capable de faire, c'était de regarder le visage du bébé, en répétant : « Tu es là ! Tu es là ! Nous avons réussi ! » « Ne croyez-vous pas que vous devriez en faire profiter aussi votre femme ? » suggéra le Dr Thompson. M. Johnson se ressaisit et tendit le bébé à sa femme, en disant : « Voici ton bébé. » Elle regarda l'enfant : « Notre bébé », rectifia-t-elle.

On mit l'enfant au sein. Comme on pouvait s'y attendre, il téta une ou deux fois, puis regarda autour de lui, sans grand enthousiasme, ferma les yeux à cause de l'éclairage trop intense de la salle d'accouchement et parut s'endormir d'un sommeil paisible dans ses langes moelleux.

Selon le Dr Leboyer, il est préférable que la salle d'accouchement soit peu éclairée, peu bruyante, et qu'il y règne une chaleur douce afin que le bébé, s'il est suffisamment alerte à la naissance, puisse établir ses premiers liens avec ses parents. Aux Etats-Unis, les Drs Marshall Klaus et John Kennell (de Cleveland, Ohio), ont été les premiers à avoir montré qu'il était nécessaire de permettre à l'enfant et aux parents de passer ensemble un laps de temps suffisamment long pour que la mise en place de l'attachement puisse intervenir à ce moment si important et si délicat. Leurs travaux, récapitulés dans leur excellent ouvrage *Maternal-Infant Bonding* (1976), démontrent à quel point il est important de sceller à ce stade les liens de la triade parents-enfant.

Klaus et Kennell préconisent l'accouchement non médicalisé pour que le bébé naisse alerte et éveillé, et que la mère soit elle aussi alerte et en état de voir son bébé, de le toucher et de l'embrasser. Le père étant présent à l'accouchement, le couple aura une bien meilleure chance de devenir une famille et de savoir élever l'enfant dans un climat propice à son développement. Avec l'appui et les conseils du personnel soignant, les jeunes parents inexpérimentés se sentiront plus à la hauteur de leur tâche et plus « nécessaires » à leur enfant. En outre, après une expérience aussi gratifiante, ils tendront à lui communiquer ce sentiment d'estime de soi. Je suis convaincu que c'est là une occasion rare, ou plutôt unique, pour nous médecins, d'influer sur le cours futur de la vie familiale.

Nous pouvons aider les parents à apprendre à s'estimer en tant que parents, et à estimer leur enfant en tant qu'être humain doté de facultés passionnantes. Tous les jeunes parents manquent de confiance en eux. Et tous les jeunes parents s'interrogent sur leur compétence. Et ils sont certainement infiniment plus à même de s'investir dans cette nouvelle relation s'ils sont enthousiastes et s'ils se sentent récompensés et compétents comme M. et Mme Johnson à l'issue de l'expérience idéale que fut la leur. Plus les parents se sentent angoissés, plus il y a de risques, et plus il est important de les aider à réussir cette expérience enrichissante. Je pense en effet (mais peut-être par excès de romantisme), que tout un chacun peut s'identifier aux possibilités que porte en lui le nouveau-né, et se sentir stimulé par cette vie nouvelle qui commence.

Quelles qu'aient été les difficultés qu'ils ont connues jusque-là, je pense que si l'on offre aux jeunes parents le soutien nécessaire, ils sauront se montrer à la hauteur et ils mettront tout en œuvre pour donner à leur enfant toutes les possibilités d'épanouissement. Il est temps que nous, médecins, saisissions ce genre d'occasions pour apporter notre contribution à ce niveau, car elles sont plutôt rares.

3

Prématurité et attachement

Et qu'en est-il de l'accouchement non idéal dont beaucoup font l'expérience ? Si l'on n'est pas en mesure de mettre l'enfant au monde dans des conditions optimales, son avenir est-il compromis ? Si la mère est sous anesthésie forte, ou si l'accouchement est prématuré, sera-t-elle moins attachée à son enfant ? Sera-t-elle moins heureuse après l'avoir mis au monde ? Pour répondre à ces questions, nous dirons que le développement de l'attachement sera moins harmonieux, mais qu'il n'y a aucune raison pour que l'issue ne soit pas tout aussi gratifiante. En fait, l'effort réalisé pour surmonter ces difficultés peut constituer un moteur puissant de l'attachement.

Mme Campbell accoucha d'un prématuré de huit semaines dans une petite maternité de banlieue. Le bébé, qui pesait moins d'un kilo et demi, souffrait à la naissance d'une insuffisance respiratoire. On le transporta en ambulance dans un hôpital pour enfants où il resta six semaines, dans le service des soins intensifs.

Mme Campbell était une jeune mère de dix-neuf ans qui n'avait pas eu une existence facile. Sa mère habitait le Middle West des Etats-Unis, et elle l'avait quittée. Pendant plusieurs années, elle avait pris des drogues dures et avait aussi « roulé sa bosse ». Ses voyages l'avaient menée sur la côte

Est, où elle avait eu quelques liaisons plus ou moins sérieuses avant de rencontrer le père de l'enfant. Ils s'installèrent ensemble et elle se mit à négliger la contraception. Aussi, quand elle s'aperçut qu'elle était enceinte, elle n'en fut pas trop étonnée. Son ami et elle rejetèrent l'idée d'un avortement. Sans tarder, Mme Campbell renonça à toutes les drogues dures et limita sa consommation de marijuana. A partir du moment où elle se sut enceinte, quelques semaines lui suffirent pour ramener sa consommation de cigarettes à un demi-paquet par jour.

Ces produits ont des effets cumulatifs sur le développement du fœtus. A faible dose, une toxine simple comme la nicotine ou la marijuana n'affecte vraisemblablement pas le développement du fœtus, car les effets sont tributaires de plusieurs variables : *a.* le stade du développement fœtal (plus le fœtus est jeune, plus il est vulnérable) ; *b.* la dose de toxine en circulation dans le sang maternel ; *c.* la sensibilité des tissus maternels (c'est-à-dire, dans quelle proportion ils absorbent les toxines, protégeant ainsi le fœtus).

Dans le cas de plusieurs de ces toxines, non seulement leurs effets s'additionnent, mais ils peuvent même se renforcer mutuellement. Si la mère souffre de sous-alimentation, les effets des drogues, de la nicotine et de l'alcool sur le fœtus peuvent être encore renforcés, car les tissus maternels risquent de ne pas pouvoir absorber les toxines. Celles-ci seront alors transmises au fœtus, déjà rendu plus fragile par son propre état de sous-alimentation. Cette sous-alimentation peut se répercuter à deux niveaux sur le fœtus ; *a.* elle peut réduire le bon fonctionnement du foie et des reins, dont le rôle est d'assurer la détoxication ; *b.* elle rend les cellules du cerveau, dont le nombre se trouve peut-être déjà réduit, plus vulnérables aux toxines. Mme Campbell avait donc tout à fait raison de restreindre sa consommation de drogue et de cigarettes. Mais cela révélait aussi combien elle désirait cet enfant.

UN ENGAGEMENT GRANDISSANT

Ils avaient reparlé de l'éventualité d'un avortement, mais leur décision était déjà prise. M. Campbell travaillait comme manœuvre chez un constructeur de bateaux, « quand il en avait envie » ; mais il est vrai qu'une fois à son poste, il travaillait dur. Aussi, quand il demanda un emploi à temps plein, son contremaître le regarda, surpris, mais accepta. « Tu te cases, ou quoi ? » demanda-t-il d'un ton narquois. Ce qui, du visage de M. Campbell n'était pas caché par sa généreuse barbe rousse, rougit. A partir de cette période, il se mit à soigner un peu plus sa mise.

Il prit même l'habitude de préparer le petit déjeuner pour eux deux. Quant à la future Mme Campbell, elle veillait à ce que le dîner soit prêt quand il rentrait du travail. Ils mirent de l'ordre dans leur deux-pièces-cuisine et parlèrent même de se « meubler ». Quand ils s'aperçurent qu'ils étaient en train de parler berceau et mobilier d'enfant, ils éclatèrent de rire. Ce bouleversement miraculeux de leur mode de vie se produisit dans les trois semaines qui suivirent le retard de ses règles. Elle se sentait différente ; ses seins étaient devenus sensibles, elle avait souvent besoin d'uriner, et le matin, elle était prise de légères nausées ; mais comme elle s'y attendait, elle reconnut aussitôt les symptômes de la grossesse. Et chaque nouveau symptôme la rendait un peu plus radieuse. Elle comprit bientôt qu'elle était ravie de son état, et elle commença à se sentir plus épanouie. C'est ainsi que lorsque les deux jeunes gens s'aperçurent qu'ils voulaient l'un et l'autre le bébé et qu'ils faisaient déjà des projets, ils pensèrent à se marier. Pour l'un comme pour l'autre, ce mariage allait être un changement radical. Cela signifiait qu'ils devaient faire toutes sortes de concessions et prendre des résolutions, s'engager l'un vis-à-vis de l'autre, vouloir vraiment « se ranger », tout au moins en se mariant et en ayant un travail régulier et un domicile fixe, et surtout, assumer la responsabilité du bébé.

Lorsque la future Mme Campbell alla à la clinique pour avoir la confirmation qu'elle était effectivement enceinte, le médecin qui la connaissait depuis un an pour l'avoir désintoxiquée à deux reprises quand elle prenait du L.S.D. lui demanda si elle avait l'intention d'avorter. Mme Campbell se hérissa : « Je veux cet enfant ! »

Quand sa grossesse fut plus avancée, elle retourna à la clinique pour y chercher conseil, bien que cela signifiât devoir affronter les infirmières et le médecin, qui cachaient mal leur réprobation. Elle sentait leurs regards critiques se poser sur elle tandis qu'ils la pesaient, l'examinaient et établissaient sa fiche médicale. Sur la défensive, elle donna fièrement pour nom « Mme Campbell », au lieu de Mlle Bonnie James.

Nos structures hospitalières et sociales sont faites pour les gens forts et installés dans la vie. L'attitude réprobatrice du personnel médical vis-à-vis de tout ce qui sort des limites du conventionnel, condamne implicitement quiconque n'est ni parfait ni fort. Nous décelons et nous classons avec une telle facilité tous les défauts et faiblesses de nos patients, qu'inconsciemment, nous leur communiquons notre réprobation. Au bout du compte, ils se sentent encore plus faibles, plus pauvres, plus ratés. Et curieusement, beaucoup tendent à se façonner à cette image.

C'est ainsi que notre comportement se solde par ce qu'on appelle *l'effet Rosenthal.* Dans les années 1960, Rosenthal (1969) fit l'expérience de confier à un instituteur un groupe d'élèves en première année de scolarité, choisis au hasard, et auxquels il avait attribué un Q.I. bas (environ 90). A un autre instituteur, il confia des élèves auxquels il avait donné un Q.I. au-dessus de la moyenne (environ 110). A la fin de l'année, les deux instituteurs avaient obtenu le résultat escompté avec l'un et l'autre groupe : les enfants s'étaient conformés au statut qu'on leur avait attribué.

Je pense que nous, membres du corps médical, tendons à avoir un regard très critique, à être très exigeants, et que nous transmettons nos doutes à nos patients. En retour, ceux-ci nous montrent essentiellement leurs faiblesses et cachent leurs forces. Il faut qu'ils soient particulièrement déterminés pour tenir front à un barrage de regards accusateurs tels que celui auquel se heurta Mme Campbell quand elle voulut demander conseil sur sa grossesse. Notre système médical est de toute évidence mal adapté à ceux qui ont le plus besoin de nous.

Au cinquième mois, quand son bébé commençait à bouger, Mme Campbell se sentait une autre personne. Elle s'impliquait de plus en plus dans cette nouvelle vie. Son mari et elle mangeaient mieux, fumaient et buvaient moins, et rêvaient ensemble de leur avenir avec « le petit ». Ils accrochèrent même au mur la photo d'un bébé, près de celle du chanteur Elton John. Quand l'enfant devint plus remuant, Mme Campbell décida d'annoncer la nouvelle à sa mère. Peu après leur mariage, son jeune époux la présenta à *ses parents, et elle les trouva sympathiques. C'étaient de petits exploitants qui avaient une ferme dans le Maine ; après avoir élevé leurs quatre enfants, ils s'étaient retrouvés seuls pour faire marcher tant bien que mal leur exploitation. Heureux de voir un de leurs enfants se marier et fonder un foyer, ils accueillirent chaleureusement leur belle-fille. Elle eût même souhaité pouvoir accepter leur proposition de les loger tous les trois.*

Quand elle téléphona à sa mère, en revanche, celle-ci la reçut mal : « Je me demandais quand j'aurais de tes nouvelles. J'imagine que tu as des ennuis. » Bonnie faillit raccrocher. Quand elle annonça qu'elle s'était mariée, qu'elle attendait un enfant et qu'ils le désiraient tous les deux, elle s'attendit à un nouvel éclat. Au lieu de cela, il y eut un silence à l'autre bout. Affolée, Bonnie supplia sa mère de dire quelque chose. Celle-ci lui répondit avec des larmes dans la voix : « Je suis si heureuse pour toi. Veux-tu venir à la maison pour que je puisse t'aider ? » Dès lors, Bonnie commença à se sentir entourée de personnes qui l'aimaient.

LES PREMIERS SIGNES INQUIÉTANTS

Elle allait plus régulièrement à la clinique, et c'est seulement vers le sixième mois de la grossesse qu'elle comprit qu'il se passait quelque chose d'anormal.

Sa tension augmentait constamment et la nuit, ses mains et ses pieds enflaient. On la mit au régime sans sel, puis on lui administra un traitement diurétique afin de combattre la rétention de liquide. Mais bientôt, elle oublia de prendre ses médicaments et manqua ses rendez-vous à la clinique. Elle ne pouvait plus enfiler ses bagues, et ses pieds n'entraient plus dans ses chaussures. Elle prit peur et se mit à respecter scrupuleusement les consignes de la clinique, mais trop tard. On lui dit de garder le lit, et M. Campbell reçut la consigne de s'occuper d'elle et de l'empêcher de se lever. Mais pour pouvoir rester à son chevet, il lui faudrait quitter son travail, et ils avaient terriblement besoin d'argent. Il fallait absolument trouver une solution. Certains de leurs amis percevaient des indemnités de chômage, mais ils répugnaient à faire une fausse déclaration pour se sortir de cette mauvaise passe. Ils pensèrent à leurs parents, mais ils mettaient un point d'honneur à se débrouiller seuls. M. Campbell obtint de son employeur un arrangement : toutes les deux heures, il ferait une pause, ce qui lui permettrait de passer à la maison. En compensation de cet arrangement, il travaillait encore plus dur. Bonnie restait alitée en permanence, malheureuse et révoltée, mais elle continuait de rêver à son enfant. Elle était désormais complètement engagée vis-à-vis de lui.

A trente-deux semaines, elle commença à ressentir des contractions et eut une hémorragie. Comme si elle savait spontanément l'importance de la chose, car on ne l'avait pas avertie que cela pouvait arriver, pas plus qu'on ne lui avait donné de consignes en cas de nécessité, elle téléphona à son mari pour qu'il l'emmène à la clinique. Ses légères contractions étaient accompagnées d'une immobilité inquiétante du fœtus. Pour être restée si longtemps au lit, elle avait acquis une sensibilité précise au moindre de ses mouvements. Elle savait quand il remuait beaucoup, quand ses mouvements étaient ralentis, quand il se retournait, ou quand il réagissait à la radio. Elle le connaissait parfaitement et elle restait à l'écoute du moindre message qu'il avait à lui communiquer. Aussi, quand il devint si calme, elle sut que quelque chose n'allait pas. Elle attendit fiévreusement son mari car elle craignait qu'un malheur ne se produise avant son arrivée. A aucun moment il ne lui vint à l'idée d'appeler la clinique pour demander ce qu'elle devait faire, ou pour dire aux urgences de venir la chercher.

Ses relations avec la clinique avaient été si inexistantes qu'elle ne se sentait guère protégée par son personnel en cas de problème. Elle avait besoin de la protection de son mari pour les affronter avec ce nouvel « échec ». Comme nous l'avons vu précédemment, une mère se tient inconsciemment pour responsable dès que quoi que ce soit semble aller mal. De fait, Mme Campbell cherchait ce qu'elle avait bien pu faire pour provoquer ces contractions et ce qu'elle savait qui lui arrivait : un accouchement prématuré.

L'ATTACHEMENT MENACÉ

Quand elle entra à la clinique, elle savait que le travail était déjà très avancé et on la transféra à l'hôpital voisin. A peine arrivée, elle mit au monde un garçon ; il était beau, mais tout petit (1,3 kilos). On le désobstrua et le langea, avant de le transférer d'urgence au service des prématurés pour le mettre en couveuse. M. Campbell n'avait pas été autorisé à entrer dans la salle d'accouchement et il avait seulement pu voir passer l'incubateur, poussé par une infirmière à l'air inquiet. Le bébé était si bien enveloppé qu'il ne put le voir. Mme Campbell était complètement épuisée, tant émotionnellement que physiquement ; elle était presque en état de choc et, quand le bébé fut mis au monde, elle ne le vit pas, ne l'entendit pas. Tout était arrivé si vite qu'elle avait difficilement gardé connaissance : elle ne se souvenait de rien, hormis la fébrilité du personnel des urgences qui l'avait accouchée. On avait appelé du renfort, et elle avait pu entendre : « Désobstruction ! Oxygène ! D'urgence en couveuse ! Appelez le Children's Hospital à Boston pour qu'ils envoient par ambulance l'incubateur spécial pour l'enfant — s'il survit ! » C'était pourtant autour d'elle que tout cela se passait ; mais elle était épuisée par ce qu'elle venait de vivre. Elle avait le sentiment d'avoir failli à son bébé, et était dans une sorte de semi-coma. Elle était si faible et effondrée qu'elle ne réussit même pas à demander à voir son bébé, et personne ne pensa à le lui montrer. Après qu'ils l'eurent emmené, tout ce dont elle se souvenait, c'était ce qu'elle sentait quand il était en elle, sa façon de bouger, le plaisir qu'elle éprouvait à le sentir remuer. Maintenant, elle était vide.

Dans une situation d'urgence comme celle où s'était trouvée Mme Campbell, n'importe quelle femme aurait eu beaucoup de mal à conserver son attachement à son enfant. Elle avait à se défendre à la fois contre l'incertitude accablante quant à la survie de l'enfant, et contre un sentiment de culpabilité inexprimable et tout aussi accablant d'avoir entraîné l'enfant dans une situation dangereuse.

Il n'y a rien de surprenant à ce que, dans un tel contexte, une mère veuille fuir, se cacher, qu'elle se réfugie dans un état de dépression protecteur, et que, pour se protéger, elle se désolidarise de son rôle de maternage de cet enfant.

Il faut s'attendre à de telles réactions à une

situation de cet ordre ; elles *ne sont pas* anormales. Le plus remarquable à mon sens, n'est pas que beaucoup de mères et de pères soient accablés et qu'ils aient à se défendre, mais plutôt qu'ils parviennent à surmonter ces sentiments et qu'ils recommencent à s'attacher à un bébé qu'ils ont l'impression d'avoir mis en danger.

Au Children's Hospital, le bébé reçut une assistance médicale optimale.

Il souffrait d'une sérieuse insuffisance respiratoire, comme beaucoup de prématurés, due à l'incapacité de leurs poumons à absorber normalement l'oxygène et à se vider du gaz carbonique qu'ils produisent. Avec le temps, leurs poumons se développent et l'état de santé de ces enfants s'améliore peu à peu ; mais leurs poumons peuvent garder des séquelles dues au fort taux d'oxygène sous pression qui doit être insufflé en permanence pendant les premières semaines. Au sixième jour, et alors que l'enfant avait été maintenu très difficilement en vie, on s'aperçut qu'une hémorragie intracrânienne s'était déclenchée et il survécut de peu.

Cette « attaque » laissa la plus grande partie de son côté gauche paralysée. Il ne tenait pas sa tête, sa jambe et son bras droits étaient devenus inertes, et la survie de l'enfant se jouerait dans la semaine suivante. Une sonde pénétrait dans le nez de l'enfant, et il portait un masque de respirateur à oxygène ; on avait placé des électrodes sur sa minuscule poitrine pour contrôler les battements cardiaques et le rythme respiratoire, et sur le côté de la couveuse, deux sondes intraveineuses pénétraient, l'une dans le cuir chevelu, et l'autre dans la jambe. En plusieurs endroits, des ecchymoses trahissaient les tentatives répétées pour trouver les veines. On apercevait la coloration bleuâtre de l'enfant dans les quelques endroits laissés découverts. Ce que l'on voyait de son visage était celui d'un prématuré exténué, atone, comme flétri, et qui semblait à peine vivant.

On ne décelait pas le moindre mouvement spontané et les mouvements de sa poitrine fragile étaient manifestement dus aux appareils qui se trouvaient au-dessus de lui. L'incubateur avait été placé dans l'une des salles de la nurserie pour prématurés où régnait le plus fort degré d'agitation ; l'éclairage y était violent, sans compter le bruit continu des quinze ou vingt autres incubateurs qui s'y trouvaient.

De fait, infirmières et médecins s'affairaient sans cesse pour assurer la fragile survie de ces enfants. Les progrès techniques accomplis sont tels que l'on parvient à maintenir en vie un nombre croissant de bébés (qui peuvent peser jusqu'à moins de cinq cents grammes). Les plus récentes statistiques révèlent que, désormais, bien plus de la moitié des bébés pesant moins d'un kilo survivent. En outre, disposant maintenant de moyens de plus en plus sûrs, nous sommes en mesure de rassurer les parents en leur certifiant que le cerveau de leur enfant prématuré est normal. Il faut savoir que le bon état du cerveau est lié à la fois à la taille, au stade de maturité et à l'état de santé de l'enfant avant sa mise au monde prématurée (déclenchée elle aussi par plusieurs facteurs, dont l'alimentation, les répercussions des drogues, l'état de santé de la mère, etc.), à la rapidité avec laquelle intervient une compensation thérapeutique, et à la stabilité de l'équilibre obtenu. Les chiffres montrent que plus des trois quarts des prématurés auront un cerveau normal.

Maintenant, nous pouvons nous préoccuper de la qualité de vie, du climat affectif qui entoure le bébé une fois que son existence n'est plus en danger. La plupart des prématurés dans un état alarmant passent par les phases que j'ai décrites et une expérience comme celle vécue par M. et Mme Campbell traumatise les parents.

Mme Campbell fut reconduite dans sa chambre après que l'on eut emmené son bébé. Il n'avait pas été nécessaire de pratiquer une épisiotomie, et elle n'avait pas perdu beaucoup de sang. Après la délivrance et l'expulsion du placenta, sa tension baissa rapidement et son abdomen commença à perdre son volume. Le troisième jour, elle put quitter la maternité. M. Campbell avait eu très peur pour sa femme et il avait compris qu'il l'aimait plus qu'il ne le croyait. Comme elle se rétablissait, il reporta son inquiétude et son affection sur le bébé. Le surlendemain, il prit un car pour Boston, puis le métro jusqu'à l'hôpital. A la réception, il demanda timidement à voir son petit garçon. Comme dans la plupart des hôpitaux, le premier retranchement est la réception ; c'est un travail qui finit par être ennuyeux, et les personnes qui l'effectuent n'ont pas toujours conscience de l'importance de leur rôle.

La réceptionniste chercha son nom dans le fichier et, ne l'ayant pas trouvé, lui annonça avec désinvolture : « Désolée, mais il n'y a personne ici à ce nom. » Le cœur de M. Campbell s'arrêta de battre : l'enfant était sûrement mort. Mais ils auraient été prévenus. Il insista, en disant que le bébé avait été amené en ambulance la nuit précédente. « Ah, alors nous n'avons pas encore reçu sa fiche. Attendez, je vais appeler la nurserie des soins intensifs. » Quand on lui eut donné le feu vert, elle lui indiqua — non sans réticence — le chemin.

LA NURSERIE POUR PRÉMATURÉS

De nos jours, le personnel des nurseries pour prématurés fait tout son possible pour aider les parents à s'adapter à la situation.

Dès qu'il eut dit à la responsable du service quel enfant il venait voir, elle le fit entrer. En passant, il avait vu derrière les grands panneaux vitrés, les incubateurs alignés côte à côte ; de chacun sortait un enchevêtrement de fils, de tuyaux et d'appareils compliqués.

Quand on voit pour la première fois une nurserie moderne comme celle-ci, on se demande comment un minuscule bébé peut avoir la force de survivre avec cette énorme machinerie reliée à lui. En regardant une infirmière ou une néonatalogue mettre en place un goutte-à-goutte intraveineux ou une sonde nasale, on a l'impression d'être devant un horloger à l'ouvrage. La délicatesse et le savoir-faire exigés par cette technologie sont inquiétants car ils rappellent à tout moment combien la survie du prématuré est fragile.

Tandis que la responsable entraînait M. Campbell dans cette jungle d'appareils et se penchait avec lui au-dessus de quelques-uns de ces êtres minuscules et presque méconnaissables, il crut qu'il allait s'évanouir. Les odeurs d'alcool et de désinfectant, le bruit des appareils de contrôle qui cliquetaient de partout et l'atmosphère tendue, à laquelle s'ajoutait sa propre anxiété, faisaient qu'il se sentait à la fois désemparé et terrifié. Un enfant pouvait-il être normal après avoir vécu une telle épreuve, après toutes ces manipulations nécessaires pour le maintenir en vie ?

Ils arrivèrent enfin auprès de son enfant. De

tout l'appareillage, la petite fiche qui figurait sur l'incubateur était encore ce qu'il y avait de plus personnalisé, car elle annonçait : « C'est un garçon ! Nom : Bébé Campbell. Poids à la naissance : 1,300 kilo. Date de naissance : 10-10-78. » Le prénom des parents avait été laissé en blanc, et il s'empressa de dire que le sien était « Tom » et celui de sa femme « Bonnie ». Il était bien difficile de considérer comme une personne le minuscule être de chair relié à tous ces instruments.

M. Campbell resta penché, comme dans un état second, au-dessus de l'incubateur pendant une trentaine de minutes, à regarder cette toute petite « chose », essayant d'éprouver un sentiment quelconque pour son bébé. L'infirmière tenta de le réconforter, mais comme il se taisait, elle le laissa s'habituer à la vue de cet enfant. Il savait que, normalement, il aurait dû se sentir au moins accablé ou heureux, mais tout ce qu'il parvenait à faire, c'était à se demander pourquoi. « Pourquoi se donnent-ils autant de mal pour sauver ces enfants ? Pourquoi cela nous arrive-t-il à nous ? Pourquoi est-ce que je n'éprouve rien ? » Et, bien évidemment, dans le tréfonds de sa conscience, il y avait : « Et s'il s'en sort, sera-t-il au moins normal un jour ? » Il n'osait pas commencer à s'attacher à cette minuscule créature aux chances apparemment si compromises.

Durant cette demi-heure qu'il passa ainsi, à seulement regarder, il essaya de toutes ses forces de ressentir quelque chose, mais il restait glacé. Heureusement que sa femme n'était pas en état de venir. Elle aurait été épouvantée et il espérait qu'il aurait le temps de la préparer avant qu'elle vienne. Comment pourrait-elle supporter ça ? Lui-même dut respirer profondément pour ne pas s'enfuir en courant et ne jamais revenir. Ils s'éloignèrent de l'incubateur, la responsable du service le fit s'asseoir et essaya gentiment de lui parler un peu de son enfant. Elle le fit parler de sa femme et de lui-même, s'enquit de la façon dont ils s'arrangeraient pour venir voir leur bébé. Elle lui demanda aussi si sa femme aimerait pouvoir prendre deux fois par jour des nouvelles de l'enfant. Puis elle donna à M. Campbell une photo du bébé, qui avait été prise à son arrivée à la nurserie, avant qu'il soit placé dans l'incubateur et entouré de tous ces appareils. Sur cette photo, il ressemblait presque à un bébé — fragile, certes, terriblement fragile, mais un bébé tout de même. M. Campbell détailla longuement le cliché en s'efforçant d'y croire. Lorsque l'infirmière lui demanda comment s'appelait l'enfant, il sursauta. « Nous ne lui avons pas encore trouvé de prénom. Nous n'étions pas sûrs qu'il vivrait, mais j'aimerais qu'on l'appelle Tony jusqu'à ce que j'en aie parlé avec ma femme. » L'infirmière sourit : « Nous préférons l'appeler autrement que Bébé Campbell. Pour nous, ce sont des personnes et nous avons l'impression qu'à partir du moment où ils ont un prénom, ils vivront. »

L'ambiance dans les nurseries pour prématurés a considérablement évolué depuis que Klaus et Kennell (1970-1976), ainsi que Leiderman (1973) ont montré par leurs travaux au monde des néonatalogistes qu'il était capital de faire venir les parents dans les nurseries à « haut risque » pour leur donner la possibilité de toucher leur fragile bébé, de se laisser aller à leur chagrin dans l'abri que leur offre la nurserie, de dissiper leurs inquiétudes et de commencer à connaître leur enfant avant de le ramener chez eux. Ils ont démontré que les parents se consolaient plus facilement et s'adaptaient mieux s'ils pouvaient voir et toucher leur enfant, et établir une relation avec lui, même si par la suite il devait mourir. S'il vivait, ils pouvaient commencer, avant de le ramener à la maison, à surmonter leur chagrin d'avoir eu un tel enfant et l'inévitable sentiment de culpabilité qu'ils éprouvaient d'avoir fait de lui un « prématuré ».

Ils étaient ainsi à même d'établir plus facilement avec lui une relation de personne à personne et de s'occuper de lui avec beaucoup plus de confiance. Le développement ultérieur de ces enfants se trouvait manifestement amélioré si l'on permettait aux parents de venir les voir à la nurserie. Ce qui explique que ces études capitales aient révolutionné les nurseries dans le monde entier. Désormais, dans ces nurseries, on s'efforce de créer des liens solides entre ces parents et leur enfant, car on s'est aperçu que, faute de cela, les parents ont tendance à continuer à traiter pendant des années leur enfant comme s'il était encore à « haut risque ». Or, si l'enfant est traité comme un être vulnérable et s'il est surprotégé, sa qualité de vie et la dynamique de son autonomie de développement risquent de se trouver sérieusement altérés.

Une des grandes retombées du mouvement visant à aider les parents à s'adapter a été d'humaniser considérablement l'ambiance des nurseries. En effet, en faisant venir les parents, nous avons pris conscience des aspects inhumains des nurseries et avons entrepris d'y remédier. Presque tous les berceaux sont surmontés d'un mobile et d'un dessin aux couleurs vives placés de façon que l'enfant puisse les voir. De plus, on incite les infirmières à témoigner plus de chaleur aux enfants et à jouer avec eux. Il arrive qu'elles s'attachent à l'enfant dont elle s'occupent. Et les choses ne sont pas toujours faciles pour elles.

On n'imagine pas l'anxiété qu'éprouve une infirmière qui s'est attachée à un enfant et qui le « perd »

— parce qu'il meurt ou parce qu'elle doit le partager avec les parents. Mais c'est un risque du métier pour quelqu'un qui travaille avec ces enfants si fragiles. Quand l'enfant commence à réagir, qu'il devient une vraie personne, l'infirmière investit énormément en lui. Dès lors, il n'est pas étonnant qu'une rivalité s'établisse entre elle et les parents quand ceux-ci désirent emmener l'enfant. Les travaux de Klaus et Kennell ont permis de montrer que dans une nurserie à haut risque, l'infirmière joue un rôle double : elle doit non seulement aider l'enfant à survivre, mais aussi à développer l'empathie avec les parents, en les aidant à s'attacher à cet enfant ; elle est à la fois assistante sociale pour les parents et infirmière pour l'enfant.

Quand il quitta la nurserie, M. Campbell se sentait épaulé. Il brûlait de montrer la photo de « Tony » à sa femme. A son retour, elle l'accueillit avec impatience. Elle voulait tout savoir, jusqu'au moindre détail. Elle se cramponnait à la photo, comme si c'était le bébé lui-même. Elle lui fit répéter tout ce qu'avait dit l'infirmière. Au travers de lui, elle semblait étreindre son enfant. Il s'efforça de lui cacher ses craintes et sa tristesse. Mais elle avait une telle soif de contact avec le bébé, qu'il dut lui promettre de louer une voiture pour la conduire à l'hôpital dès qu'elle serait suffisamment rétablie. Il n'eut pas le cœur de lui dire combien cela faisait mal de voir l'enfant tel qu'il était en réalité. Il se prit seulement à espérer que si l'enfant vivait, il se porterait déjà mieux quand elle irait le voir. Et il lui demanda comment elle voulait l'appeler. Son visage devint vide d'expression et elle dit : « Je n'ai même pas pensé à ça. Il ne me fait pas l'effet d'être quelqu'un. Tu n'as qu'à choisir toi-même — Tony, c'est bien. » Ce fut donc Tony.

Lorsqu'elle se rendit à Boston, au Children's Hospital, elle éprouva le même choc que son mari. Elle se sentit à la fois glacée et incrédule ; elle ne pouvait croire que Tony était vraiment une personne et n'osait espérer qu'il vivrait. Les infirmières qui s'occupaient de Tony attendaient avec impatience la venue de Mme Campbell et elles appelèrent le docteur pour qu'il parle avec les parents de Tony. M. Campbell parvenait à écouter le jeune médecin et s'efforçait de saisir tout ce que celui-ci essayait de leur expliquer. En revanche, Mme Campbell semblait hébétée et, bien qu'elle répétât consciencieusement ce que disait le docteur, on voyait qu'elle ne comprenait pas. Son mari non plus, ne comprenait pas grand-chose, mais il réussit à assimiler quelques indications, par exemple, la quantité d'oxygène dont l'enfant avait besoin, la façon dont ses poumons fonctionnaient, et ce que les examens du sang révélaient. Il comprenait mieux quand le médecin décrivait le comportement de Tony — par exemple, comment il gigotait quand on voulait lui faire une piqûre, ou comment il réagissait quand on le nourrissait par sonde. Ces aspects techniques ne voulaient pas dire grand-chose pour lui et il laissait volontiers Tony sous la responsabilité de l'hôpital.

LES ÉTAPES DE L'ATTACHEMENT

Nous étudierons ici les « étapes » que les parents doivent franchir dans le processus d'attachement à un enfant prématuré. En premier lieu, ils luttent contre une « réaction de deuil » (qui fut décrite pour la première fois par Eric Lindeman, dans le cas des parents et des proches des jeunes gens qui périrent accidentellement dans l'incendie du *Boston Cocoanut Grove*, en 1945). La réaction de deuil à une naissance prématurée est inévitable. D'une part, les parents sont affligés d'avoir « perdu » l'enfant parfait qu'ils espéraient et ils sont désolés des défauts de celui qu'ils ont mis au monde ; de plus, ils se tiennent pour responsables, consciemment ou inconsciemment : ils se sentent coupables de la situation du bébé, qu'ils aient ou non des raisons pour cela. Bien que M. et Mme Campbell aient pu l'imputer aisément au mode de vie qu'ils menaient dans un passé récent et au sentiment de culpabilité que cela impliquait, ils se seraient de toute façon sentis responsables des problèmes de Tony.

Même dans le contexte le plus irréprochable, les parents se sentent plus ou moins responsables de la prématurité de leur enfant. Et, pour surmonter ces sentiments, il faut à la fois du temps et un travail sur soi-même. Même si le fait de rendre visite à l'enfant aide les parents, du temps sera nécessaire. On distingue au moins cinq étapes avant que les parents finissent par reconnaître cet enfant comme leur et qu'ils acquièrent confiance en eux-mêmes de façon à être vraiment « opérationnels » et à établir une relation avec cet enfant.

1. Les premiers liens des parents avec l'enfant se trament au travers des renseignements que leur donne le personnel soignant, concernant par exemple son métabolisme de base, son oxygénation et les gaz sanguins. Ils reprennent courage quand les résultats d'analyse révèlent une amélioration, et ils sont anéantis en cas de régression. Leur fragile relation avec l'enfant est suspendue aux analyses du laboratoire.

2. Les parents observent le comportement automatique de réflexe déclenché par un médecin ou une infirmière lorsqu'il ou elle dérange l'enfant ;

ce qui leur redonne courage. « Il peut bouger ! » Dès lors, le moindre mouvement de l'enfant devient un événement ; mais les parents n'essaient pas de le provoquer eux-mêmes.

3. On note les mouvements les plus réactifs de l'enfant. Par exemple, quand une infirmière parle, s'il se tourne vers elle ; ou s'il serre (grasping) *le doigt du médecin : aux yeux des parents, l'enfant est alors en passe de devenir une personne. Cependant, les réactions observées continuent d'être provoquées* par une tierce personne. *Les parents n'osent pas encore les déclencher eux-mêmes.*

4. L'étape suivante commence lorsque les parents osent effectivement déclencher eux-mêmes les mouvements de réaction. C'est à partir de ce moment qu'ils se considèrent vraiment *comme étant les parents de l'enfant. Quand ils le touchent, il se recule ou se rapproche d'eux. Quand ils lui parlent, il se tourne vers eux. Quand ils le caressent, il s'apaise. Désormais, ils se sentent responsables de ses réactions.*

5. Au cinquième et dernier stade observé en nurserie les parents osent prendre l'enfant dans leurs bras, le bercer, et même le nourrir. Parvenus à ce point, les parents ont mis en place un certain type d'attachement. Avant, ils percevaient l'enfant comme un objet terrifiant et fragile, et se considéraient comme dangereux pour lui. A partir du moment où ils comprennent qu'il ne se brisera pas et qu'ils peuvent le réconforter et le traiter comme une personne, ils sont prêts à l'emmener à la maison, prêts à le materner.

Nous nous efforçons toujours de retarder la sortie d'un prématuré jusqu'à ce que nous soyons sûrs que les parents sont prêts, sachant qu'ils s'acquitteront tout autrement de leur rôle s'ils sont passés par ces cinq étapes. Il paraît absurde d'attendre d'eux qu'ils soient capables de s'attacher à l'enfant sans cette préparation. En outre, trop de précipitation de notre part risque d'avoir des conséquences destructrices, car ils peuvent alors se forcer à se montrer à la hauteur de ce qu'on attend d'eux, pour se prouver à eux-mêmes qu'ils sont capables. Ils ne seront réellement prêts que s'ils ont eu le temps et le soutien nécessaires pour accomplir ce « travail de deuil ».

A chaque nouvelle visite, M. et Mme Campbell se sentaient mieux à même d'assumer la situation. Au bout de quelques jours, ils comprenaient que l'état de Tony s'était stabilisé et que tout le monde espérait qu'il commencerait à s'améliorer. Pour eux, il était toujours le même. Chaque jour qui passait était un don du ciel et ils commençaient à se dire qu'il s'en sortirait peut-être. Mais ils osaient à peine y croire.

Et lorsque, le septième jour, Tony eut une hémorragie cérébrale, ce fut comme s'ils étaient punis d'avoir commencé à espérer. On les avait trop encouragés à le toucher et à se lier avec lui. Mme Campbell se demandait même si ce n'était pas eux qui lui avaient en quelque sorte fait du mal par leur maladresse.

La vulnérabilité des parents d'un enfant prématuré et leur sentiment d'être responsables de tout ce qui va mal restent bien à la surface. Bien entendu, ils ne lui ont pas fait de mal et les rechutes font partie de la vie d'un tel enfant. Mais c'est aussi une « rechute » pour les parents. Il est des événements normaux et prévisibles qui seront perçus comme des crises par les parents d'un prématuré. Sa première selle, par exemple. Ou encore la façon dont il se réorganise pour respirer par lui-même, l'apparition du besoin de sucer, et le moment où il commence à rejeter la sonde de gavage.

L'enfant rencontre beaucoup d'obstacles prévisibles que les parents prennent pour des rechutes. En fait, ces obstacles précèdent souvent une phase de réorganisation et de progrès.

Quand, au bout d'une semaine, Tony commença à se remettre de son hémorragie cérébrale, M. et Mme Campbell avaient déjà repris leurs distances. Ils avaient téléphoné tous les jours, mais sans venir le voir. Non seulement il leur était trop pénible de le voir dans cet état, mais ils pensaient que leur visite n'y changerait rien. Mme Campbell se sentait épuisée et incapable de faire quoi que ce soit, comme assommée. M. Campbell essaya de reprendre le travail, mais il fonctionnait au ralenti. Son patron comprenait ce qu'il était en train de vivre.

Quand ils appelaient, on leur communiquait le bilan de santé de l'enfant. Ils ne comprenaient qu'en partie le jargon employé. Ils commençaient à se familiariser avec des expressions comme « comportements moteurs de guérison », ou « capacité pulmonaire », car c'était le langage qui devait leur permettre de comprendre leur enfant.

Mais ce qu'ils voulaient vraiment savoir, c'était : « A-t-il ouvert les yeux ? Se rend-il compte que vous êtes là, quand vous le nourrissez ou que vous le changez ? A-t-il ses selles comme un enfant normal ? » Toutes ces choses qui pouvaient les aider à le considérer comme une vraie personne. Et ils essayaient désespérément de se cramponner à lui comme tel.

Les infirmières et les médecins qui réussissent à créer une communication sont ceux qui comprennent ce que les parents affligés ont secrètement besoin de savoir ; ils s'efforcent de glisser ces informations dans le compte rendu de leurs observations du comportement du bébé.

Les parents comprennent alors que ces praticiens considèrent leur enfant comme un être humain, pas seulement comme un cas.

UN « VRAI » BÉBÉ

Quand ils vinrent le voir une dizaine de jours après sa rechute, Tony était nourri par une sonde de gavage. A un moment donné, il ouvrit paresseusement un œil et ferma la main droite pour porter faiblement le poing à la hauteur de son visage. Comme c'était la première fois qu'ils le voyaient faire un geste, ils eurent l'impression d'un miracle. L'espoir renaissait.

Ils revinrent de plus en plus souvent et Mme Campbell eut bientôt conscience qu'elle attendait chaque nouvelle visite. Pour venir voir l'enfant, il leur fallait louer une voiture ou prendre le car et le métro et dans un cas comme dans l'autre, cela leur était difficile. Mais Mme Campbell avait besoin de voir Tony, et son mari se sentait exclu s'il ne pouvait pas venir.

Durant les trois semaines suivantes, les progrès réguliers de Tony leur redonnèrent courage ; ces progrès étaient pourtant lents, et la moindre amélioration leur semblait prendre une éternité. Mais chaque fois que l'on pouvait réduire un peu plus l'apport d'oxygène, que l'on augmentait le débit de la sonde de gavage, ou que les comportements moteurs du côté faible de l'enfant marquaient un léger progrès, leur espoir grandissait. Ils restaient en contact avec leurs deux familles et ne pouvaient s'empêcher de dépenser une fortune en communications téléphoniques pour tenir leurs parents au courant des moindres progrès de l'enfant.

Lorsqu'ils étaient assis près de l'incubateur, ils guettaient le moindre signe d'amélioration. Ils se montraient avec bonheur le moindre mouvement de l'enfant. Enfin, ils s'aventurèrent à passer la main dans l'incubateur, même si, le premier jour, ils ne firent qu'effleurer du doigt l'enfant. Le deuxième jour, ils posèrent la main sur lui ; au bout d'une semaine, ils le caressaient. L'enfant ouvrait alors les yeux, dans un état de conscience semi-alerte. Et ses parents faisaient toutes sortes de contorsions en essayant de se placer bien en face de lui pour attirer son regard.

Klaus (1976) a observé qu'en essayant d'établir le contact avec leur enfant prématuré, les parents suivent un pattern [1] de comportement prévisible. A mesure qu'ils prennent confiance, ils cherchent à l'engager dans un contact par le regard, en « face à face ». A ce stade, ils ont le sentiment d'être vraiment en contact avec lui en tant qu'individu.

A partir du moment où Tony commença à prendre du poids et à avoir besoin de moins de matériel de survie, les infirmiers encouragèrent les parents à le sortir de son incubateur. Il était si faible, si mou qu'au début ils avaient l'impression qu'il allait se briser. Mais quand ils se furent habitués à cette fragilité, ils commencèrent à déceler ses mouvements réactifs et ils se sentirent beaucoup plus proches de lui.

1. Pattern : Ce mot anglais signifie un ensemble d'attitudes ou de comportements formant un modèle, ou encore un schème homogène, pour représenter toute la structure de ces comportements (on parlera, par exemple, de pattern de succion, mais aussi de pattern d'inter-relations). *(N.d.T.)*

Quand il fut capable de rester hors de son incubateur sans apport d'oxygène, cette fois encore, ils eurent l'impression d'un miracle. Son bras et sa jambe gauches étaient encore faibles ; mais M. et Mme Campbell l'avaient vu réagir par des mouvements aux stimulations de la physiothérapeute, et ils regardaient comment elle s'y prenait afin de pouvoir en faire autant une fois à la maison. Désormais, ils se préparaient à la phase redoutée : le retour.

Jusque-là, ils n'avaient pas osé avouer ouvertement qu'ils craignaient que l'hémorragie cérébrale, ou l'« attaque », n'ait laissé à leur enfant des séquelles mentales. Cette crainte n'avait pas trouvé à s'exprimer dans la lutte qu'ils avaient menée pour suivre sa survie pas à pas, ainsi que dans leurs efforts pour se lier à lui — pour l'imaginer comme une vraie personne.

UN PEU À LA FOIS

Dès lors qu'ils l'eurent sorti de son incubateur pour le prendre dans leurs bras, il devint pour eux un « vrai » bébé. Mme Campbell voulait le bercer, fredonner pour lui, le caresser — tout cela en même temps. Mais il semblait être complètement débordé et les efforts qu'elle faisait pour le materner épuisaient l'enfant trop vite.

En effet, l'on constate qu'un prématuré, qui de plus a été malade, après avoir vécu dans une ambiance aussi peu stimulante que celle de l'incubateur, est facilement épuisé, même par des stimuli attractifs. Sa barrière des stimuli est si basse que le nouveau-né est rapidement submergé et à la merci de tout ce qui se passe autour de lui. Il sursaute ou cligne des yeux au moindre bruit. Il s'écarte dès qu'on le touche. Il lui faut dormir pour échapper à l'éclairage impitoyable de la nurserie ; et il ne s'habitue pas aux stimuli attractifs. Si bien qu'à partir du moment où on le place dans un berceau, il lui faut du temps pour s'adapter au monde qui l'entoure.

La mère ou l'infirmière doivent avoir conscience de la grande sensibilité du système nerveux d'un tel enfant. Il ne peut assimiler qu'une stimulation très limitée à chaque fois, et ce dans une seule sphère auditive, tactile, ou visuelle. Au fil des jours, ses capacités s'améliorent, de sorte que, plus tard, il peut prendre en charge deux modes à la fois ; par exemple, on peut en même temps le bercer et chantonner. Pour finir, il sera capable de regarder un visage *pendant* qu'on lui parle *et* qu'on le prend dans les bras. A partir de là, le long et difficile apprentissage de l'enfant commence à porter ses fruits et il est sur la voie de devenir un être social.

Au début, les Campbell avaient le sentiment que pour Tony, ils étaient de trop. Quand leur visite touchait à sa fin, il paraissait toujours épuisé. Mais quand ils eurent compris qu'il ne faisait que suivre le cours normal d'un développement ralenti d'adaptation au monde, ils s'en accommodèrent en ajustant leur comportement. Il leur fallait comprendre son hypersensibilité à leurs approches, sachant que tout ce qu'ils entreprenaient semblait être excessif. Une infirmière leur montra à quel point il était plus alerte s'ils le prenaient avec une extrême douceur, s'ils fredonnaient tout bas, ou s'ils se plaçaient à une certaine distance pour qu'il les regarde.

Les observations nous ont montré que le mode de

communication par le regard effraie les petits prématurés. Non seulement ils préfèrent ne voir l'adulte qu'à une certaine distance jusqu'à ce que leur seuil visuel ait monté, mais ils pâlissent ou se replient si l'on insiste pour les engager de trop près dans un contact par le regard. A mon sens, cela confirme l'importance du mode visuel de communication entre le père, la mère et l'enfant (cf. chapitre suivant). Les stimuli sensoriels auxquels Tony est le plus sensible sont ceux qui compteront le plus dans son développement futur.

Ces réactions hypersensibles chez le prématuré et le bébé qui a été malade font que les parents ont l'impression que leur enfant les rejette. Alors qu'il se rétablit et qu'ils brûlent de se rapprocher de lui, ils tendent à l'accabler de stimuli sociaux — et il les accueille par une réponse négative. Dès lors, ils peuvent être de nouveau en proie au sentiment d'avoir manqué à leurs engagements envers lui et ils ont la sensation que, non seulement ils ne le connaissent pas, mais qu'ils sont eux-mêmes des parents ratés. Dans ce sens, il serait bon que dans la nurserie , on prévienne les parents de cette séquence nécessaire du rétablissement de l'enfant, pour leur éviter d'avoir l'impression que ce sont eux qui sont incapables de se mettre à portée de l'enfant.

Au fur et à mesure qu'il faisait des progrès, ses parents s'inquiétaient de sa faiblesse, qui alternait avec les tressaillements et les mouvements saccadés de ses bras et ses jambes, et cela au moment où ils avaient à affronter la perspective de le ramener à la maison.

Ils trouvèrent enfin le courage de poser au médecin de Tony la question qui les rongeait : « Le choc avait-il abîmé son cerveau ? » Le médecin eut l'honnêteté de leur dire qu'il l'ignorait, mais qu'en revanche, Tony s'était déjà remarquable-

ment bien remis et que si les progrès se confirmaient, l'on pourrait faire un pronostic très prometteur.

Il les encouragea vivement à croire en Tony et à faire travailler la jambe et le bras défaillants. Il n'eut d'ailleurs pas besoin de beaucoup insister : les parents de Tony étaient d'ores et déjà totalement acquis à leur enfant.

L'expérience nous a appris que la meilleure façon d'insuffler l'espoir à des parents qui, à l'instar de M. et Mme Campbell, ont passé une période pénible avec un enfant malade, est de jouer en leur compagnie avec l'enfant. Si la voix ou le visage de l'observateur déclenchent des réactions alertes chez l'enfant, s'il se calme quand on lui parle, et se pelotonne quand on le câline, les parents commenceront à voir en lui une personne à part entière, et pas seulement un enfant malade (nous traiterons au chapitre suivant des réactions chez les enfants nés à terme).

Parmelee et son groupe de chercheurs, à Los Angeles, ont achevé récemment une étude post-hospitalière de deux ans sur les prématurés à haut risque et les enfants malades : ils en concluent que l'on ne peut pas prédire les développements futurs, même pas sur la base de déficiences neurologiques connues et remontant à la période néonatale, une guérison inattendue étant chose fréquente.

Cependant, on dispose d'une base de prédiction en la capacité des parents à se lier à l'enfant et à l'aider à se rétablir. La seconde source de prédiction réside chez l'enfant lui-même. Si à l'âge d'un mois, il est capable de répondre à la stimulation visuelle et auditive exercée par l'adulte qui veille sur lui, on peut parier que son état continuera de s'améliorer, même s'il souffre de déficiences neurologiques. Autrement dit, même un enfant diminué possède les ressources merveilleusement inattendues qui lui permettront de se rétablir, pour que l'interaction sociale et maternante puisse s'instaurer. Un climat de tendresse et de sensibilité peut engendrer des progrès non prévus par les professionnels qui connaissent la maladie de l'enfant.

M. et Mme Campbell ont beaucoup à faire pour aider Tony à progresser. Ils devront emprunter une voie radicalement différente de celle de M. et Mme Johnson. Ce qui illustre bien à quel point les difficultés et l'effort accompli pour les surmonter scellent les liens de la famille. D'avoir à vaincre des problèmes peut constituer une force puissante d'attachement. Le travail à accomplir sera rendu d'autant plus bénéfique au resserrement des liens familiaux que les problèmes auront été vécus en commun.

Durant toute cette période, les parents de Tony ont beaucoup appris sur lui et sur eux-mêmes, et cela les aidera dans les nombreux moments difficiles qui les attendent. Car les progrès de Tony ne se feront pas sans peine ni détours. Un enfant prématuré reste compliqué, et l'élever est un processus qui exige beaucoup et pendant longtemps (cf. chapitre VII).

Dans la mesure où ils ont déjà amplement investi dans la guérison de Tony, M. et Mme Campbell se sentent en partie responsables de cette guérison, et ce sentiment peut servir de source de dynamisme pour les aider à continuer. Il est certain que, si on les avait laissés tout à leurs sentiments de culpabilité et d'abattement, il leur aurait été beaucoup plus difficile de tirer fierté de cette réussite. En les encourageant à s'occuper de leur enfant avant son départ de la nurserie, non seulement les médecins et les infirmières ont aidé les parents à se remettre de leur dépression, mais ils ont aussi renforcé leurs sentiments de compétence en aidant Tony à passer cette crise.

C'est pourquoi je ne saurais qu'inciter les parents d'un enfant prématuré à chercher à tout prix à faire connaissance avec leur bébé avant sa sortie de la nurserie, et tant qu'il est sous surveillance médicale. A l'heure actuelle, la plupart des maternités s'y prêtent et, pour celles qui ne le permettent pas encore, il serait grand temps que des dispositions soient prises.

Souvent, des groupes de parents, sachant ce qu'ils veulent, peuvent, de l'extérieur, faire plus pour changer le système médical que nous, professionnels, qui sommes à l'intérieur de ce système.

Dans le cas de Tony, c'était la qualité même de sa vie à venir qui était en danger. Or, l'on pouvait d'ores et déjà prédire que l'attachement entre lui et sa famille irait en se renforçant et que l'accident que représentait cette naissance prématurée allait contribuer à enrichir la qualité de vie de la famille tout entière.

4

Une séparation forcée : la césarienne

Lucy Thomas venait de mettre au monde son deuxième enfant, une petite fille très attendue. Dès avant le début du travail et pendant les dix-huit heures que celui-ci dura, Lucy et son mari avaient dû conjuguer leurs efforts pour que l'enfant soit mis au monde naturellement et sans médicaments. Elle avait accouché de son premier enfant, Danny, trois ans plus tôt, dans une maternité où l'on faisait encore grand usage de la prémédication et de la rachianesthésie. Et on l'avait droguée tant et si bien qu'elle avait souffert de migraines pendant toute la semaine qui avait suivi la naissance de Danny. L'enfant lui-même était si endormi qu'elle avait surtout gardé de son passage à la maternité le souvenir d'un cauchemar d'incompétence. Il lui avait fallu un bon mois après cela pour se sentir de nouveau vraiment « bien » et avoir l'impression d'être sur la bonne voie avec Dan. Aussi avait-elle voulu que cette deuxième expérience soit plus réussie et qu'on lui laisse la possibilité de faire connaissance avec son enfant à la maternité. M. et Mme Thomas avaient donc participé à la préparation à l'accouchement ; ils avaient fait les exercices ensemble, appris comment il fallait respirer, quand il fallait pousser, et comment s'aider mutuellement. Ils se sentaient fin prêts pour le travail et l'accouchement.

UN BÉBÉ EN DÉTRESSE

Mais les choses ne se passèrent pas aussi bien que prévu ; l'enfant se présenta par le sommet et le visage de front, si bien que le travail ne progressait pas. Mme Thomas avait beau pousser tandis que M. Thomas l'encourageait à respirer comme ils l'avaient appris et que le Dr Fenton s'efforçait de corriger la position du bébé, la tête était bloquée dans le bassin ; chaque contraction la faisait reculer, ce qui l'empêchait de franchir le col de l'utérus. Après plusieurs heures de travail inutile, on appliqua des électrodes de monitoring sur la partie engagée du crâne, et le tracé vint confirmer ce que craignaient les parents et le Dr Fenton, à savoir, que l'enfant était épuisé, et peut-être en danger.

Bien que le monitoring fœtal soit de plus en plus utilisé, tous les hôpitaux n'y recourent pas de façon systématique et le réservent pour des cas comme celui-ci, où l'on craint pour la vie de l'enfant. Lorsque le tracé indique que le fœtus est en situation de danger, on peut décider d'accélérer l'accouchement. Le fait qu'une détection du seuil de risque pour l'enfant soit maintenant possible, permettant de prévenir une détérioration du cerveau en cas d'accouchement trop long ou présentant des complications, constitue un pas de géant. Ce procédé nous permet de réduire considérablement les dégradations évitables du cerveau chez les enfants dont la naissance est difficile. Cela entraîne une augmentation de la fréquence des césariennes, mais cela signifie aussi que nous sommes pratiquement en mesure d'assurer aux parents un enfant indemne si le problème est pris suffisamment tôt. C'est pourquoi il est difficile de s'opposer à cette procédure lorsque l'enfant est manifestement en danger.

Parallèlement, certaines raisons font qu'il est nécessaire de limiter l'utilisation excessive du monitoring fœtal. Nous avons été tellement impressionnés par l'aide précieuse qu'il représente pour détecter le stress et prévenir une détérioration du fragile système nerveux central de l'enfant, que nous pouvons être tentés de nous en remettre trop systématiquement à lui. Il n'est pas souhaitable que les médecins remplacent le jugement clinique par les tracés instrumentaux.

En revanche, le recours au monitoring pour confirmer un stress suspecté est toujours positif, dans la mesure où il fournit une confirmation hautement fiable du danger latent. A l'heure actuelle, nous ne sommes pas encore en mesure de détecter avec précision la détresse du fœtus sans investir la poche amniotique pour mettre en place les électrodes, car elles doivent être appliquées directement sur la tête du fœtus. Il en résulte un léger risque d'infection et le travail lui-même peut s'en trouver accéléré. En outre, nous manquons encore d'expérience quant à l'interprétation des tracés, car nous n'avons pas encore atteint un niveau de précision suffisant pour écarter les indices de détresse moins aiguë et éviter ainsi de recourir inutilement à une césarienne.

De nos jours, la césarienne est beaucoup plus pratiquée qu'autrefois. Si nous devons maintenant y recourir pour protéger le bébé, les discussions sont inutiles. Mais il faut savoir qu'elle constitue de toute évidence un lourd handicap pour la réussite du « démarrage » de la relation parents-nouveau-né.

Pour ma part, je serai pleinement satisfait lorsque le diagnostic clinique rattrapera, par sa précision, les mesures instrumentales. Le grand progrès apporté par le monitoring fœtal et la césarienne réside dans le fait qu'ils peuvent assurer aux parents d'avoir un enfant normal. Comme je l'ai dit plus haut, le nombre de cas de malformations du cerveau de fœtus en danger a fortement diminué.

Revenons à Mme Thomas. Après plusieurs heures d'un travail aussi pénible que vain, et dans la mesure ou l'électro-encéphalogramme fœtal révélait qu'à chaque contraction, le fœtus était un peu plus en danger, il devenait clair que le Dr Fenton allait devoir pratiquer une césarienne. Mais la déception se trouvait relativement compensée par le soulagement d'avoir trouvé un moyen d'enrayer les douleurs qui accompagnaient des contractions inefficaces depuis près de huit heures. Mme Thomas était épuisée et son mari craignait pour elle. Aussi se rallièrent-ils volontiers à la décision du médecin.

Or, même lorsqu'une telle décision semble s'imposer et que les critères sont aussi clairs et précis qu'ici, les reproches que les parents se font à eux-mêmes et leur sentiment d'avoir échoué et d'avoir manqué une grande occasion, sont considérables. Aux Etats-Unis, Wilson et Hovey ont publié à l'usage des parents un excellent manuel de conseils, intitulé *Caesarian Childbirth : A Handbook for Parents.*

Lorsque la décision est plus difficile à justifier, les parents risquent de s'insurger, de se sentir manipulés. Et à l'heure actuelle, l'abus de la césarienne soulève une vague de protestations, dont l'impact grandissant rend les obstétriciens plus prudents. Il est certes de leur intérêt de donner aux parents le maximum d'informations et de leur faire part des raisons déterminant cette décision. Faute de quoi, l'obstétricien devra inévitablement affronter par la suite les doutes des parents sur la nécessité de l'intervention.

Jusqu'à quel point les parents peuvent-ils, et doivent-ils, contester la décision du médecin ? Il est à peu près impossible de répondre à cette question, dans la mesure où chaque cas doit être traité en particulier. Si l'obstétricien dit que l'enfant est en danger, les parents n'osent pas prendre le risque de compromettre l'intégrité mentale ou physique du bébé. Aussi est-il essentiel qu'ils aient choisi un obstétricien ou une sage-femme en qui ils ont une confiance totale et qui leur fera connaître toutes les raisons motivant la décision. C'est la condition *sine qua non* pour qu'ils se sentent tranquillisés et participent à un processus qui prend une tournure radicalement imprévue.

Tous les parents espèrent que l'accouchement sera normal et pleinement réussi. S'ils ont suivi une préparation et se sont exercés à une technique d'accouchement naturel, leurs attentes sont d'autant plus précises. C'est pourquoi, quand ils comprennent qu'ils ne peuvent continuer sans cette intervention majeure, le choc de la déception est d'autant plus rude. Non seulement ils y verront nécessairement une sorte de défaillance de leur part, mais ils se tiendront aussi pour responsables du risque que court le bébé et qui rend l'intervention nécessaire. Comme les parents d'un prématuré, ils doivent faire face à une « réaction de deuil », engendrée par la déception, et ils éprouvent un sentiment de culpabilité accablant. Dans ce contexte, et en partie pour dissiper ce sentiment de culpabilité, ils remettent inévitablement en question la décision de l'intervention et peuvent aller jusqu'à la refuser : c'est leur façon de se défendre contre leurs sentiments d'échec. Cette défense est appelée « projection » : elle consiste à projeter la responsabilité sur un tiers qui, dans une situation comme celle-ci, sera — selon toute probabilité — le médecin et le personnel soignant.

Dans la mesure où la projection est un mécanisme normal, et même sain, elle aidera les parents à s'adapter à la situation imprévue et, en fin de compte, à surmonter leur déception et à commencer à s'attacher à l'enfant. Le personnel de la maternité doit donc se préparer à cette réaction et ne pas s'en formaliser. En outre, ceux qui sont en contact avec les parents doivent avoir conscience que cette décision coûtera beaucoup à ceux-ci. Médicalement, elle doit être justifiée et ne pas être prise à la légère. Il valait mieux pour M. et Mme Thomas qu'ils comprennent les raisons de l'intervention, car cela allait les aider à réussir leur nouvelle adaptation au bébé.

LE RÔLE DU PÈRE

L'opération fut rapide et sans incident. M. Thomas fut autorisé à entrer dans la salle d'accouchement et tint la main de sa femme pendant toute l'intervention. Lui et l'anesthésiste étaient assis au chevet de Mme Thomas, derrière un drap isolant le champ opératoire. Il était heureux de ne pas avoir à suivre l'opération en elle-même, mais il avait aussi l'impression qu'en étant là, il participait à l'accouchement. Lui et sa femme étaient aussi soulagés l'un que l'autre de remettre la responsabilité de l'enfant entre les mains du Dr Fenton et ils se parlaient à mi-voix pendant l'intervention.

La rachianesthésie permet à la mère de rester éveillée et de participer à l'accouchement ; ainsi, quand le bébé se présente, elle est alerte. Les produits utilisés pour la rachianesthésie ne sont pas assimilés assez rapidement pour passer dans le sang de la mère et atteindre le bébé ; et ils ne laissent pas de séquelles après l'accouchement, contrairement à beaucoup de produits de prémédication.

Dans beaucoup de maternités, on ne permet pas encore systématiquement aux pères d'assister à l'intervention. En la matière, les tabous sont restés très forts. « Le père est porteur d'infections. » L'est-il vraiment plus que les personnes qui opèrent, s'il a observé les règles d'hygiène courante et s'il est vêtu comme il se doit ?

« Le père risque de s'évanouir et de devenir un troisième patient — et nous avons déjà suffisamment à faire avec la mère et l'enfant. » Cela me semble être une mauvaise raison. Il est en effet peu probable que le père s'évanouisse si on lui donne quelque chose à faire : réconforter et soutenir sa femme, et être disponible quand le bébé se présentera. Et si la vue de l'opération elle-même risque de l'indisposer, il suffit de placer un drap pour lui éviter de voir. Je pense que l'on invoque ces raisons pour ne pas avoir à tenir compte d'une personne supplémentaire et de son rôle.

Traditionnellement, les chirurgiens ont toujours refusé qu'une personne étrangère assiste aux opérations, pour que, si les choses tournent mal, les inquiétudes de l'observateur ne viennent pas s'ajouter à une ambiance déjà tendue. Dans un cas comme celui-ci, il s'agit de peser le pour et le contre, et de savoir si le bénéfice que la participation du père représente pour l'avenir de la famille compense la gêne que peut occasionner sa présence. Je pense qu'il faut laisser le père et la mère choisir. Pour prendre cette décision, le père doit peser ses responsabilités et l'opportunité de sa présence, ainsi qu'évaluer son rôle en salle d'accouchement. Mais il doit aussi être « préparé » au cas où les choses tourneraient mal. Nombre de pères choisissent — en connaissance de cause — de ne pas assister à l'accouchement. Mais pour ceux qui décident d'être présents, la participation à cet événement important sera gratifiante. Le fait qu'on laisse au père ce choix sous-entend qu'il compte beaucoup pour sa femme et pour l'enfant. Il mérite donc qu'on lui donne le choix.

Dès que l'enfant, une belle petite fille de 3,600 kilos, fut mise au monde, on la tendit à M. Thomas, qui la posa sur la poitrine de sa femme. Tous deux étaient transportés de joie et soulagés de voir à quel point l'enfant était active, belle et alerte. Leurs angoisses à son sujet avaient fait place au soulagement et à l'allégresse. Un appareil de chauffage avait été placé au-dessus de la tête de Mme Thomas, de sorte qu'elle put garder contre elle l'enfant avant qu'on l'emmaillotte, pendant qu'on ligaturait et sectionnait le cordon ombilical. Ils restèrent tous les deux penchés sur elle, immobiles, heureux que l'épreuve soit terminée.

LA PREMIÈRE SÉPARATION

Une infirmière prit ensuite la petite Andrea pour lui faire sa toilette, l'habiller, et effectuer les gestes préventifs obligatoires (dans presque tous les pays, on instille dans les yeux de l'enfant un collyre et on lui fait une injection de vitamine K ou un équivalent, pour enrayer les saignements, fréquents chez les nouveau-nés).

Mme Thomas ressentait une impression de vide inexprimable. Elle aurait voulu qu'on lui laisse l'enfant pendant que l'on refermait la plaie. Maintenant, sans le bébé, elle était en proie à une sorte de dépression. Et, sans qu'elle sût pourquoi, elle se mit à pleurer. M. Thomas avait accompagné l'enfant à la nurserie, avec l'intention de téléphoner ensuite à leurs parents pour leur annoncer l'événement. L'anesthésiste constata une chute de la tension artérielle de Mme Thomas ainsi qu'un léger ralentissement de son pouls. Quand elle lui parla, Mme Thomas la regarda avec des yeux tristes et se mit à pleurer doucement. Ses pleurs eurent pour effet de ramener au niveau normal son pouls et sa tension ; l'anesthésiste n'eut plus qu'à reprendre la surveillance de routine. L'intervention se termina sans incidents pour l'équipe médicale.

Mais il n'en allait pas de même pour Mme Thomas. Le fait de séparer l'enfant de sa mère a des conséquences plus importantes qu'on ne le pensait auparavant. Ainsi, dans les années 1950, certains psychanalystes se sont intéressés au désarroi qu'éprouvent les mères une fois leur bébé mis au monde (Deutsch, Bibring, 1961). Klaus et Kennell (1976) ont largement mis l'accent sur ce point dans leurs travaux sur la mise en place de l'attachement. C'est ainsi qu'ils présentent une étude sur les animaux, dans laquelle des mères singes, dont certaines étaient à l'état sauvage et d'autres avaient été élevées en laboratoire, furent accouchées avec intervention et séparées de leur progéniture pendant quelques heures. A la suite de cette séparation, les mères sauvages n'acceptaient leur petit qu'au bout d'un certain laps de temps (un ou deux jours) ; en revanche, au troisième jour, les mères élevées en laboratoires n'acceptaient toujours pas leur progéniture. Cela indique que, outre le stress supplémentaire de l'accouchement avec intervention, la séparation de la mère et de son petit, en cette période critique, perturbe le processus d'attachement, surtout si la mère n'a encore connu aucune expérience positive d'attachement.

Il est toujours dangereux de transposer sans réserve au comportement humain les résultats d'expériences pratiquées sur les animaux. Les humains sont, en effet, plus adaptables et, sauf dans des cas exceptionnels, les séquelles qu'ils gardent du passé ne sont pas comparables à ce qui se produit chez des animaux de laboratoire. Cependant, les réactions animales peuvent suggérer certaines tendances existant chez l'être humain. Le comportement animal devrait nous faire réfléchir et chercher au-delà des réactions humaines visibles, les données psychologiques sous-jacentes.

La séparation d'avec son bébé à la suite d'une césarienne est certainement encore plus dramatique pour la mère. Même si l'accouchement se déroule dans des conditions optimales, elle se sent désemparée. Après une césarienne, la mère a l'impression qu'on l'arrache à son enfant — et que l'enfant lui est enlevé.

Non seulement elle se sent violée dans son corps par l'intervention chirurgicale, mais elle s'inquiète encore plus de la compétence avec laquelle elle remplira son rôle, car elle a le sentiment d'avoir mis l'enfant en danger et de l'abandonner à une tierce personne. D'une part, elle aspire à materner cet enfant en danger, mais de l'autre, elle commence à penser (tout au moins inconsciemment) que l'enfant est peut-être mieux sans elle. Elle s'entendra dire par le personnel soignant des phrases comme : « Heureusement que nous l'avons récupéré à temps, autrement, il risquait une malformation. » Que signifie une réflexion de ce genre pour une mère aimante ? Qu'elle était dangereuse pour l'enfant ? Aussi lui faut-il compenser ses désirs naturels par l'idée que l'on s'occupe mieux de l'enfant à la nurserie. Elle en éprouvera de l'amertume, mais elle se dira que c'est ce qu'elle mérite.

En « arrachant » à la mère son bébé après une césarienne et sans lui permettre de voir, de serrer contre elle ce bébé et de résoudre les questions qu'elle se pose sur lui et sur elle-même, l'on risque d'affaiblir l'attachement de la mère pour son enfant. Les pratiques rigides qui entourent l'accouchement doivent donc être révisées.

Mme Thomas se sentait terriblement triste et délaissée. Il y avait bien six personnes pour veiller de près sur elle ; elle savait s'être trouvée dans une situation qui pouvait être grave et elle était entre des mains expertes, pourtant elle éprouvait un sentiment d'échec. Ce vide qu'elle ressentait d'avoir abandonné son enfant à d'autres, de n'avoir pas été capable de le mettre au monde normalement, ainsi que ses craintes sous-jacentes de lui avoir fait du mal, commencèrent à tourmenter Mme Thomas pendant que l'on suturait la plaie. Elle fit un effort et après quelques sanglots, parvint à retenir ses larmes. Elle se sentait bête et ingrate. « Je ne sais pas pourquoi je suis si sotte, murmura-t-elle à l'anesthésiste. Je suis vraiment heureuse — et je vous suis très *reconnaissante. » L'anesthésiste lui donna une petite tape sur la joue et lui dit qu'elle était une « grande fille ». Mais ce geste amical l'humilia encore davantage et elle détourna la tête. Le Dr Fenton lui parla sur un ton enjoué de l'enfant — il lui assura qu'elle était « parfaite » et qu'ils avaient pratiqué l'intervention au bon moment ; il ajouta que, quant à elle, ses tissus étaient parfaitement sains, ses ovaires en excellent état, et que, tant qu'il y était et pour lui « éviter d'avoir des problèmes », il lui avait retiré l'appendice. En dépit des efforts qu'il faisait pour lui redonner courage — et elle n'y était certes pas insensible — elle se sentait toujours aussi désemparée.*

Après quelque type d'accouchement que ce soit, toute femme éprouve ce désarroi, qui est le contrecoup de la période gratifiante qu'elle a passée à porter son bébé. La merveilleuse relation de symbiose dont nous avons traité au chapitre I devient si gratifiante pour la mère qu'elle a peine à y renoncer. Ces sentiments sont toujours présents, malgré la fatigue de la grossesse, les malaises et le déséquilibre tant physique que psychologique, malgré aussi le soulagement que connaît la mère quant tout est enfin terminé.

Bien que le travail et les douleurs qui l'accompagnent fassent de l'effort final et de la mise au monde du bébé un événement euphorique, il s'ensuit une courte période durant laquelle la mère se sent désemparée d'être séparée de cette partie tant chérie de son corps.

Les grands événements et les émotions intenses peuvent être considérés comme des jeux d'équilibre. Tout moment fort est inévitablement suivi d'une déception ou d'une chute affective venant compenser ce « haut ». L'un sans l'autre serait psychologiquement insupportable : il ne serait pas aussi significatif ni ressenti aussi intensément. Donc le « bas » ou la dépression que connaît Mme Thomas servira de précurseur, de période de convalescence et d'accumulation d'énergie, en vue de la prochaine décharge d'énergie et d'émotion : le moment où elle et son bébé seront réunis.

Cependant, outre cette sensation naturelle de désarroi, la mère a aussi le sentiment d'être séparée de force de son enfant par le personnel soignant. A l'heure actuelle, nombreux sont les chercheurs qui estiment que cette séparation — l'enfant étant dans la nurserie et la mère reprenant des forces dans sa chambre — n'est pas nécessaire, et qu'elle risque d'être destructrice. J'abonde dans ce sens, sachant que lors d'un accouchement à domicile ou dans une maternité offrant une ambiance de « chez soi », un bébé peut rester en sécurité et de façon bénéfique auprès de sa mère, durant ce que Klaus et Kennell ont appelé la « période sensible de tissage des liens ». Ma seule objection à cet égard est que l'on considère cette phase comme étant absolument capitale et nécessaire.

Je suis inquiet pour les mères qui ne peuvent pas passer cette période avec leur bébé et qui ont le sentiment d'avoir échoué, car c'est alors toute la relation future avec l'enfant qui est compromise. Partant, elles ont besoin que nous leur assurions qu'elles pourront compenser cette séparation. Ces sensations de perte et de séparation sont toujours présentes et elles refont surface pendant que la mère se rétablit et que l'enfant lui-même se repose. Il est donc capital que le personnel soignant de la maternité, ou les assistantes de la sage-femme dans le cas d'un accouchement à domicile, soient suffisamment sensibilisés à la question pour soutenir la mère en tant que personne importante pour l'enfant. De fait, ce facteur peut être plus déterminant pour le tissage des liens entre la mère et l'enfant, que le moment où intervient leur réunion et sa durée.

Pour ma part, je suis entièrement d'avis que nous révisions les pratiques qui entourent l'accouchement et les soins et l'attention dispensés aux mères et à leurs bébés (ainsi qu'aux pères), de façon à aider au tissage des liens de la famille.

Dans le cas de Mme Thomas, il eût été préférable que son mari restât auprès d'elle pour l'aider à surmonter son désarroi. On ne peut pas demander à l'équipe qui opère de jouer les psychothérapeutes ; en revanche, ils peuvent très bien — et il *faut qu'ils le fassent — prévenir la mère de ce qu'elle éprouvera après l'opération, tout en lui expliquant bien que ce ne sera que passager. Mme Thomas, elle, le savait ; mais après cette longue épreuve, elle se sentait excessivement faible et incapable de dominer la situation. Quand on la reconduisit à sa chambre, elle était à demi endormie sous l'effet des tranquillisants qu'on lui avait administrés.*

Dans un tel moment, toute démonstration d'émotion tend à être interprétée comme dangereuse. Mais je me demande où est le danger. « Est-elle trop émotive ? Est-elle en train de perdre le contrôle d'elle-même ? » Ces craintes n'ont aucun bien-fondé et je ne vois pas pourquoi médicalement parlant, l'extériorisation des sensations de la mère ne constituerait pas tout bonnement un soulagement pour celle-ci, donc une thérapeutique.

M. Thomas revint après avoir donné ses coups de téléphone pour annoncer le « grand événement ». Ayant trouvé sa femme assoupie, il retourna sur la pointe des pieds vers la porte.

Dans son effort pour retrouver ses esprits, elle émit un son qui ressemblait à un gémissement. M. Thomas eut l'impression d'être de trop et s'empressa de sortir.

Ainsi, au lieu de vivre la formation de la famille comme un événement joyeux, Mme Thomas est désormais traitée en invalide. La nature chirurgicale de l'accouchement par césarienne concentre toute l'attention sur le rétablissement physiologique de la mère. Au lieu de se réjouir de la naissance, chacun des participants se préoccupe avant tout de la santé de la mère et de son rétablissement. Il est certain que Mme Thomas aura plus de mal à se remettre sur pied que si l'accouchement avait été naturel ; mais si une place plus grande est accordée au bonheur que représente la naissance de l'enfant, le rétablissement de la mère ressemblera moins à une tâche à accomplir.

M. Thomas était naturellement rempli d'un effroi mêlé de respect devant l'ambiance qu'engendre inévitablement toute intervention chirurgicale. Et Mme Thomas se sentait déçue et seule.

Elle se résigna à attendre et essaya de dormir, mais au fur et à mesure que les effets de l'anesthésie s'estompaient, les douleurs abdominales se faisaient de plus en plus vives.

Quand l'infirmière vint l'examiner, Mme Thomas fit un gros effort pour retrouver ses esprits et pour parler. Comme elle essayait de se retourner, l'infirmière lui donna une petite tape pour qu'elle reste tranquille et lui passa la main sur le front afin de la calmer : « N'essayez pas de parler. » La bouche pâteuse, le regard vague et les oreilles bourdonnantes, elle réussit à dire : « Mon bébé ! » D'un ton apaisant, l'infirmière la rassura : « Elle va très bien ! On prend soin d'elle à la nurserie et elle se porte comme un charme. Quand vous serez mieux réveillée, nous vous l'amènerons. Maintenant, reposez-vous pour être vite en pleine forme. Là, voilà, vous êtes une grande fille. » Mme Thomas fit de nouveau un effort énorme pour réclamer son bébé, mais les mots ne venaient pas. L'infirmière glissa silencieusement vers la porte.

Quand celle-ci se referma, Mme Thomas se concentra pour surmonter les effets des tranquillisants et la sensation de flou qu'elle éprouvait. Elle désirait désespérément parvenir à l'état complètement éveillé qui lui permettrait de voir son enfant.

Elle essaya de compter. Elle leva la main, en faisant bouger les doigts, pour tenter de faire cesser cette impression de voir double. Au bout de quelques minutes, qui lui semblèrent des années, elle arriva à fixer son regard sur ses doigts. Elle pouvait les remuer, les compter, faire un bec de canard avec le pouce et l'index ; en voyant qu'elle reprenait de mieux en mieux contrôle d'elle-même, elle se mit à rire doucement.

L'effort l'épuisait et elle s'assoupit. Mais chaque fois qu'elle sentait qu'elle se rendormait, elle tentait de toutes ses forces de se maintenir éveillée, de crainte de manquer la prochaine visite de l'infirmière et par là, la possibilité de combler le vide qui la séparait de son bébé.

Comme son ventre la faisait souffrir, elle ressentait plus cruellement cette sensation de perte ; elle accueillit cette douleur sourde à sa façon, en y voyant un stimulus pour la maintenir éveillée et la rapprocher de son bébé. Mais quand elle se sentit suffisamment alerte et active pour convaincre de sa « compétence » les infirmières, elle était aussi très inquiète pour sa fille. Allait-elle bien ? N'inventaient-ils pas des excuses pour ne pas la lui montrer ? Comment était-elle ? Souffrait-elle d'une malformation ? Elle s'en voulut de n'avoir pas regardé de plus près l'enfant dans la salle d'accouchement. Lui apporterait-on le bon bébé ? Elle avait entendu parler, d'un cas de confusion de nouveau-nés à la maternité.

Le bracelet attaché au poignet de chaque bébé et de sa mère rend toute erreur virtuellement impossible. Mais ce fantasme est si fort et si universel que toutes les mères en parlent et que les hôpitaux sont sur le qui-vive. C'est ainsi qu'aux Etats-Unis, le seul cas qui a été rapporté a fait la « une » des journaux, car c'est une éventualité que redoutent tous les parents. Quant à Mme Thomas, ses angoisses sont amplifiées par le contexte. La peur d'une erreur sur l'identité du bébé ou d'une malformation tient simplement à son état d'hyper-émotivité.

LA PLÉNITUDE RETROUVÉE

Quand on amena Andrea dans son berceau, elle émettait de petits vagissements. Mme Thomas était en extase de la voir vivante et capable de crier ; plus tard, elle devait se rendre compte que ces cris s'étaient imprimés de façon indélébile dans son cerveau.

Chaque signe comme celui-ci a une telle importance en tant que lien avec le bébé, qu'on le qualifie d'« empreinte ».

Chez les animaux, l'empreinte a une signification bien spécifique, une réaction innée ou « instinctuelle » est activée par un stimulus approprié et présenté dans une période critique. Ainsi, Konrad Lorenz a « imprégné » des oisons, en leur faisant des signes de la tête et en produisant des bruits donnés au moment de l'éclosion. Dès lors, ils virent en lui la figure nourricière et le suivirent.

Chez les animaux, l'adéquation du stimulus et le choix précis du moment où il est déclenché sont critiques pour la mise en œuvre de ces types de comportement. En revanche, chez les humains, la plage d'adéquation du stimulus et de précision de son intervention semble être beaucoup plus souple. Néanmoins, le besoin sous-jacent d'attachement entre le parent et l'enfant subsiste, ce qui engendre une réceptivité à tous les modes de communication. Dans le cas des vagissements de l'enfant, il suffit de quelques jours à la mère pour reconnaître son bébé dans une nurserie.

Au bout de quelques semaines, elle connaît de façon sûre les raisons de ces vagissements. Et alors que l'enfant a moins d'une semaine, en écoutant un enregistrement la mère sait discerner un cri de souffrance d'un cri d'agitation. Dès le tout début, le cri est un moyen de communication important.

L'infirmière mit un temps infini à redresser Mme Thomas dans son lit. Quand celle-ci fut bien calée, l'infirmière se pencha au-dessus du berceau pour calmer Andrea, et lorsqu'elle la sortit du berceau, l'enfant était paisible. Elle la tendit à Mme Thomas, qui se sentit infiniment émue.

Enfin, son bébé était là. Elle se mit à l'examiner et à la palper partout : ce visage doux et rond, avec cette petite bouche aux lèvres qui semblaient faire la moue ; ces cheveux soyeux qui traçaient le pourtour du visage ; ces petites oreilles parfaites au duvet invisible.

Elle avait envie de la découvrir pour l'observer plus en détail. Mais l'infirmière s'était retirée discrètement et Mme Thomas était mal installée et gênée dans ses mouvements. Elle aurait voulu que son mari soit là. Mais elle devait se contenter de son bébé tout emmailloté et maintenant endormi. D'ailleurs, elle aussi sentait qu'elle allait s'endormir, avec son bébé dans les bras, apaisée par cette sensation de plénitude que lui donnait le fait de serrer Andrea contre elle.

Elle s'était assoupie depuis un moment quand M. Thomas entra. En voyant Andrea dans ses bras, il en oublia presque d'embrasser sa femme. De voir le bébé le mit dans tous ses états. Et, comme sa femme, il entreprit un inventaire détaillé de sa fille ; quand il en fut à la bouche, et qu'il la caressa doucement, tout naturellement,

Andrea suivit son doigt pour le sucer. Ce premier geste les encouragea et ils se mirent à la déshabiller. Ils se sentaient vaguement coupables, comme s'ils bravaient un interdit.

L'ambiance hospitalière donne l'impression que l'enfant n'est que prêté aux parents. Toute spontanéité au niveau des sentiments ou des réactions à l'enfant se trouve inhibée, d'autant que les parents n'ont pas confiance en eux et qu'ils redoutent de lui faire du mal. L'emmaillotement du bébé a deux fonctions : d'une part, lui tenir chaud à un moment où tout refroidissement exigerait de lui un ajustement supplémentaire et, d'autre part, l'aider à rester paisible en n'étant pas à la merci des tressaillements qui se déclenchent si facilement chez un nouveau-né s'il n'est pas maintenu. Cela dit, le fait d'être débarrassé pendant quelques instants de ses langes ne risque guère de compromettre la santé de l'enfant, et les parents ne doivent pas craindre de le déshabiller pour l'examiner.

Il m'est arrivé de voir une infirmière réprimander en toute bonne foi une jeune maman qui avait déshabillé son bébé, comme si c'était dangereux. Si au contraire, elle lui avait montré comment tenir au chaud le bébé et le réconforter en rabattant les couvertures sur lui, elle aurait aidé la maman à l'examiner en toute tranquillité pour faire sa connaissance. Ce genre d'interdits ne font qu'ajouter aux sentiments d'inadaptation de la mère.

Au fur et à mesure qu'ils déshabillaient Andrea, M. et Mme Thomas détaillaient chacune de ses extrémités comme si elle avait quelque chose de magique. Ses doigts minuscules et délicats qui bougeaient séparément les uns des autres, et ses pieds, et ses jambes qui battaient l'air, étaient autant de merveilles.

Ils remontèrent son maillot et découvrirent la peau qui commençait déjà à sécher et, au ventre, le nœud du cordon ombilical. Ils étaient fascinés par la vue de ce ventre qui battait au rythme de la respiration. Ils n'osèrent pas retirer la couche ni retourner l'enfant, l'un et l'autre brûlant pourtant secrètement de la voir nue. Ils se souvenaient de l'avoir déjà eue nue dans les bras et avaient envie de retrouver les mêmes sensations.

Tandis qu'ils la regardaient, elle commença à s'éveiller, et ses yeux gonflés par le collyre de nitrate d'argent s'entrouvrirent doucement sur un regard endormi. Mme Thomas entreprit de communiquer avec elle en avançant son visage. Quand elle lui parla, celui d'Andrea s'éclaira et ses yeux s'ouvrirent un peu plus, comme si elle voyait vraiment. M. Thomas eut toutes les peines du monde à se retenir d'écarter sa femme pour en faire autant.

Cette rivalité commence tôt. Elle est amplement inconsciente, et présente chez tout adulte aimant ; mais il ne faut pas qu'elle vienne s'interposer entre les jeunes parents. *Bien sûr,* l'un comme l'autre veulent être le plus proches possible du bébé. Mais il faut chérir les forces de l'affection sans y voir une menace pour l'intégrité de la famille.

Mme Thomas était si émue de la réponse d'Andrea, qu'elle la prit pour la câliner. Quand elle la souleva, les yeux d'Andrea s'ouvrirent plus grands et quand elle fut sur l'épaule maternelle, M. Thomas put engager sa fille dans un contact par le regard.

Sa femme et lui comprirent alors qu'Andrea était bel et bien leur *enfant.*

Au sein de nos cultures, le contact par le regard est extrêmement important. En revanche, il m'a été donné d'étudier les bébés et leur maternage dans des cultures où la crainte du « mauvais œil » interdit ce contact visuel. Au Kenya, par exemple, on craint, en regardant avec trop d'insistance son bébé, de montrer que l'on est très attaché à lui et très fier de lui. Les parents risquent que les dieux leur enlèvent leur enfant pour les punir de leur orgueil, à moins que ce ne soit tout simplement le regard involontairement malfaisant des parents qui fasse du mal au bébé. Dans une culture où le taux de mortalité infantile est élevé, c'est une façon d'éviter de trop s'attacher à l'enfant, au cas où on le perdrait. Selon moi, de telles croyances ne sont que plus révélatrices de l'importance du contact par le regard pour le développement de l'attachement au nouveau-né.

Maintenant qu'elle avait tenu Andrea et qu'elle avait créé le premier lien important par le regard, Mme Thomas retrouva cette sensation de plénitude. Maintenant, elle pouvait se reposer.

Son mari lui reprit Andrea, la palpa un peu partout comme pour s'assurer qu'elle était intacte, la remmaillota et la remit dans son berceau. Puis il se cala dans un fauteuil et tous trois s'endormirent.

La période de récupération qui suit le travail, l'accouchement, et les nouveaux ajustements, sera merveilleuse pour les deux parents. Je crois que toutes les jeunes mères sont étonnées de se sentir si épuisées après l'accouchement. Celles qui ont subi une césarienne s'y attendent plus ou moins. Quoi qu'il en soit, à peu près toutes les mères éprouvent un mélange d'allégresse et de dépression pendant au moins une semaine, si ce n'est deux ou trois, après l'accouchement. Et c'est la raison louable qui a fait qu'au fil des siècles on en est arrivé à une institutionnalisation de la période de repos et de rétablissement après un accouchement.

On sait qu'au sein de certaines cultures, les femmes dynamiques reprennent le travail dès qu'elles ont mis leur enfant au monde. Et chez nous, dans la mesure où l'on tend à écourter le séjour en maternité après la naissance et que les accouchements à domicile sont devenus plus fréquents, l'on risque de faire sentir à la jeune mère qu'elle *doit* se remettre vite sur pied. A mon sens, il est essentiel, à la fois pour l'avenir de l'enfant et pour le sentiment de compétence de la mère, que l'on respecte et même que l'on encourage ce besoin de récupération physique. Faute de quoi, l'euphorie, qui est une suite naturelle du « je l'ai fait » risque d'entraîner la mère au-delà de ses limites.

Dans le Mexique maya, la famille élargie prend la mère en charge ; on l'emmaillote elle aussi, elle est auprès de son enfant et, durant plusieurs semaines après l'accouchement, les autres femmes de la famille la maternent comme un bébé.

De nos jours, de telles pratiques ne sont pas tolérées dans nos pays, mais il n'en reste pas moins qu'une mère doit respecter les besoins de récupération de l'organisme. Et ce, en partie pour permettre la réadaptation hormonale. Le déséquilibre hormonal qui suit l'accouchement et qui se trouve encore accentué par la lactation, est indubitablement responsable en partie de l'état dépressif de l'accouchée. Si la jeune mère permet à son organisme de s'adapter au stress inévitable sans l'accentuer encore davantage, ses hormones pourront rechercher un nouvel équilibre. Dans cette période, beaucoup de réajustements interviennent dont, entre autres, le désir d'être indépendante et de se sentir compétente ; ces ajustements sont aussi importants pour l'adaptation physiologique que psychologique. Il revient donc à la mère de trouver le niveau d'activité qui lui convient mais, dans tous les cas, il convient d'éviter un excès d'activité.

L'expérience que j'ai acquise auprès de beaucoup de jeunes mères m'a appris que plus la mère est enthousiaste et active dans les premiers jours qui suivent l'accouchement, plus elle est déprimée ensuite. Cet état est dû en bonne partie tout simplement à la fatigue physique, ainsi qu'au contrecoup de l'excitation euphorique d'avoir réussi.

LE BÉBÉ DANS LA CHAMBRE

Tout au long de la semaine suivante, Mme Thomas put connaître de mieux en mieux Andrea. Elle était tiraillée entre les aléas de son rétablissement après la césarienne — la constipation, les inévitables problèmes des points de suture, et son ventre douloureux — et son désir d'avoir en permanence son bébé auprès d'elle. L'idéal pour prendre Andrea avec elle, c'était que son mari soit présent. Mais quand il n'était pas là, elle passait la majeure partie de son temps à se demander si elle serait capable de se déplacer assez vite en cas de nécessité. Elle écoutait la respiration d'Andrea comme si sa propre vie en dépendait. Chaque fois que l'enfant cherchait sa respiration, s'étranglait, ou tombait dans un rythme respiratoire irrégulier (dit de Cheyne-Stokes, qui comporte quelques mouvements respiratoires profonds, suivis d'une pause de vingt à trente secondes, puis d'une reprise du rythme de respiration profonde), Mme Thomas tressaillait, son cœur se mettait à battre la chamade, et elle se préparait au pire.

Aussi au début, quand Andrea était là, elle dormait et se reposait très peu. Mais au fil des jours, elle s'habitua à ces irrégularités de la respiration de l'enfant et elle put se reposer mieux.

Bien que cette anxiété soit normale, il est certain que l'attention importante que l'on accorde à l'heure actuelle au syndrome de la « mort subite » crée une inquiétude supplémentaire chez les parents. Les minces indices sur les causes de ce syndrome sont en effet largement portés à la connaissance du public ; de plus, le moindre dérèglement du comportement est d'emblée pris pour un signe précurseur du syndrome. La respiration irrégulière et les périodes d'apnée (c'est-à-dire, d'arrêt de la respiration) n'y échappent pas. Or, pour les jeunes parents qui s'inquiètent à la moindre occasion, la publicité faite à des théories encore spéculatives et à la recherche médicale sur les causes du syndrome, engendre plus d'anxiété qu'il ne leur en faut.

Je crains que nos tâtonnements en matière de prévention ne contribuent à produire une inquiétude démesurée et préjudiciable à de très nombreux enfants. Alors que l'incidence du syndrome de la « mort subite » est extrêmement faible, en revanche, cette crainte affecte tout le monde. Jusqu'à maintenant, nos succès en matière de moyens de dépistage ne me paraissent pas justifier l'écho qui en est fait.

Heureusement, dans cette maternité, le règlement était souple. Mme Thomas pouvait avoir son enfant quand elle le désirait et la laisser aux soins de la nurserie quand elle se sentait trop fatiguée. Le règlement permettait aussi à son mari et aux proches parents de venir la voir, moyennant une toilette et le port de la blouse.

Les nouveaux règlements en vigueur dans les maternités aident sans aucun doute les jeunes familles. Le fait de permettre à la mère de décider quand elle veut son bébé et quand, au contraire, elle a besoin de temps pour elle-même revient à reconnaître la double nature de ses besoins ; une mère désire disposer librement de son bébé, tout en s'accordant du temps pour se reposer et se remettre sur pied. Le fait d'inclure le père constitue un pas de plus vers la consolidation des liens et la valorisation de la famille.

A l'heure actuelle, rares sont encore les maternités qui autorisent l'accès des frères, des sœurs et des grands-parents, mais il ne fait aucun doute qu'on s'oriente en ce sens. En admettant la présence en nombre de la famille, on permet en effet aux parents d'être épaulés en cette période critique.

Jusqu'à maintenant, on excluait les frères et sœurs parce que « porteurs de germes », et il est vrai que les microbes sont plus virulents et plus pathogènes chez les enfants que chez les adultes immunisés. Mais il suffit, si l'on voit l'enfant renifler, de le tenir à l'écart. Les parents peuvent très bien lui apprendre à se laver correctement et lui faire mettre une blouse, de façon qu'il puisse participer à l'enthousiasme de la famille devant le nouveau-né — quel pas en avant !

La mère risque d'être un peu plus fatiguée par la présence des frères et sœurs, mais le fait de pouvoir montrer au premier enfant que sa mère est en vie, qu'elle se porte bien — et que son absence était justifiée puisqu'il y a maintenant un bébé, ne peut être que fructueux. Plus les frères et sœurs commencent à participer tôt, plus ce sera constructif.

Mme Thomas avait conscience qu'en ayant son enfant avec elle dans la chambre, elle pouvait apprendre à la connaître. Non seulement elle commençait à savoir identifier les signaux importants de la faim, de l'agitation générale et de l'envie de jouer, mais elle apprit aussi à distinguer chez son bébé les patterns de sommeil et d'éveil. Au début, leur rythme était imprévisible et Mme Tho-

mas avait du mal à l'interpréter. Elle ne savait pas si un semblant d'agitation précédait une période de sommeil ou si cela signifiait que l'enfant avait faim. Aussi les premiers temps, dès que sa fille s'agitait, elle lui donnait le sein. Mais comme les mamelons commençaient à être sensibles, elle comprit qu'elle en abusait. De plus, la plupart du temps Andrea refusait de téter. Mme Thomas se mit donc à étudier son enfant et à chercher des indices, en se disant que l'observation lui en apprendrait plus. Si Andrea s'agitait et portait le poing à la bouche, ou si elle tétait le doigt qu'on lui donnait, cela signifiait qu'elle avait faim. Et si Mme Thomas la faisait attendre cinq ou dix minutes, jusqu'à ce que l'enfant soit bien éveillée et agitée, les signaux devenaient plus clairs. Elle apprit aussi qu'en laissant Andrea accéder à un état pleinement éveillé, elle tétait mieux. Elle avait du mal à la laisser s'impatienter, mais les tétées étaient plus efficaces. Mme Thomas se sentait si tiraillée à l'idée de la laisser crier qu'elle avait besoin d'être rassurée par les infirmières, le docteur, son mari et sa propre mère. Mais à force d'observer l'enfant, elle se rendit compte qu'une brève période de cris et de pleurs l'aidait à passer de l'état indécis d'éveil à un état soit franchement éveillé, soit franchement endormi ; les périodes de cris et de pleurs avaient autant de chances de se solder par un état endormi ou pleinement éveillé que par un comportement de succion et de tétée. Le fait de laisser Andrea choisir plutôt que de décider à sa place faisait qu'elle s'agitait moins longtemps.

En intervenant trop tôt, on la troublait et l'on prolongeait l'état indécis de pleurs.

Un des aspects les plus importants du comportement et qui s'affirme avec l'âge, est celui du

« contrôle de l'état » (cf. chapitre suivant). Chez un nourrisson immature, peu d'états sont clairement définis : ils deviendront plus nets au fur et à mesure que son système nerveux central mûrira, donc avec l'âge.

Pour ma part, je suis convaincu que l'on peut stimuler cette maturation en laissant au bébé le temps de faire le point (comme l'a fait Mme Thomas pour son enfant). On peut aussi renforcer l'état final, en jouant avec l'enfant s'il est en état alerte, ou en le laissant dormir, ou encore en le nourrissant quand il est en état d'éveil et disponible. Pour le bébé, cette sensation de maîtrise est une phase du développement qui s'accompagne de ses propres récompenses. Ne s'agit-il pas là d'un signe avant-coureur de l'autonomie à d'autres niveaux ?

A l'occasion des premières études sur la présence de l'enfant dans la chambre de la mère -- études qui ont été menées dans les années 1950 à New Haven (Connecticut) — le Dr Edith Jackson et son équipe constatèrent que la nuit, les bébés comme leurs mères dormaient mieux en étant séparés. Ainsi, dans une nurserie séparée de la chambre de la mère, le bébé cesse de geindre et de remuer (alors que c'est un comportement habituel en sommeil léger, dit « phase des mouvements rapides des yeux »), et ses périodes de sommeil profond s'allongent. Avec l'âge, les cycles de sommeil profond se prolongent, tandis que ceux de sommeil léger raccourcissent. Or, si les parents entendent les moindres bruits que fait le nourrisson, il leur est difficile de ne pas réagir à chaque fois.

Concernant les cris et les pleurs chez le nouveau-né, il existe une littérature abondante et dans laquelle il est difficile de s'y retrouver. En matière de théorie et de recherche, on trouve peu de textes pour soutenir les parents qui préfèrent laisser l'enfant crier un moment en attendant des indices plus nets de son état, comme je le proposais plus haut.

Au contraire, les comptes rendus d'expériences (Bell et Ainsworth, 1972) insistent largement sur le fait que le nourrisson cesse plus vite de pleurer si les parents y répondent immédiatement. Et, selon les auteurs, un contingent de réponses aux pleurs apprend à l'enfant qu'on lui répondra ; donc, au fil du temps, il n'éprouvera plus le besoin de crier pour appeler.

Un autre groupe de chercheurs ont mis en doute cette position ; leurs données semblent prouver le contraire, à savoir que si le bébé crie, ce serait simplement pour obtenir une réponse de l'adulte (Gewirtz).

Quant à moi, ni l'une ni l'autre de ces positions ne me satisfait. Une approche monolithique risque d'être trop simpliste et ne saurait en aucune manière contribuer à un apprentissage satisfaisant par l'enfant de lui-même et de son environnement. Selon moi, certaines fois il faut répondre le plus immédiatement possible aux pleurs du bébé (par contingence), tandis que d'autres fois, les pleurs constituent une sorte de soupape d'échappement, ou l'aident à se ressaisir avant de passer à l'état de conscience suivant. Si j'ai raison — sachant que c'est l'expérience clinique qui m'a amené à cette approche (cf. chapitre VI, le paragraphe sur les pleurs) —, cela signifie que c'est à la mère de reconnaître l'état de conscience de l'enfant.

Au début, pour une jeune mère inexpérimentée comme Mme Thomas, cela se solde généralement par une indécision. Mais au fur et à mesure que celle-ci découvre Andrea et qu'elle trouve les solutions qui lui conviennent *à la longue*, elle se sent plus proche d'elle, tout en ayant le sentiment de commencer à la comprendre et de devenir une mère compétente. Ainsi, les pleurs et les efforts de la jeune mère pour en comprendre la signification deviennent une occasion d'apprentissage, au même titre que tout ce qui fait la vie de tous les jours du bébé.

DÉSORGANISATION ET ÉTAT DÉPRESSIF

Le fait de pouvoir avoir Andrea auprès d'elle permettait à Mme Thomas de lui donner plus souvent le sein, ce qui eut pour effet de déclencher plus tôt la montée de lait. Elle lui donnait le sein par périodes courtes mais fréquentes. Le quatrième jour, ses mamelons étaient déjà endoloris et la picotaient ; ses seins commençaient à s'engorger. Tout le monde lui avait dit qu'il faudrait jusqu'à cinq ou six jours avant que le lait commence à couler, aussi ce fut un événement quand elle découvrit ces sensations. L'enfant était de plus en plus éveillée, et elle se montrait chaque jour plus réactive. Aux deuxième et troisième jours, faute d'absorber des liquides, elle perdit du poids et sa peau commença à se dessécher ; sa bouche était légèrement gonflée et ses yeux s'étaient un peu enfoncés. Le quatrième jour, Andrea avait le teint doré (dû à une jaunisse physiologique), et son comportement lui-même commençait à être affecté.

Le deuxième jour, on avait du mal à la réveiller, et quand elle le faisait, elle sursautait. Ses extrémités frémissaient ; en la manipulant, on sentait souvent une tension dans les bras et les jambes. Quand on jouait avec elle, il fallait quelques minutes avant qu'elle commence à répondre ; et, le quatrième jour, à partir du moment où elle était éveillée, elle pleurait pratiquement sans cesse. Ses propres sursauts et ses frémissements semblaient la perturber et sa mère ne savait comment la calmer.

Elle la remmaillotait et lui donnait fréquemment le sein. Elle la mit sur le ventre et vit que cette position la calmait. L'eau sucrée avait aussi un effet apaisant, mais temporaire. L'enfant tétait l'eau sucrée avec avidité, comme si elle mourait de faim — et Mme Thomas craignait vraiment que ce ne fût le cas. Elle aurait volontiers renoncé à l'allaiter au sein, car elle avait l'impression de la voler en lui faisant attendre la montée de lait ; mais comme on lui assura que tous les bébés nourris au sein connaissaient cette période d'attente, elle persévéra, néanmoins inquiète.

Cette période instable et désorganisée, durant laquelle le nouveau-né est difficile à réveiller et réagit avec excès par des sursauts et des pleurs, est à prévoir : elle intervient entre le deuxième et le quatrième jour.

Le dessèchement de la peau et la légère perte de poids sont dus à un déséquilibre des réserves de sel et de calcium dans l'organisme du bébé. La jaunisse, qui touche la plupart des bébés normaux (et qui est le fait d'une décomposition de l'excédent sanguin après la naissance et d'une évacuation par le foie immature de ses déchets de bilirubine), a un effet temporaire irritant et légèrement dépresseur sur le système nerveux. Mais ce n'est qu'une petite crise passagère et elle ne laisse pas de séquelles, sauf dans les cas extrêmes. Dès que l'enfant absorbe du liquide, en l'occurrence le lait maternel, tout rentre dans l'ordre. En règle générale, au bout de cinq jours, l'équilibre est rétabli et le nouveau-né devient un être différent et équilibré.

A mes yeux, même cette période de désorganisation a un but précis au sein du processus d'attachement. Lorsque, au sortir de cette phase, le bébé commence à se réhydrater et redevient plus calme, la mère découvre que son lait et toutes les attentions maternelles qu'elle prodigue à son enfant portent leurs fruits.

Passé cette période de stress, en voyant que son bébé s'est réorganisé et que son comportement devient cohérent, la mère éprouve donc une sensation à la fois de soulagement et de compétence. Si elle allaite, elle voit que son lait remplit sa fonction. Là aussi, le stress peut avoir pour effet de motiver l'apprentissage et d'affermir la relation naissante.

Chez le nouveau-né, cette phase de désorganisation succède à la période semi-dépressive et confuse qui suit l'accouchement. Dans la première demi-heure après sa naissance, il se montre tout à fait alerte, puis il devient calme, endormi et peu réactif pendant un ou deux jours. C'est à la fois le contrecoup de l'épuisement dû au travail et à la naissance, et la réaction à un environnement nouveau et trop exigeant (l'éclairage, le bruit, le changement de température, le fait d'être manipulé).

Puis intervient un état de désorganisation et d'instabilité. Le bébé doit alors trouver un nouvel équilibre physiologique. Cette phase désorganisée prend fin avec une réorganisation, à partir de laquelle l'enfant redevient alerte et réactif à l'environnement. Ces différentes étapes lui apprennent-elles quelque chose ? Je le crois. Ne serait-ce que parce qu'il se sent certainement mieux quand il est organisé que dans l'état contraire.

Après toute période perturbée ou désorganisée, l'homéostasie (c'est-à-dire l'équilibre) devient en quelque sorte un but. Au niveau physiologique, l'ensemble de l'organisme immature du nouveau-né découvre cette homéostasie. Concurremment, le bébé commence à prendre connaissance de ses propres systèmes internes de contrôle. Ce que nous pouvons voir lorsqu'il se calme tout seul en suçant son pouce.

Les premiers jours, Mme Thomas se sentait déprimée et elle s'inquiétait tantôt pour elle-même, tantôt pour l'enfant. Dans un sens, c'était une chance d'avoir un bébé calme. Mais le quatrième jour, elle se sentit vraiment au plus bas. Et elle se mit à pleurer en même temps qu'Andrea. Si sa fille vagissait, elle pleurait. Quand son mari l'interrogeait, elle sanglotait. Il finit par s'inquiéter et voulut savoir ce qui n'allait pas. Elle lui assura en pleurant toutes les larmes de son corps qu'il n'y avait pas vraiment de problème. Elle se sentait courbatue et fatiguée, sa poitrine était engorgée, mais ce n'était pas ces petites douleurs qui la rendaient malheureuse.

Ce qu'elle avait, c'était le cafard des accouchées. *Les retombées post-opératoires de la césarienne n'arrangeaient évidemment pas les choses, mais, même sans cela, elle se serait sentie déprimée.*

Quelles répercussions cela a-t-il sur la relation naissante entre les parents et l'enfant ? A mon sens, bien que la relation se trouve temporairement grevée, il faut que la jeune mère sache que ce passage fait partie intégrante de son rétablissement. « Toucher le fond », c'est un peu comme se cogner la tête : quand cela s'arrête, on se sent mieux. Et dans le cas qui nous occupe, une fois passé le fond de la dépression, la phase de rétablissement n'en apparaît que meilleure. Partant, c'est toute la relation mère-enfant qui, par contraste, s'en trouve consolidée d'autant.

Cette période a, entre autres, ceci de positif que dans l'état d'hypersensibilité qui accompagne la dépression, la mère tend à chercher des signes pouvant l'aider à comprendre son enfant. Un peu comme si cela devait soulager ses propres sentiments de désorganisation, elle recherche un comportement organisé chez son enfant.

Quand je rends visite aux mères en période de *post-partum*, elles me relatent souvent leurs observations. C'est ainsi qu'une jeune mère m'a raconté qu'elle s'était aperçue que si elle parlait à son bébé vite et sur un ton haut perché, il se détournait immanquablement, fermait les yeux très fort, et sa respiration devenait profonde et accélérée comme s'il voulait rejeter sa mère. Et, comme avec un aimant, elle modifiait progressivement sa vitesse d'élocution et le ton de sa voix, afin d'attirer l'enfant hors de son état exclusif et pour qu'il se tourne vers elle. Ce faisant, au fur et à mesure qu'il était plus détendu, il levait les yeux sur le visage maternel et en suivait les mouvements. Si elle continuait de lui parler lentement et de façon rythmée, l'enfant la suivait du regard. Si elle se taisait brusquement, qu'elle continuait de parler mais d'une voix monocorde ou en gardant le visage immobile, il ne fallait pas plus de quelques secondes à l'enfant pour enregistrer cette modification du « signal d'entrée[1] » auditif et visuel. Interloqué et manifestement inquiet, il détournait la tête. Ensuite, pendant un certain laps de temps, il ne voulait plus la regarder.

Par cette série d'observations faites au cours d'un bon nombre de périodes alertes chez son enfant la mère avait appris que : *a.* il avait une capacité de décision très affinée quant au choix des signaux auditifs ; *b.* tout en rejetant les signaux qui ne lui convenaient pas, il maintenait cependant les « canaux » ouverts, de façon à prendre en compte les signaux qu'il voulait ; *c.* son comportement de réponse aux signaux auditifs appropriés était à la fois riche et expressif ; *d.* il mettait à profit les signaux auditifs pour améliorer sa réactivité visuelle ; *e.* la marge de séparation entre ce qui convenait au déclenchement de sa réactivité complexe et ce qui ne convenait pas,

1. Ou *input. (N.d.T.)*

était très étroite ; *f.* la jeune mère avait d'ores et déjà trouvé des réponses comportementales, qui lui indiquaient quand elle s'y prenait bien — ou mal — avec son enfant.

L'aspect adaptatif du répertoire comportemental de l'enfant et de la sensibilité qui, chez la mère, est accordée de façon très fine sur celui-ci, ressort clairement. Il se peut que le « cafard des accouchées » contribue à accélérer son repli vis-à-vis de son ancien univers — à lui donner le temps de développer ce type de sensibilité et de réactivité à son bébé.

SCELLER LES LIENS

Plus Mme Thomas prenait de l'expérience, plus elle se sentait assurée et à l'aise avec Andrea. Désormais, elle ne redoutait plus les pleurs de sa fille, car elle savait que si elle lui parlait d'une certaine façon, Andrea se calmait pour prêter attention à la voix maternelle. Mme Thomas en éprouvait une émotion si forte que c'était comme si ses batteries se rechargeaient. Quand sa mère la changeait, Andrea était animée de mouvements saccadés et elle sursautait, ce qui la faisait pleurer. Mme Thomas s'était aperçue que quand elle la déshabillait, si elle lui maintenait un bras le long du corps, ou une jambe à plat, elle pouvait empêcher les sursauts. Elle avait aussi constaté qu'un cycle se trouvait déclenché quand Andrea n'était pas tenue ; dans un premier temps, elle remuait doucement ; puis, comme ses mouvements n'étaient pas gênés, elle se mettait à battre l'air ; il s'ensuivait des secousses des bras et des jambes, et pour finir de l'ensemble du corps, qui étaient accompagnées de pleurs et d'une désintégration.

Les pleurs faisaient redoubler les battements des bras et des jambes, et l'enfant sursautait à nouveau ; ce qui, à son tour, la faisait pleurer encore plus. Cela allait en empirant, jusqu'à une sorte de désintégration dont l'enfant était incapable de sortir.

Mme Thomas se mit à expérimenter d'autres techniques, retenant son attention en lui parlant sur un ton pressant, la retournant d'un côté ou en la mettant sur le ventre, ou encore, lui tenant les bras pour changer la couche. Toutes ces expériences réussissaient à certains niveaux, échouaient à d'autres. Comme, à chaque fois, il lui fallait accorder ses propres antennes pour essayer de deviner quelle technique réussirait, le simple fait de changer Andrea ou de lui faire prendre un bain était un événement en soi. Elle réalisa bientôt qu'observer sa fille, chercher à savoir ce qui se passait dans sa tête, et essayer de se « mettre au diapason », était devenu chez elle une sorte d'obsession. Et se tournant vers son enfant, elle rejetait le reste du monde. Même son mari devait lutter pour tenter de s'introduire dans ce petit cercle fermé.

C'est ainsi que commence le travail d'attachement au nouveau-né. Pour le lecteur ou l'observateur, ce processus semble obsessionnel ; il n'en reste pas moins qu'il est d'une importance capitale pour l'un et l'autre participants — la mère et l'enfant. Rapidement, ils se découvrent mutuellement : chacun apprend ce qui est important chez l'autre. Thoman (1975) a montré qu'une mère primipare consacre à chaque tétée beaucoup plus de temps qu'une multipare ou une nourrice expérimentée. Pour moi, cela veut dire deux choses, à savoir qu'une primipare met à profit ce temps supplémentaire pour apprendre le répertoire de nuances existant chez le bébé, et qu'elle apprend aussi à mieux se connaître au travers de ses propres réactions à ces nuances comportementales. En revanche, au deuxième ou troisième enfant, l'expérience commence à porter ses fruits et pour la mère, il ne s'agit plus que d'apprendre les particularités de son dernier enfant. En somme, apprendre le langage de l'attachement, c'est se découvrir soi-même et découvrir l'autre.

Mais que se passe-t-il si cette période importante n'est pas dès le début, protégée et alimentée ? L'attachement ne risque-t-il pas de fonctionner d'autant plus difficilement ? Peut-on rattraper le temps perdu ? Beaucoup de maternités ne sont pas encore équipées pour permettre l'installation du nouveau-né dans la chambre maternelle, et le père et les autres membres de la famille ne peuvent pas rendre visite à la mère et à l'enfant chaque fois qu'ils le désirent. De plus, les maternités recourent encore largement aux médicaments et à l'anesthésie, et leurs structures ne sont pas adaptées aux besoins réels des mères. Dans un tel contexte, un parent peut-il établir des liens d'attachement avec son enfant ? La réponse devrait être évidente, sachant que dans la génération actuelle de jeunes parents, la plupart sont nés dans un contexte similaire ; il faut donc admettre que leurs parents s'en sont accommodés.

Il n'en reste pas moins que je souhaite ardemment qu'un changement intervienne au niveau de notre système hospitalier et de l'accueil dans les maternités, car le manque de sensibilité qui y règne engendre des obstacles bien superflus. D'autant que de nos jours, les futurs parents sont constamment sollicités par des pressions nouvelles qui rognent sur le temps et l'énergie nécessaires à développer leur confiance en eux et à permettre à un profond attachement de se développer.

5

Les forces vitales du nouveau-né

« L'enfant qui vient au monde possède les qualités universelles capables de combler les attentes que chaque mère développe à son égard (et qui dépendent de l'enfant lui-même), en puisant dans ses besoins et pulsions individuels, comme dans la tradition des générations des mères, et dans les institutions universelles de la maternité. »

Erik Erikson : *Insight and Responsibility.*

Quiconque écrivant de nos jours sur les nouveau-nés inclurait les pères dans cette « équation », mais la formule d'Erikson illustre bien la puissance des forces latentes qui sommeillent tant chez l'enfant que chez ses parents. Le développement de l'attachement ne doit pas être le seul fait des parents ; à la naissance, l'enfant offre déjà un large éventail de capacités et de réactions à sa mère et à son père. On peut dire qu'il fait au moins la moitié du chemin dans leur direction.

Pour pouvoir comprendre en quoi consiste le travail de maternage de l'enfant, les parents doivent être d'abord capables de comprendre cet enfant et l'extraordinaire potentiel dont il est doté quand il vient au monde.

Une communication gratifiante entre l'enfant et ses parents est essentielle pour son développement ; tous les jeunes parents en ont conscience mais se sentent intimidés par un tel impératif. En fait, peu de parents ont pleinement conscience du rôle de l'enfant dans la communication. Dans la mesure où ils ne cessent de se demander s'ils n'ont pas commis une erreur, leur sentiment de responsabilité est si envahissant que le maternage du premier enfant ne leur apporte pas toute la joie qu'ils pourraient en attendre. Pas étonnant que la plupart des aînés soient si sérieux !

Pour ma part, quand je cède la place au médecin pour adultes, j'ai toujours une dernière entrevue avec mes jeunes patients de dix-sept ou dix-huit ans ; une entrevue qui nous permet de nous dire au revoir, et à l'occasion de laquelle je leur demande ce qu'ils se rappellent de leur petite enfance. J'ai sous les yeux leurs dossiers médicaux et ils le savent. Comme ils savent qu'y sont consignés tous les renseignements importants, par exemple s'ils recrachaient souvent leur biberon, s'ils allaient à la selle régulièrement, combien de maladies ils ont eues. Mais ce qu'ils ne savent pas toujours, c'est que j'ai aussi des notes sur le type de comportement qui était le leur et sur les réactions qu'avaient leurs parents à leur égard. Comme nous avons passé de longues années ensemble, ils font un effort pour rassembler leurs souvenirs, et me dire ce qu'ils ressentaient alors. A peu près tous me disent se rappeler leur enfance comme une affaire très sérieuse : « Personne ne souriait jamais. » Si je demande : « Pourquoi ? Parce que tes parents ne s'occupaient pas de toi ? », ils répondent « Oh, non ! Ils s'inquiétaient trop. Ils se demandaient sans cesse si ce qu'ils faisaient était bien ou non. Et ça les rendait très sérieux. » Ces parents étaient très attachés à leurs enfants et il est dommage que ceux-ci gardent ce souvenir d'eux.

Cette remarque de la part de mes patients parvenus à l'âge adulte m'a amené à essayer de faire comprendre aux parents les réactions de leurs enfants pour leur éviter de se poser des questions angoissantes et les empêcher de se faire trop de souci en optant pour telle ou telle décision. A mon sens, si les parents comprennent ce que leur enfant est en train de vivre, s'ils comprennent son comportement par ses réactions exprimées dans un « langage muet », ils pourront prendre leurs décisions plus sereinement et l'enfant leur procurera d'autant plus de joies.

Nous ne pouvons désormais plus considérer un enfant comme une cire vierge qui se laisse mettre en forme par son environnement. Une telle idée remonte au temps où l'enfant était encore perçu comme « neurologiquement inapte » et qu'il était censé vivre sans faire fonctionner son cortex cérébral. C'est ainsi que Henry James a dit du nouveau-né qu'il est un « désordre grouillant et efflorescent, une page blanche à remplir par son univers ». Mais ce genre de description ne s'applique guère à un bébé aux réactions prévisibles et dirigées, comme celles que l'on peut observer quand le nouveau-né « répond » à un adulte fredonnant doucement à son oreille, ou quand il réagit à un stimulus sonore ou visuel séduisant.

Même en salle d'accouchement, si l'on produit des stimuli positifs, le nouveau-né montre son étonnante capacité d'être alerte et attentif. Il retient alors toute activité motrice gênante, afin de se concentrer sur le stimulus. Dès les toutes premières minutes de la vie, il a un comportement prévisible, ordonné, et il engage d'emblée une interaction avec son environnement. Autrement dit, il est à la fois capable de tout un ensemble de réactions, et d'en exclure certaines pour les remplacer par d'autres. Ces réactions sont organisées, et latentes à la naissance. Bien entendu, elles se sont développées à l'intérieur de l'utérus, où elles ont reçu les informations qui les ont conditionnées au monde extérieur.

Une information même minime suffit à déclencher ces réactions déjà très élaborées et, d'emblée, l'enfant paraît totalement absorbé par elles. Or, non seulement il réagit, mais il semble apprendre activement par l'écho de ses propres réactions. Il ne fait aucun doute que l'apprentissage et la mémorisation de ce qui est appris commencent avant la naissance. Sur le visage d'un bébé, on peut lire la satisfaction de l'accomplissement, comme si, de sa vie intra-utérine, il avait gardé en mémoire des buts déterminés.

LE POTENTIEL DYNAMIQUE DU DÉVELOPPEMENT

Chez un nouveau-né, le développement est alimenté par deux sources d'énergie. La première est d'origine interne et résulte d'une sorte de boucle de rétroaction engendrée par la réalisation de chaque but. Les nouveau-nés semblent s'exercer à des comportements comme s'ils cherchaient à les maîtriser et comme s'ils puisaient dans chaque acte accompli de l'énergie. Plus le but est important, plus il leur faut s'entraîner, et plus le « sentiment de compétence » mentionné précédemment, sera comblé. L'exemple typique de ce cycle est celui de l'enfant de douze mois qui, au fil des mois, s'est redressé tout seul en s'agrippant aux meubles, en longeant le bord des tables et qui maintenant, s'accroche à la main de l'adulte pour s'entraîner à marcher. Quand, enfin, il tient debout *tout seul,* qu'il marche d'un pas titubant, les bras en l'air pour garder l'équilibre, les jambes largement écartées, et qu'il se sent projeté en avant sans pouvoir s'arrêter, sauf en tombant, son visage rayonne. Dès lors, il va et vient sans cesse d'un pas branlant, comme si enfin *ça y était*. Il est si excité qu'il glousse de joie et qu'il s'évertue à attirer sur lui l'attention de ses parents pour bien leur montrer comme il est grand et pour qu'ils homologuent son immense exploit.

L'enfant en est arrivé là au prix de gros efforts, mais le fait d'avoir atteint son but le stimule et il est maintenant prêt à se lancer à l'assaut de l'étape suivante de son développement. Un cycle identique se produit aussi chez le nouveau-né, mais il est beaucoup plus subtil et difficilement perceptible.

La deuxième source d'énergie est, elle, d'origine externe. Ici, le nouveau-né reçoit l'énergie des stimuli extérieurs pour lesquels il est programmé. Tandis qu'il enregistre les réactions des personnes qui l'entourent et qu'il leur répond, tout nouveau stimulus perturbe temporairement l'équilibre qu'il avait instauré. Le fait de rétablir cet équilibre constitue une nouvelle source de contentement. Le cycle de la rupture d'équilibre et de la correction est fini ; ensuite, l'enfant enregistre d'une façon ou d'une autre qu'après avoir été perturbé par un stimulus extérieur, il est capable de rétablir de lui-même son équilibre et de se réorganiser. A partir de là, il commence à élaborer un système actif d'adaptation, et à être conscient de sa capacité de contrôle sur ce système. Ce cycle complet (réception, mémorisation, perturbation par un signal, création d'un nouvel équilibre) devient un fondement capital pour le développement futur de l'enfant. D'autre part, les stimuli provenant des personnes qui s'occupent de lui, ou produits par des événements occasionnels et des objets inanimés, constituent plus qu'une simple information, dans la mesure où ils obligent l'enfant à rétablir l'équilibre.

Chacun de ces stimuli apparaît plus séduisant à l'enfant, du fait qu'il a le sentiment d'avoir contrôlé à la fois la réaction et ses conséquences. Ainsi, le développement cognitif futur de l'enfant est inévitablement lié à sa socialisation et à la conscience de soi.

Les deux sources d'énergie décrites (interne et externe) sont perceptibles dans de nombreuses composantes du développement de l'enfant. Par exemple, s'il est seul, un bébé a tendance à pleurer quand il s'éveille. Mais souvent, on le voit faire de gros efforts pour adopter une position qui lui permette de tourner la tête. Cette capacité est due à l'aptitude motrice appelée « réflexe tonique de la nuque », qui replie tout le corps en position défensive. Le bras et la jambe qui sont du côté du visage s'étendent vers l'extérieur, le tronc se cambre en arrière, tandis que le bras et la jambe opposés sont fléchis au niveau du coude et de la rotule. De cette façon, chaque fois que l'enfant tourne la tête d'un côté, il prend une attitude défensive. Ensuite, il fait des efforts pour contrecarrer ces réflexes, afin de replier son bras et de porter la main au visage, à hauteur de la bouche. A partir de là, la bouche commence à sucer le poing.

Quand, enfin, l'enfant parvient à introduire un doigt ou le pouce dans sa bouche, il laisse échapper un soupir, s'apaise, et se met à regarder autour de lui. Son expression semble dire : « Et voilà, ça y est ! Je me maîtrise et je suis prêt à regarder et à écouter. » Cela montre bien qu'un nouveau-né fera de réels efforts pour se contrôler, *afin de* pouvoir suivre ce qui se passe autour de lui. C'est aussi un indice de plus que l'organisme humain a soif de stimuli dès le tout début. En observant un bébé accomplir ces différents comportements totalement indépendants, on comprend à quel point son organisation est déjà évoluée, qui lui permet d'accomplir des cycles de rétroaction et aussi, de rechercher les stimuli dans l'environnement.

Outre le fait qu'ils stimulent l'enfant, les « programmes » remplissent une fonction très importante : ils créent un attachement entre les personnes qui maternent l'enfant et l'enfant lui-même.

De tous les mammifères, la progéniture de l'homme est celle dont la période de dépendance est la plus longue. Pour survivre, l'enfant a tout à apprendre sur lui, et il doit assimiler les messages essentiels et les modèles qui lui permettront de s'adapter à son monde — la famille, la culture et la société. En l'occurrence, le maternage doit viser à stimuler ce processus d'apprentissage chez l'enfant : le nourrir correctement ne suffit pas. Dans ce sens, les études sur des enfants vivant en collectivité ont bien montré que le fait de fournir à un enfant le confort et la nourriture ne comble pas pour autant ses besoins.

Provence et Lipton (1962) ont étudié un groupe de bébés dans un orphelinat, qui étaient nourris toutes les quatre heures et dont on s'occupait visiblement bien. Physiquement, ils étaient bien portants mais leur développement global stagnait. Ils présentaient un retard moteur et préféraient apparemment rester couchés à longueur de journée, à contempler leurs mains ou un mobile suspendu au-dessus de leur tête. Ils n'étaient capables ni de s'asseoir, ni de se mettre debout, et ne semblaient guère tenir à ce qu'on les aide à le faire. En outre, ils ne répondaient pas aux adultes qui se tenaient auprès d'eux, et si on les prenait, leurs réactions étaient pratiquement inexistantes ; quand on leur parlait ou si l'on essayait de les faire jouer, ils se cachaient en mettant les mains à plat devant leur visage.

En grandissant, ces enfants acquéraient un comportement moteur et des réactions à la fois uniformes et marquant peu d'intérêt ; cela jusqu'à quatre ou cinq mois. Ensuite, leur développement stagnait, avant d'amorcer chez la plupart une régression. Leur manque de réactivité émotionnelle à la stimulation extérieure s'accompagnait d'un manque de dynamisme à faire progresser par eux-mêmes leur développement. En définitive, ces enfants se repliaient sur eux-mêmes, étaient physiquement attardés, et prenaient du retard dans toutes les étapes du développement comportemental. A mon sens, ces observations montrent que ces enfants possédaient une dynamique interne suffisante pour quelques mois, mais que sans l'apport des stimuli de l'entourage et du milieu ambiant, au bout de quatre ou cinq mois le potentiel dynamique nécessaire à leur développement parvenait à épuisement.

ASPECT GÉNÉRAL DU NOUVEAU-NÉ

Le nouveau-né présente un certain nombre de traits physiques qui fascinent les adultes ; des joues satinées, un visage rond, une tête volumineuse par rapport au reste du corps, à la fois trop lourde et trop molle pour être tenue droite : telles sont quelques-unes des caractéristiques d'un nouveau-né. Des études sur d'autres mammifères, en l'occurrence les singes, ont permis de montrer que le singe mâle adolescent (même lorsqu'au niveau hormonal il n'est pas encore apte à paterner), est attendri par la grosse tête du bébé singe disproportionnée par rapport à son corps. Le jeune mâle se montre plus doux, il gazouille, et adopte des attitudes de maternage ; il en fera d'ailleurs autant avec un autre petit animal, et même avec un objet présentant les caractéristiques physiques du bébé.

Quant à nous, humains, nul n'ignore les réactions attendries que nous avons devant cet être désarmé qu'est un bébé. Ses cheveux délicats, sa peau douce et même les quelques restes de duvet sur le visage, les épaules et les extrémités, sont attachants pour un adulte. Le dessus de sa tête est encore fragile et l'on voudrait le protéger ; son ventre rond et tendre provoque le même genre de réactions chez un adulte. Et puis, il y a ses mouvements gauches et incertains, qui déclenchent chez nous un désir instinctif de câliner l'enfant, de le modeler, de faire son apprentissage. Ces caractéristiques ont été baptisées « empreintes » par les éthologistes, qui tentent d'effectuer un rapprochement entre les traits qui déclenchent une réaction chez l'animal et chez l'homme. Autrement dit, chez les humains adultes, sommeillent vraisemblablement des réactions innées qui peuvent être déclenchées par certains traits physiques propres aux membres immatures de notre espèce.

STADE ORAL : LE BESOIN DE SUCER

Les puissants réflexes de succion chez le nouveau-né se manifestent en particulier quand on lui caresse les joues. Il se tourne vers la main qui le touche, ses lèvres prennent le doigt, et il le suce. La force de la succion est telle qu'elle déclenche inévitablement un vif intérêt chez l'adulte.

Quand il tète un doigt, le bébé présente diverses réactions, indépendantes les unes des autres. Tandis que la partie antérieure de la langue mâchonne, la partie postérieure exerce un va-et-vient rythmé, et les muscles de l'œsophage produisent l'effet de succion. Ces mouvements sont ressentis séparément à différents niveaux du doigt tété. Dans un premier temps, ils sont fractionnés, mais ils deviennent rapidement uniformes pour se transformer en un fort effet de traction. Ensemble, ces trois composantes du réflexe de succion créent un puissant mécanisme aspirant.

Chez les bébés dont le cerveau présente des malformations, il faut plus longtemps à ces réactions indépendantes pour s'organiser. Et chez les prématurés, le mécanisme de succion ne prend corps qu'à partir d'un certain niveau de maturation du développement. A la façon dont un prématuré tient la tétine de la sonde, une infirmière expérimentée sait à partir de quand la succion est suffisamment efficace pour que l'enfant soit mis au sein ou au biberon. L'évaluation sera même plus sûre en lui donnant un doigt à sucer pour sentir quand il est capable de téter de lui-même. Pour la mère qui s'apprête à allaiter, le passage de la mastication dans la partie antérieure de la bouche à l'intégration des trois composantes du mécanisme de succion est à la fois un moment critique et un soulagement. Lorsque l'enfant commence à aspirer avec une force suffisante le mamelon maternel, un réflexe de relâchement des seins se déclenche et le lait perle. La contraction ressentie dans un premier temps par la mère se dissipe à partir du moment où l'enfant tète assez fort pour faire couler le lait. L'enfant apprend très vite à accélérer le processus et dès le troisième jour, quelques secondes lui suffisent pour y parvenir.

Le comportement du nouveau-né lors de la tétée est révélateur de la discrimination dont il est capable. Ainsi, Lipsitt et son équipe de l'université Brown (1963) ont montré qu'un enfant tète plus facilement les liquides sucrés. De fait, il est sensible aux moindres variations, et deux ou trois gorgées lui suffisent pour faire la différence entre une eau contenant 5 pour cent de sucre, puis 10 pour cent —

soit l'équivalent, dans un demi-litre d'eau, d'une cuiller à café de sucre, puis de deux ! Pour montrer qu'il préfère le liquide sucré à celui qui ne l'est pas, il plisse le front et repousse la tétine. Si l'on commence par lui donner un mélange lacté à la tétine, qu'il en est visiblement satisfait, mais qu'ensuite on lui donne du lait maternel, il accélère nettement son rythme et suce plus fort. Si, ensuite, on abaisse la teneur en sucre du lait, le nourrisson interrompt la tétée au bout de deux ou trois gorgées et montre sa réprobation en fronçant les sourcils : il en a le souffle coupé et manque de s'étrangler.

Toujours en étudiant son comportement pendant la tétée, les mêmes chercheurs ont montré que le nourrisson est réceptif aux signaux humains, alors qu'il ne l'est pas aux stimuli qui ne sont pas d'origine humaine. Ainsi, tandis que le nourrisson observé suçait paisiblement la tétine, on produisit un bruit. Il réagit en s'arrêtant de téter, mais recommença aussitôt. En revanche, quand on répéta un stimulus sonore identique, mais cette fois produit par une voix humaine, le bébé interrompit sa tétée, et il reprit seulement par périodes très actives — comportant chacune une série d'aspirations — et espacées de pauses régulières, pendant lesquelles il semblait attendre un autre son de voix. Il avait donc visiblement mis en place ce pattern de réaction *activité intense-pauses* pour pouvoir recevoir le stimulus humain qui l'intéressait davantage.

Le pattern *activité intense-pauses* est inscrit au répertoire de l'enfant dès sa naissance. Pour ma part, je pense que l'enfant met à profit ces pauses pour susciter les réactions de l'adulte. Quand il a faim, le bébé commence la tétée au sein ou au biberon par une longue suite de gorgées. Son premier appétit satisfait, il passe à un pattern de succions (dix à vingt) et de pauses (de quelques secondes chacune). Pendant les pauses, la mère (ou une autre personne qui s'occupe de le nourrir), secoue légèrement l'enfant ou agite la tétine du biberon, ou le mamelon, dans sa bouche pour le relancer. Dans le même temps, la mère parle au bébé en le regardant, en lui caressant les joues, ou en le tenant un peu plus serré contre elle. Si l'on demande à la mère pourquoi elle fait cela, elle dira que c'est pour encourager l'enfant à reprendre la tétée et pour rendre l'allaitement plus efficace. Mais ce n'est pas ce que montrent nos études. Kaya et moi-même (1974), avons en effet observé la durée des pauses, quand la mère réagissait et quand elle ne réagissait pas : or, dans ce dernier cas, la pause était plus courte que lorsque la maman réagissait. Apparemment, l'enfant prolongeait donc activement les pauses quand sa mère répondait, comme s'il attachait plus d'importance à la réponse sociale de celle-ci, qu'au lait lui-même. Ce qui nous permit de conclure que le nourrisson était programmé pour obtenir des réactions de l'adulte nourricier à l'occasion de l'allaitement, et ce par le truchement du pattern *activité intense-pauses*.

LA SUCCION DU POUCE

Le moment où l'enfant porte pour la première fois sa main à la bouche fait partie d'un cycle de réflexes. Si on lui caresse la joue, la main du même côté se fermera et il la portera peu à peu à sa bouche. De la même façon, si l'on glisse un doigt dans sa main, il le serre et porte son poing à la bouche. En somme, au plan neurologique, mains et bouche sont reliées, comme si dès le début, la succion du pouce avait un but. Ce *réflexe de Babkin* existe à la naissance. En fait, dès la vingt-quatrième semaine, le fœtus peut sucer son pouce, comme le montrent les observations de notre équipe de chercheurs par visualisation aux ultrasons d'un fœtus de vingt-quatre semaines. Très agité, il barbotait, battait des pieds, se tournait et se retournait sans cesse. Alors qu'elle était allongée sur la table, la mère déclara : « Chaque fois que je m'allonge, il remue. Mais ensuite il se calme et il semble écouter quand je lui parle. » Dès qu'elle commença à parler, le fœtus se pelotonna en une petite boule et ramena ses bras devant son visage. Le Dr Birnholz, radiologue et expert en technique ultrasonique, dit alors : « Il a mis le pouce dans la bouche. Et regardez-le qui suce son pouce ! » En observant le visage et les mâchoires à peine visibles, nous pûmes en effet voir leur va-et-vient rythmé, tandis que le bras restait immobile et que le doigt semblait bien pénétrer dans la bouche. Le fœtus était paisible et paraissait en train d'écouter.

L'enfant est donc entraîné à téter ses doigts dès avant la naissance et cela lui sert à se calmer. En le voyant faire ainsi, la jeune mère comprend la capacité de son enfant à se contrôler, et même à se réconforter tout seul. Elle perçoit aussi à quel point le fait de téter est pour lui une source importante de satisfaction et une assurance de maîtrise pour l'avenir. Ayant compris cela, elle tolérera plus facilement par la suite que son enfant suce son pouce, plutôt que de n'y voir qu'une habitude ou un problème.

ACQUISITION DES POSTURES DEBOUT ET ASSISE

Quand on tient l'enfant pour l'aider à se tenir debout, il raidit les jambes et le tronc en essayant de tenir tout seul. Au début, la tête tend à tomber, mais il met à contribution toutes les forces de ses jambes et de son tronc pour se tenir droit. Lorsqu'il arrive à se tenir debout, l'enfant montre une vigueur et un enthousiasme remarquables. Dans ce domaine, il existe des variations individuelles et génétiques considérables suivant les régions du globe. Ainsi, lorsqu'en jouant avec des bébés noirs d'Afrique orientale, nous leur tenions les mains et les bras en l'air pour les aider à s'asseoir, ils passaient presque toujours directement à la position debout ; ce faisant, leurs visages s'éclairaient, comme pour dire : « Ça y est. J'y suis ! » On avait l'impression que l'enfant était programmé pour se tenir debout, et que cela l'enthousiasmait. Dès lors, il n'est pas étonnant qu'en Zambie et au Kenya, les mères « répondaient » en portant dès le tout premier jour leur bébé debout et à califourchon sur leurs hanches. Dès la naissance, on pouvait voir la mère jouer avec l'enfant en le faisant sauter sur ses pieds. Visiblement, il aimait cela et bien sûr, elle aussi. Et il en résultait que le tronc et les jambes de l'enfant gagnaient rapidement en vigueur. C'est ainsi que les grandes étapes du développement moteur étaient franchies plusieurs mois avant les dates normales pour les enfants de nos régions. Super (1980) a attribué cette précocité motrice à la stimulation avancée et très forte que ces enfants reçoivent des personnes qui s'occupent d'eux. En retour, par leurs réactions vives et enthousiastes au jeu, les nouveau-nés encouragent d'autant les adultes à continuer de jouer avec eux.

De la même façon, pour l'acquisition de la posture assise, l'enfant a des réactions innées, à la fois pleines d'enthousiasme et vigoureuses. Quand on le tire par les mains, les bras en l'air, l'ensemble de la ceinture scapulaire réagit avec une amplitude croissante. Si sa tête tend encore à retomber, le bébé fera de gros efforts pour la redresser une fois assis. Il cherchera à la ramener dans l'axe, et recommencera plusieurs fois de suite si elle continue de tomber en arrière ou en avant. Les bébés sont programmés pour atteindre ces buts que sont l'acquisition des postures debout et assise. Les parents sentent et voient ce besoin instinctif de redressement de l'enfant et machinalement, en jouant avec lui, ils l'encouragent à s'y entraîner.

LES RÉFLEXES OCULAIRES

Quand on le tient debout, le nourrisson ouvre grand les yeux et devient plus alerte. De fait, Korner et Thoman (1970) ont montré que quand on le redresse, un bébé a une réactivité visuelle accrue. Le mouvement de la tête excite en effet le liquide dans les canaux vestibulaires de l'oreille interne, et les réflexes déclenchés par les nerfs vestibulaires commandent l'ouverture des paupières. Quand celles-ci se relèvent, les yeux sont fixés droit devant : l'enfant est alors vigilant et disponible pour une interaction visuelle. Pour provoquer la réaction visuelle, on peut le bercer doucement (de haut en bas, de droite à gauche). S'il est endormi, cela le réveillera et il ouvrira progressivement les yeux pour regarder la personne qui le berce. Il ne faut pas longtemps aux jeunes mères et aux pères pour savoir qu'en berçant leur bébé, on peut tout aussi bien l'éveiller que l'apaiser.

LES PATTERNS DE RÉFLEXES MOTEURS

Quand on le tient debout, un bébé présente deux types de réflexes moteurs stimulants, à la fois pour l'enfant et pour l'adulte qui les déclenche. Pour stimuler le premier de ces deux réflexes, on tient l'enfant debout et, en plaçant la main sur son ventre, on le penche légèrement en avant tout en maintenant ses pieds bien à plat sur le lit. L'enfant lève alors un pied en l'air, puis le pose, et lève l'autre. Il pédale ainsi sur place, puis commence à marcher au rythme particulier de ce pattern de réflexe : on peut lui faire traverser le lit en marchant. Ce réflexe de marche automatique est un signe précurseur de la marche volontaire qui n'apparaîtra que plusieurs mois plus tard. En effet, avant d'être apte à marcher volontairement, l'enfant perdra l'automatisme : celui-ci disparaîtra quand le pattern de marche volontaire et d'acquisition de la posture debout apparaîtra, c'est-à-dire aux cinquième et sixième mois.

Quant au second type de réflexe, pour le déclencher, on tient le bébé dans les bras, debout, en lui caressant le dessus des pieds. La jambe fléchit alors au niveau de la hanche, les doigts de pied s'écartent en éventail, et le pied se lève vers l'avant. La séquence motrice prend fin lorsque les doigts et le pied se crispent et se replient. Cette aptitude à tendre la jambe et à ébaucher, du pied, un geste de préhension, se retrouvera, mais plus tard, au niveau du bras. Mais chez le nouveau-né, on peut d'ores et déjà provoquer l'écartement des doigts de la main et une préhension réelle, en caressant le dessus des doigts ou en les tapotant. Ces réflexes du nouveau-né sont appelés « réflexes d'agrippement », et ils sont bien utiles à nos cousins les singes. En effet, quand un singe tombe d'un arbre et que, d'une extrémité, il touche une branche, le réflexe referme automatiquement la main sur la branche et la chute est ainsi arrêtée.

LA MOBILITÉ FINE

Les mouvements gracieux et délicats des doigts du petit enfant qui fait un signe de la main sont les prémices des gestes précis dont il sera capable plus tard. Il ne faut pas s'étonner de la force de la crispation automatique de ses doigts et de ses orteils, que l'on déclenche en glissant un doigt dans sa main ou en touchant la partie antérieure de la plante des pieds, près des doigts. La jambe se lève, fléchit, et le pied se crispe et serre le doigt. Ces réflexes sont la base des aptitudes complexes futures des mains et des pieds. Chez le nouveau-né humain, ils n'ont pas la même finalité, mais ils interviendront dans l'extension du bras et la préhension quand, plus tard, l'enfant voudra attraper ses premiers jouets.

LE RÉFLEXE DE MORO, OU SURSAUT

Un autre vestige de notre héritage se présente à la naissance sous la forme d'un réflexe primitif. Il est appelé « réflexe de Moro », du nom du neurologue italien qui l'a découvert, il y a un siècle environ. Ce réflexe se déclenche chaque fois que l'enfant renverse brusquement la tête en arrière. Dans un sursaut de masse, l'enfant écarte violemment les bras et les jambes, puis il les ramène à lui comme pour étreindre. Ce réflexe est fréquent chez un enfant actif ou agité ; quand il se produit, l'enfant est surpris, ce qui déclenche un cercle vicieux : le bébé pleure, sursaute à nouveau, cela le fait pleurer, et ainsi de suite.

Chez les singes, le réflexe de Moro a une fonction plus utile, comme le montre le film que Irving DeVore (Harvard), a tourné dans la réserve Gamba, au Kenya, et dans lequel on voit une mère chimpanzé chercher sa nourriture dans la jungle, tandis que sa progéniture joue à terre auprès d'elle. Dès qu'elle entend un prédateur s'approcher, la mère donne une tape dans le dos du petit. Sous l'effet du réflexe de Moro, celui-ci tend les bras pour s'agripper au pelage de sa mère, puis les replie en étreignant la poitrine maternelle ; la mère a ainsi le temps de se mettre à l'abri dans un arbre.

En une fraction de seconde, en déclenchant le réflexe de Moro, la mère chimpanzé a rappelé son petit vers elle plus efficacement que par n'importe quel autre moyen.

J'ai eu l'occasion d'assister à une scène dramatique qui illustre l'importance du réflexe de Moro dans l'interaction entre une mère et son enfant. J'observais la mère d'un nouveau-né ayant subi un dommage cérébral et qui cherchait avidement à obtenir de lui une réaction. La mère prit son enfant apathique dans ses bras, et lui donna une tape dans le dos pour déclencher l'étreinte par le réflexe de Moro. Elle paraissait se satisfaire de ce réflexe très primitif, même si l'enfant n'avait pas beaucoup plus à offrir en matière de comportement réactif.

LES MÉCANISMES DE DÉFENSE

Si l'on recouvre d'un mouchoir les yeux, le nez et la bouche du nouveau-né, il commence par le « palper » de ses lèvres, puis il détourne la tête à droite et à gauche. Si le mouchoir le gêne toujours, il renverse la tête en avant et en arrière, pour essayer de le chasser, pour dégager son nez et avoir de l'air. Et si même en se débattant ainsi, il n'arrive à rien, il ramène alors un bras, puis l'autre, à hauteur de visage, et par des gestes violents et en s'y reprenant à plusieurs fois, il essaie de chasser le mouchoir. Cette réaction vigoureuse montre qu'il luttera de toutes ses forces pour ne pas être étouffé.

D'autre part, si on le retourne et qu'on le couche à plat ventre, il relève automatiquement la tête et la tourne d'un côté pour dégager son visage du drap. En même temps, ses jambes sont agitées du mouvement de va-et-vient du réflexe de reptation. Ce sont là les prémices du déplacement volontaire à quatre pattes, que l'enfant pratiquera quand il aura sept ou huit mois. A l'occasion de ses premières tentatives, il peut s'élancer tout seul, pour traverser le lit, et achever sa course dans un coin. Il peut tout aussi bien lui prendre l'envie de se promener sous les draps, et de « faire son nid », où il pourra s'arrêter, pour se reposer. Cette « recherche du nid » est latente dès le premier jour chez le nouveau-né ; la jeune mère qui le voit faire en éprouve un respect grandissant pour la compétence de son enfant.

Tous les patterns moteurs que nous venons d'étudier existent à la naissance chez l'enfant et donnent aux parents des indications sur le programme du développement à venir, car ils constituent l'assise même du comportement futur de l'enfant. Ainsi, quand on joue avec l'enfant pour déclencher ces réflexes, on peut lire son ravissement sur son visage, parfois même sur tout son corps, et l'on devine qu'il commence à se découvrir lui-même.

En grandissant, tout au long des quelques mois suivants, il répétera inlassablement ces gestes, pour apprendre à les maîtriser.

LES ÉTATS DE CONSCIENCE

Pour obtenir des réactions de leur enfant, il est essentiel que les parents connaissent les différents états de conscience (cf. chapitre I, page 46). Dans chacun de ces états, l'enfant réagit différemment aux stimuli. Ainsi, si les parents espèrent qu'en lui parlant tandis qu'il dort, ils obtiendront une réponse immédiate, ils seront évidemment déçus. En revanche, si le bébé est en état de sommeil léger il est probable qu'ils obtiendront une réaction, comme par exemple, ce que l'on appelle le « sourire aux anges » — une sorte de réflexe de sourire, qui intervient en réponse aux stimuli internes ou externes. Les descriptions succinctes qui suivent aideront les parents à distinguer les différents états de conscience.

Sommeil profond. En état de sommeil profond, le nouveau-né a une respiration régulière et profonde ; ses paupières sont lourdement fermées, et à intervalles bien réguliers, une courte secousse agite plus particulièrement une partie du corps ; cette secousse est accompagnée d'un frémissement général et d'un bref arrêt de la respiration normale. Puis, comme si rien ne s'était passé, la respiration reprend son rythme régulier, et l'enfant retrouve sa posture initiale. Il garde les mains près du visage et, sporadiquement, ses doigts sont agités d'une secousse ponctuelle. En état de sommeil profond, ni le bruit ni les brusques variations de lumière ne semblent le déranger. Si on prend l'enfant un peu brutalement, son corps peut être agité d'une secousse générale. En revanche, si on le déplace avec ménagement ou si on lui parle en chuchotant, il peut ne pas réagir du tout. Si l'on allume un éclairage violent ou si l'on produit un bruit sec — un claquement par exemple — et que ces stimuli franchissent le seuil de l'état de sommeil profond, le bébé réagit en clignant des yeux, et il est agité d'une légère secousse ; mais il retombe en état de sommeil profond sans s'être réveillé. Bien que le laps de temps qui sépare le stimulus et la réaction soit de l'ordre de quelques secondes seulement, il est relativement long, comparé au retard de la réaction dans un état plus éveillé. Le temps de réaction est aussi appelé la *latence.*

En sommeil profond, l'enfant est capable de s'isoler totalement du monde extérieur. Ainsi, après que son sommeil a été perturbé, sa respiration se fait plus profonde et plus régulière, ses paupières sont encore plus lourdes, son corps se raidit, comme si l'enfant se retenait de bouger ; son visage semble indiquer qu'il est bien décidé à ne pas réagir. Selon moi, il s'agit là d'un état actif d'isolement, que le nouveau-né utilise comme défense. Et cet état est confirmé par les « fuseaux de sommeil » (qui se matérialisent par des pics sur le tracé encéphalographique). Chez un bébé né à terme, les périodes de sommeil profond sont à la fois longues et stables ; en revanche, chez un prématuré ou un enfant qui a subi un stress au moment de l'accouchement, ces périodes sont plus courtes et plus instables. Les nouveau-nés particulièrement fragiles ont plus de difficultés que les autres à s'isoler et sont plus à la merci de l'ambiance environnante. Un bruit fort, une variation de l'éclairage ou les mouvements du lit les dérangent : l'enfant tressaille et passe le plus souvent dans un autre état de conscience. C'est pourquoi d'un point de vue pratique, les parents d'un enfant né à terme n'ont pas trop à s'inquiéter si leur bébé n'est pas au calme dans une chambre où règne l'obscurité ; celui-ci est certainement capable de continuer à dormir tranquillement malgré l'activité qui l'entoure. En revanche, si l'enfant est prématuré ou malade, il a besoin d'une ambiance plus calme pour dormir.

Sommeil léger. En s'éveillant, le nouveau-né passe d'abord par une période de sommeil léger ou irrégulier. Dans cet état, sa respiration est instable, tantôt saccadée, tantôt régulière, et l'on observe de petits accès sporadiques de mouvements de succion. Les paupières battent, et en les soulevant on peut voir les yeux qui papillotent vivement de haut en bas ou d'un côté et de l'autre.

C'est pourquoi les Anglo-Saxons appellent cet état le sommeil R.E.M. (pour *rapid eye movement,* phase des mouvements rapides des yeux). En sommeil léger, le bébé est plus souvent agité de secousses qu'en sommeil profond. Chaque secousse se termine par un mouvement uniforme de l'extrémité agitée. Dans cet état, le tronc tend à se tortiller au ralenti et par à-coups. Plus l'enfant est éveillé, moins ses gestes sont heurtés.

Si on lui parle doucement ou si on le caresse, il passe généralement à un état plus éveillé. Si on le berce ou si l'on fredonne, il commence à se réveiller. Les stimuli attractifs tendent à le rendre alerte et de ce nouvel état de sommeil léger, il accède en général à un état de veille plus réactif. La nuit, les périodes de sommeil profond sont entrecoupées à intervalles réguliers de phases transitoires de sommeil léger.

Si l'on produit une suite de stimuli négatifs — des bruits forts ou une lumière violente — le nouveau-né revient en état de sommeil profond. Autrement dit, à partir de l'état transitoire, il peut aller dans l'une ou l'autre direction. De lui-même, il accomplit en vingt-quatre heures un cycle régulier et prévisible, allant de l'état de sommeil profond à celui de sommeil léger et à l'état *alerte.* Ce cycle est particulièrement important à connaître pour les parents qui veulent être en mesure de prévoir le comportement de leur enfant afin de pouvoir l'habituer à leur propre rythme quotidien (voir chapitres IV et VI).

Les états alertes. Avant d'atteindre l'état *alerte,* le nouveau-né passe par un état qui se situe à mi-chemin entre le sommeil et la veille. Par à-coups, il produit alors des geignements, se tortille, et cherche à s'isoler ; mais en règle générale, il ne fait que transiter vers un autre état, car celui-ci n'est pas un état stable de conscience. Suivant le type de stimuli reçus, il peut être poussé dans un sens ou dans l'autre — c'est-à-dire soit vers un état plus éveillé, dit *alerte,* soit retomber dans le sommeil. Si les stimuli sont attractifs, ils le réveilleront ; s'ils sont gênants ou négatifs, il cherchera à s'en préserver en retombant dans le sommeil. Pour résoudre l'indécision qu'engendrent chez lui les stimuli dont le message ne lui apparaît pas clairement, il peut recourir au puissant moyen que sont les pleurs et l'agitation.

Les pleurs ont tout un éventail de fonctions. D'une part, ils l'aident à s'isoler du monde extérieur et jouent un rôle de protection ; mais ils appellent aussi des réactions plus précises des personnes qui s'occupent du bébé. Et si l'enfant est seul, ils ont alors une fonction organisatrice. Dans la mesure où les pleurs représentent une agitation intense et une décharge de l'énergie emmagasinée, ils aident l'enfant à passer la phase de transition entre le demi-éveil et le retour au sommeil. Ainsi, les pleurs déchargent l'énergie qui risquerait autrement de mener à des réactions désorganisées et perturbatrices. Mais les cris et les pleurs peuvent tout aussi bien mener à un état alerte et éveillé. On peut voir des bébés qui sont plus alertes et plus réactifs après une phase de pleurs — comme si celle-ci constituait une sorte de catharsis. Si les parents parviennent à l'apaiser quand il est en état d'agitation, l'enfant peut alors accéder à l'état le plus gratifiant de tous : l'état *alerte d'éveil.* Dans cet état, le nouveau-né présente toutes les étonnantes réactions décrites tout au long de ce chapitre. Le parent (ou tout observateur adulte), joue un rôle capital dans le maintien de cet état *alerte.* De fait, l'état est d'une fragilité telle que toute réaction motrice trop forte entraînera le bébé dans un état d'agitation.

A partir du moment où il est mis en présence d'un stimulus séduisant — visuel, sonore, ou kinesthésique — le nouveau-né connaît une excitation motrice qui a pour effet de le déconcentrer. L'adulte doit alors être là pour le calmer, afin de le maintenir en état réactif. Pour cela, on peut lui toucher les extrémités, le réconforter en lui parlant, ou le bercer doucement. On a pu voir des bébés ayant des problèmes cardiaques si excités à la vue d'un jouet attirant ou par le besoin de « répondre » à un adulte qui leur parlait, qu'ils en avaient un accident cardiaque, suivi d'un évanouissement momentané. Ces enfants avaient en permanence besoin d'être calmés par un adulte pour pouvoir porter une attention soutenue à un stimulus intéressant.

Pour conclure, je dirais qu'à mon sens, le rôle premier de l'adulte en réponse à un petit enfant qui est dans cet état, est de le prendre dans ses bras et de le réconforter pour permettre à l'enfant de réagir aux stimuli et de concentrer son attention sur eux, sans pour autant être débordé par eux. En même temps que l'adulte apprend de cette façon à le protéger, l'enfant apprend à se contrôler. Avec le temps, l'enfant apprend comment maîtriser les perturbations engendrées par ses propres réactions et qui, autrement, risqueraient de le faire sortir de cet état d'autoprotection.

La plupart des parents, dans la mesure où ils ont un enfant « facile », remplissent naturellement ce rôle. En revanche, avec un enfant hypersensible, chez qui à peu près n'importe quel stimulus provoque une réaction prompte et trop agitée, cela devient plus difficile. Pour ma part, dans une nurserie, je sais reconnaître ces bébés. Si l'on se penche au-dessus d'eux, ils semblent déceler une présence et réagissent en sursautant. Si on leur parle ou si une infirmière produit un bruit léger sans même toucher le berceau, l'enfant sursaute, commence à s'agiter, et passe presque aussitôt aux pleurs. Il semble sauter littéralement d'un état de sommeil à un état de pleurs violents, sans la période de transition qui permettrait à un adulte de le calmer. Cette sensibilité excessive et cette hyperactivité s'étendent à tous les stimuli (qu'il s'agisse de mouvements, ou de stimuli sonores et visuels), et l'adulte se demande alors ce qu'il peut bien faire pour entrer en contact avec l'enfant. Les prématurés sont très coutumiers de ces phases d'hypersensibilité (cf. chapitre III), et pour leurs parents, c'est l'adaptation la plus difficile. Cela dit, beaucoup d'enfants nés à terme sont ainsi à la naissance.

Il existe aussi une autre catégorie d'enfants un peu chétifs à la naissance et que l'on appelle « petits pour leur âge [1] ». Leur peau est desséchée et pèle, leurs bras et leurs jambes sont longs et maigres, et couchés dans leur berceau, ils ont l'air renfrogné et le regard lointain. Ils sont généralement hyperactifs et ils ont des difficultés à se maintenir en état *alerte*. Pour communiquer avec eux, les parents doivent se montrer aussi doux et aussi patients qu'avec un prématuré. Leur hypersensibilité les fait soit dormir beaucoup, soit pleurer pendant de longs moments —

1. Ou petits par rapport au temps qu'a duré la grossesse ; en français, ce sont les « hypotrophiques ».

comme pour repousser les stimuli extérieurs. Les parents de ces enfants ont tendance à croire que c'est à cause d'eux que l'enfant pleure, mais ce n'est pas obligatoirement le cas. Avec l'âge, ces enfants apprennent à se préserver des stimuli extérieurs et deviennent plus faciles à vivre.

L'habituation. La survie du bébé est amplement tributaire de sa capacité à se défendre des stimuli qui, autrement, l'obligeraient à des réactions exigeant trop de ses systèmes physiologiques immatures. Si l'on fait clignoter devant lui une lumière vive, non seulement ses pupilles se rétractent, mais il cligne des yeux et il recule la tête en se cambrant en arrière : ce qui le fait sursauter (réflexe de Moro). Ce sursaut s'accompagne d'une accélération des rythmes cardiaque et respiratoire. Si les éclairs de lumière continuent, sa peau peut changer de coloration. Après quelques sursauts, sa capacité à repousser les stimuli entre en action : les sursauts cessent, le rythme cardiaque et le rythme respiratoire diminuent, et l'enfant entre dans un état non réactif, apparemment endormi.

Ses paupières sont lourdement fermées, bras et jambes sont ramenés au corps ; l'enfant est pelotonné, sa respiration est profonde et régulière. Dans un premier temps, il semble faire de gros efforts pour maintenir cet état exclusif de « sommeil ». Si l'on continue de produire des stimuli perturbateurs, il finit par se relaxer et semble être dans un état de sommeil réel. En somme, il est parvenu à maîtriser ses réactions aux stimuli gênants pour se mettre en état d'indisponibilité par le sommeil.

Cette capacité de rejet est appelée *habituation,* dans le vocabulaire psychologique, et elle constitue une source essentielle de protection. Comme nous l'avons vu au chapitre I, le fœtus a déjà cette aptitude *in utero,* mais elle devient encore plus nécessaire dans le monde extérieur. Or, sachant que l'éclairage des salles d'accouchement et des nurseries est excessivement violent, on comprend l'importance vitale du mécanisme d'habituation chez le bébé. Dans les nurseries, les nouveau-nés passent une bonne partie de leur temps dans cet état défensif de sommeil, et l'on peut se demander à quel prix. Un bébé mis au monde selon les principes de Leboyer dans une salle d'accouchement où règnent le calme et un éclairage plus doux bénéficie sans aucun doute des atouts nécessaires pour être plus alerte à la naissance et pour le rester plus longtemps. La même observation est valable lorsque le bébé est dans la chambre de sa mère. Dans la mesure où cette chambre est plus sombre et plus tranquille qu'une nurserie, l'enfant passera plus de temps soit en état *alerte,* soit à dormir d'un sommeil plus paisible.

La capacité du bébé de deux ou trois jours de s'accommoder du monde qui l'entoure par ce mécanisme d'habituation est étonnante. Cette aptitude à exclure ce à quoi il ne veut pas prêter attention lui donne toute liberté de choisir les stimuli auxquels il veut répondre.

LES CAPACITÉS SENSORIELLES

Si l'adulte qui s'occupe de lui sait agir en modérateur, le nouveau-né montre des capacités remarquables d'assimilation et de réponse au monde qui l'entoure. Pourquoi a-t-on toujours soutenu que pendant plusieurs semaines après sa naissance, un bébé n'est pas capable de voir ? Pourquoi a-t-on prétendu que les premiers jours, il n'entend rien ? De fait, dans une nurserie bruyante et trop éclairée, il donne l'impression de ne pas être capable de « répondre », étant dans un *état défensif d'habituation.* Mais si la mère ou une puéricultrice le réveille doucement, si elle modère ses réactions, et si elle le réconforte, l'enfant se montre capable, dès la naissance, de réactions remarquables.

La vue. A la naissance, le bébé possède la capacité de traiter les informations visuelles et de répondre avec discrimination aux stimuli de ce type. Par exemple, Robert Fantz (1963) et ses collègues ont constaté que les nouveau-nés ont une nette préférence pour certains types de stimuli visuels complexes. L'expérience consistait à installer à l'intérieur d'une chambre noire un bébé dans un siège inclinable. Puis l'on présentait à l'enfant deux objets appariés en brillance et en taille, et l'on chronométrait le temps pendant lequel son regard s'attardait sur chacun des deux objets : l'objet préféré serait celui que l'enfant regarderait le plus longtemps. Il ressortit de cette expérience que les contrastes marqués de couleurs, les grands carrés et les objets de taille moyenne et reflétant bien la lumière, attirent plus l'attention du nouveau-né.

Avec la même technique, l'équipe de R. Fantz a constaté que les nouveau-nés ont une prédilection pour les objets ovoïdes rappelant le contour du visage humain. Ainsi, Stechler (1966), a démontré qu'un bébé est capable de regarder un croquis de visage pendant vingt minutes sans détourner la tête. Et si un vrai visage se présentait devant lui, le nouveau-né l'observait, semblait surpris, se tournait vers le dessin, le regardait d'un air mécontent, puis revenait au vrai visage, marquant ainsi sa préférence. En étudiant le visage « en relief », il écarquillait les yeux et haussait les sourcils en ouvrant la bouche ; l'expression de son visage semblait vouloir dire : « Parle-moi, joue avec moi ! »

On peut donc dire que, de naissance, l'enfant est programmé pour rechercher le visage humain, de préférence aux autres objets, et pour y répondre avec enthousiasme. Toujours dans le cadre de ces observations, si l'expérimentateur continuait de fixer impassiblement le bébé, celui-ci semblait inquiet, fronçait les sourcils, et détournait la tête. Puis, il regardait à nouveau une ou deux fois comme pour vérifier, pour finir par détourner les yeux une bonne fois pour toutes. A partir des mêmes techniques expérimentales, Geneviève Carpenter (1970) a montré qu'à un mois, un nourrisson non seulement reconnaît le visage de sa mère et le préfère parmi d'autres adultes, mais que si elle reste impassible devant lui, l'absence de réaction venant de la part de sa propre mère, indispose beaucoup le nourrisson.

Dès la naissance donc, quand il voit un visage humain, l'enfant semble en attendre une interaction. Un visage vivant l'attire, mais peut tout aussi bien le rebuter s'il ne lui donne pas ce qu'il en attend (voir le chapitre VI). En revanche, un visage inanimé ou dessiné attire aussi l'attention du nouveau-né, mais comme il sait qu'il ne peut pas en attendre une interaction, il le fixera plus longuement. De fait, le nouveau-né est déjà capable de distinguer un objet non réactif d'un objet potentiellement réactif.

Goren (1975) a démontré que déjà en salle d'accouchement, un nouveau-né est capable non seulement de fixer son regard sur le dessin d'un visage, mais qu'il le suit sur un arc entier de 180 degrés, en tournant la tête et en bougeant les yeux. Si le dessin du visage manquait de netteté, l'enfant fixait son regard sur les zones de contraste et ne suivait que partiellement le déplacement du dessin, en ne tournant la tête qu'à moitié. Pour évaluer la capacité de perception de la profondeur chez les nouveau-nés, Gorman, Cogan et Gellis (1957) ont imaginé une expérience qui consistait à installer le bébé à l'intérieur d'un cylindre strié et tournant dans son champ de vision. Comme son regard était attiré par les lignes et les suivait automatiquement, cela permettait, en changeant l'arc optique des lignes, de calculer l'acuité visuelle du nouveau-né : l'expérience donnait une acuité de 20/150.

Dans notre laboratoire, Adamson (1981) a démontré à quel point il est important pour le nouveau-né de voir. Pour les besoins de l'expérience, il avait placé devant les yeux d'un bébé en état *alerte*, un écran opaque. Le bébé gesticulait pour le repousser, de la même façon que lorsqu'on lui plaçait un mouchoir sur le visage, jusqu'à atteindre une agitation frénétique ; il se calmait une fois que l'on retirait l'écran. Si l'on remplaçait ensuite l'écran opaque par un écran transparent, l'enfant se calmait et regardait au travers, avec intérêt. Le fait de pouvoir voir semblait *suffire* à compenser la gêne d'avoir le visage caché.

Dans leurs études, Salapatek et Kessen (1973) ont essayé de déterminer ce que voit le nouveau-né. Et ils ont découvert que son regard se concentrait sur les bords contrastés des objets, sur les yeux d'une personne (parce que brillants), et sur le rouge d'une bouche. Les objets l'attiraient davantage s'ils étaient mobiles. Sur un visage, la mobilité des yeux et des lèvres en faisait de loin les foyers préférés de l'attention du bébé. Si ce visage restait figé, l'enfant en regardait plutôt les contours et le front ; mais dans les périodes d'état *alerte*, il scrutait l'ensemble du visage.

Si l'on assied un nouveau-né avec un angle de 30 degrés en arrière soit dans un siège inclinable, soit en le prenant sur les genoux, et qu'on le berce doucement, il ouvre les yeux et accède à un état plus réactif. Il se met alors à scruter alentour, ses pupilles se dilatent et ses yeux bougent latéralement et de façon saccadée. Si l'on présente à l'enfant une balle brillante, rouge vif, dans son champ de vision, à environ vingt-cinq centimètres devant lui, et qu'on la déplace lentement à la verticale pour attirer son attention, ses yeux s'éclairent et ses pupilles se rétractent. Si l'on déplace la balle latéralement et avec lenteur, là encore le nouveau-né ouvre grand les yeux pour la suivre ; tout son visage s'éclaire et son corps reste figé. Il semble se tenir volontairement immobile pour pouvoir surveiller la balle. Dans un premier temps, il la suit par petits arcs et, à plusieurs reprises, il la perd en visant trop loin ; mais une fois qu'il est plus concentré, ses yeux sont animés d'un mouvement plus homogène. Jusqu'à ce qu'il parvienne enfin à tourner la tête de façon à pouvoir suivre un arc entier de 180 degrés.

Si un visage vient remplacer la balle, l'enfant se montre encore plus fasciné et il en suit le déplacement sur 120 degrés de part et d'autre, en tournant et en courbant la tête pour ne pas perdre de vue le visage. Lorsque le visage monte ou descend, l'enfant peut lever ou baisser la tête jusqu'à 30 degrés pour le suivre. Si on lui parle en même temps, il cligne des yeux au son de la voix de l'expérimentateur, puis semble se concentrer encore plus fort pour suivre à la fois le visage et la voix. Son expression reste alerte, son corps est immobile, et il peut se montrer complètement absorbé pendant plusieurs minutes d'affilée. Finalement, l'effort ayant surchargé son système nerveux, l'enfant sursaute, ferme les yeux ou même, se met à pleurer d'épuisement.

L'intensité de sa réponse, sa capacité de se maintenir dans un état *alerte* de conscience, la mise à contribution des canaux moteurs de la tête et des yeux, conjointement à l'aptitude à neutraliser toute activité motrice perturbatrice : ce sont là autant d'indices de l'étonnante capacité d'attention qui est déjà présente chez le nouveau-né. De plus, ces réponses semblent être programmées pour capter l'attention de la mère ou du père et pour lui dire : « Tu es ce qu'il y a de plus important dans mon univers ! »

La réactivité visuelle est d'une importance considérable pour les jeunes parents. Ainsi, dès la naissance, après que j'ai examiné le bébé, les parents commencent par me demander : « Est-ce qu'il va bien ? » Leur deuxième question étant : « Est-ce un garçon, ou une fille ? » Et en troisième : « Voit-il normalement ? » Comme l'ont montré Klaus et Kennell (1976) en cherchant à engager dans une interaction visuelle leur enfant prématuré ou malade, ses parents disposent d'un moyen de vérification précoce et essentiel qui leur permet de se dire « c'est vraiment mon enfant ». Dès que le nouveau-né lève les yeux sur ses parents, et que son expression s'éclaire tandis qu'il les dévisage, s'instaure l'un des principaux systèmes de communication entre eux. Et quand j'attire l'attention d'une mère sur ce comportement de l'enfant, elle me dit immanquablement : « Je savais bien qu'il voyait ! » — comme si le fait que j'aie confirmé la chose l'autorisait à y croire. Pourquoi ne peut-elle y croire d'elle-même sans ma « permission » ? Je pense que c'est parce que ce mode de communication est si important pour elle qu'elle *n'ose pas* y croire sans une confirmation extérieure.

J'en ai eu un jour un exemple caractéristique à la suite de l'enregistrement d'une émission de télévision sur le thème des « réponses » du nouveau-né et de leur importance pour sa mère. Tandis que nous quittions le studio, la mère de Laura, une petite fille de trois jours, me fit remarquer que le bébé avait semblé très intéressé par les reflets de lumière sur le bord de son landau.

Quand nous nous mîmes à jouer avec Laura, elle regarda mon visage pour le suivre, de plus en plus excitée. Voyant cela, sa mère dit : « Je *ne savais pas* qu'elle pouvait vraiment voir ! » Je lui fis remarquer : « Vous m'avez pourtant dit le contraire à l'instant. » « Je veux dire, qu'elle voit les choses *importantes* », me répondit-elle. « Quelles choses importantes ? » Ma question la fit rougir, et elle avoua timidement : « *Mon* visage. » A mes yeux, le fait que la mère en soit au point de se le cacher à elle-même, indique que cette aptitude du bébé est vraiment très importante pour elle.

Ensuite, tandis que nous continuions à jouer avec Laura en lui donnant à choisir laquelle de nos deux voix elle préférait, elle se tournait d'emblée et systématiquement vers sa mère. Et, à chaque fois, sa mère tendait automatiquement les bras comme pour la prendre. Lorsque je retournai Laura vers sa mère, celle-ci se pencha tendrement sur elle et dit : « Tu reconnais ma voix, n'est-ce pas ? »

Puis, je fis un dernier jeu avec cet enfant décidément passionnant. Après l'avoir éveillée complètement en la tenant assise et en la berçant, je me mis à lui tirer la langue. Elle écarquilla alors les yeux et ouvrit progressivement la bouche pour, à son tour, me tirer la langue. Je fus si surpris de la voir m'imiter que je la secouai doucement pour la ramener en état *alerte,* et lui tirai à nouveau la langue, deux fois de suite. Laura eut une expression attendrie, elle ouvrit la bouche, et m'imita en me tirant la langue deux fois de suite elle aussi. Abasourdie, sa mère me dit : « Elle en sait plus que je ne pensais ! » Comme je lui demandais quel effet cela lui faisait de voir que sa fille savait faire tant de choses, elle répondit sans hésiter : « Je la traiterai comme une personne, plutôt que comme un objet. » Cette réaction spontanée est commune à la plupart des mères, averties ou non, et elles sont à la fois étonnées et ravies de voir que leur enfant possède de telles capacités de réponse. Le plus souvent, elles disent : « J'ignorais qu'un bébé pouvait faire tout ça. » En fait, elles le savaient certainement, mais elles n'osaient pas le croire. Mais le fait de m'avoir vu obtenir ces « réponses » de leur enfant représente pour elles la preuve de sa force et de sa personnalité.

Une fois libérées de leurs inquiétudes quant à la réactivité de leur enfant, la plupart des mères en viennent à dire qu'elles se comporteront différemment avec lui. Et elles ajoutent : « Vous venez de me montrer ce que j'avais *besoin de savoir* pour materner mon enfant. » J'en doute, dans la mesure où je pense que les parents savent déjà que ces capacités de comportement existent — mais pour y croire, ils ont besoin de se faire confirmer ce qu'ils ont vu.

L'ouïe. Le comportement réactif du nouveau-né aux signaux auditifs est tout aussi riche que dans le cas des signaux visuels. Un nouveau-né entend : tout un ensemble complexe de réactions comportementales viennent le confirmer.

Dans les facultés de médecine, on enseigne encore aux futurs médecins qu'un nouveau-né ne commence à entendre qu'à l'âge de plusieurs semaines, « une fois que ses canaux auditifs sont débarrassés des débris de la poche amniotique ». Aussi, j'ai essayé de comprendre pourquoi ce mythe est resté si répandu. Et j'en ai conclu qu'il est plus facile pour les médecins de considérer qu'un bébé est insensible s'il leur faut parfois le malmener pour le soigner ou pour l'étudier et faire avancer encore les immenses progrès qui ont été accomplis dans le domaine de la médecine néonatale. Mais il se peut aussi que les tests auditifs aient été menés dans l'ambiance bruyante des nurseries, alors que les nouveau-nés étaient vraisemblablement en état d'habituation pour se préserver du bruit.

De fait, le nouveau-né possède la même capacité de s'isoler et de s'accommoder aux bruits répétés que dans le cas des stimuli visuels : les premiers stimuli le font sursauter, mais très vite il se calme et ses rythmes cardiaque et respiratoire s'adaptent.

Même lorsqu'un nouveau-né dort à poings fermés, si l'on chuchote près de lui, il remue légèrement. Sa respiration change, il entrouvre les yeux, et il peut même répondre en esquissant un sourire. Et si l'on continue de lui parler doucement, il devient plus agité et s'éveille peu à peu. Sauf lorsqu'il est très fatigué et en état de sommeil profond, après avoir mangé et joué ou à la suite d'un choc, il se réveillera presque à coup sûr. En s'éveillant, il regarde autour de lui avec intérêt, comme s'il cherchait d'où vient la voix ; quand il a trouvé, il se fige et regarde avec intérêt la personne.

Comme nous l'avons vu au chapitre I, si l'on tient le bébé en l'air en lui faisant regarder le plafond, une main sous sa tête et l'autre sous ses fesses, et qu'on lui parle doucement mais sans s'interrompre, il sursaute légèrement. Puis, il se calme, son expression se fait de plus en plus alerte, et il tourne la tête en cherchant d'où vient la voix. Et quand il trouve le visage et qu'il voit les lèvres bouger, son expression s'éclaire, comme pour dire : « Ah, te voilà ! » Si, ensuite, un homme et une femme se placent chacun d'un côté de lui, et lui parlent avec la même intensité, il se tourne invariablement du côté d'où vient la voix féminine : la préférence pour la voix aiguë est incontestable. Cela reflète indubitablement l'habitude qu'il a acquise de la voix de sa mère quand il était dans l'utérus maternel. Dans une étude (1964), Rita Eisenberg a démontré cette prédilection pour certaines plages sonores.

L'odorat. Dès la naissance, le bébé a un odorat très fin. Par exemple, ses réactions montrent que l'odeur de l'acide acétique, de l'*assa-foetida* et de l'alcool lui déplaît : il fait la moue et détourne aussitôt la tête. En revanche, si l'on approche un biberon rempli d'une solution lactée ou sucrée, il se tourne rapidement dans sa direction. D'autre part, si, après quelques semaines d'allaitement au sein, une mère veut donner le biberon au bébé, il le repousse et recherche l'odeur du sein. Mais si c'est le père qui lui donne le biberon, l'enfant l'accepte.

MacFarlane a montré dans une étude (1975) sur des nouveau-nés de sept jours, que si à la place d'une compresse absorbante de leur mère, on leur tend celle d'une autre mère qui en est pourtant au même stade d'allaitement, ils se tournent vers la compresse de leur propre mère. A deux jours, le nouveau-né n'a pas encore appris à distinguer les odeurs, si bien qu'il se tourne au hasard vers l'une ou l'autre des compresses. Mais cinq jours plus tard, il sait reconnaître l'odeur maternelle et il y réagit. Autrement dit, cette capacité de discrimination existe vraisemblablement à la naissance, mais l'enfant a besoin d'informations de l'environnement avant d'être capable de manifester son aptitude discriminatoire. Cette capacité se développe à une vitesse étonnante, et le nouveau-né fait son choix avec une belle détermination.

D'autre part, un bébé est extrêmement sensible aux manipulations. Si on le touche d'une certaine façon, il se calme, et d'une autre, il est stimulé. La mère « sent » cela dès le tout début. Et elle adapte ses gestes à l'état de conscience de l'enfant. S'il est énervé, elle le calme en le caressant doucement, d'un geste régulier. Mais s'il est endormi ou trop calme, le toucher devient un stimulus rapide et intrusif, pour amener l'enfant dans un état *alerte*. Les pères eux, ont plutôt tendance à donner de petites tapes à l'enfant, comme si leur rôle était de stimuler l'enfant pour le faire jouer. Et, en effet, le père et la mère ont — dès les premiers jours — un comportement radicalement différent à ce niveau (Dixon, 1980). Ce sont ces approches différentes qui aident l'enfant à distinguer les personnes importantes de son entourage.

L'IMPORTANCE DES STIMULI SENSORIELS ET SOCIAUX POUR LE NOUVEAU-NÉ

Cette richesse du répertoire du nouveau-né met à la disposition des parents des moyens très divers d'apprendre à le connaître. S'ils ne parviennent pas à entrer en contact avec lui par certains types de stimuli, il en existe beaucoup d'autres. Chaque nouveau-né a une sensibilité qui lui est propre, et il répond à sa façon aux différents groupes de stimuli. Les parents disposent de tout un éventail de possibilités pour communiquer avec leur enfant. Une fois qu'ils ont trouvé les stimuli appropriés, quelques coups d'essai seulement suffisent à l'enfant pour les assimiler, et il développe très vite des « attentes » déterminées. Ses stimuli préférés déclenchent des réactions qui semblent avoir été « programmées ». L'accomplissement de ces réponses donne au bébé la satisfaction intérieure qui l'encourage à les répéter ; sa mémoire enregistre chaque expérience. Ainsi, à la fin de chaque cycle, la boucle de rétroaction détermine des attentes de plus en plus précises qui, à chaque fois qu'elles sont satisfaites, procurent à l'enfant une gratification.

L'enfant commence à faire connaissance de lui-même et de son univers durant sa vie intra-utérine et, à partir de la naissance, il progresse très vite. Le premier travail des parents, durant la période néonatale, consiste à découvrir les zones de sensibilité de leur enfant. Il leur faut aussi apprendre à le calmer et à le modérer, afin de lui permettre de prendre connaissance de ses propres systèmes de contrôle. Avec leur aide, il apprend à passer d'un état à un autre et à prendre le temps d'assimiler les informations, à maintenir un équilibre entre le rejet des stimuli perturbateurs et la prise en compte des stimulations « intéressantes », et à concentrer et maintenir son attention sur les messages importants du milieu ambiant. Ces conditions sont essentielles pour son développement, au même titre que l'alimentation et les divers soins.

Il existe une technique d'observation qui permet d'obtenir un tracé graphique de ces réponses chez un nouveau-né par l'enregistrement de son rythme cardiaque au moment de la réponse. Lorsque l'enfant est intéressé par un stimulus nouveau, il se calme et son rythme cardiaque ralentit. En revanche, si le stimulus est désagréable ou qu'il ne l'intéresse pas, son rythme cardiaque augmente et, finalement, l'enfant sursaute. Cette technique est utilisée dans le cas d'enfants malades ou prématurés pour vérifier que leur cerveau est indemne, bien que leurs réactions soient lentes. De plus, les tracés montrent bien qu'un stimulus négatif ou gênant perturbe l'enfant, tandis qu'un stimulus positif ou approprié a un effet apaisant et réorganisateur. Les travaux de Gerald Lucey sur des prématurés sur lesquels on avait placé des détecteurs d'oxygène en apportent la confirmation. Ainsi, quand on présente à ces enfants un stimulus négatif, leur taux d'oxygène dans le sang chute de moitié ; et si le stimulus est positif, le taux d'oxygène augmente nettement. Cela indique que même un système cardio-vasculaire immature réagit à la stimulation, qu'elle soit positive ou négative.

Dans mon service, les Drs Sprunger et Gorski ont obtenu des résultats extrêmement positifs en mettant à profit cette découverte pour le traitement de prématurés souffrant d'une insuffisance respiratoire chronique, dont l'état de santé stagnait depuis des semaines, et qui ne prenaient pas de poids en dépit d'un gavage par sonde, tous avaient un âge conceptionnel ne dépassant pas trente-quatre semaines et pesaient moins de deux kilos ; ils étaient en incubateurs, sous respirateur, et leur demande en oxygène restait stationnaire.

Dans le cas de deux de ces enfants, les chercheurs réduisirent l'éclairage trop violent d'une nurserie à haut risque (et que l'on dit nécessaire pour permettre aux infirmiers de surveiller l'évolution de l'état de santé des nouveau-nés). La nuit, on tendait un drap au-dessus des incubateurs pour donner à ces deux bébés un peu d'obscurité, et aussitôt, les nourrissons ouvraient les yeux et se mettaient à regarder autour d'eux avec intérêt.

Au bout d'une semaine de cette alternance de lumière et d'obscurité, leur état de santé commençait à s'améliorer : ils prenaient du poids et leur demande en oxygène diminuait. Le changement était si net que les infirmières prirent l'habitude de couvrir aussi les incubateurs des bébés dont l'état de santé ne nécessitait pas une surveillance de tous les instants. Même un adulte ne pourrait survivre à un éclairage violent et permanent ; il est désormais prouvé que les fonctions pituitaires normales du cerveau sont tributaires du cycle quotidien d'alternance de lumière et d'obscurité.

A l'occasion d'une autre expérience, on avait noué aux pieds d'enfants prématurés un cordon solidaire d'un mobile suspendu au-dessus de l'incubateur. Et quand l'enfant remuait le pied, le mobile bougeait. Les nourrissons observaient la chose avec le plus grand intérêt et semblaient très vite comprendre que c'était *eux* qui faisaient bouger le mobile. Ainsi, même un enfant aussi fragile se rend compte qu'il peut agir sur son environnement, et cette prise de conscience a un effet bénéfique pour sa croissance et son évolution.

J'ai eu moi-même une expérience encourageante de ce type avec un prématuré de moins d'un kilo, dans une nurserie à haut risque. Ses poumons ne s'étaient pas déployés suffisamment et il souffrait d'une insuffisance respiratoire grave ; il n'avait pas pris de poids dans les six premières semaines, et infirmières et médecins étaient découragés. Comme ils craignaient que le cerveau du bébé ne fût gravement endommagé, ils me demandèrent de tester ses réactions. Il était sous respirateur automatique ; je le pris dans mes bras : c'était sa première sortie de l'incubateur. Quand je me mis à parler à cet être fragile et minuscule, il retint sa respiration et, ayant trouvé d'où venait la voix, il se tourna vers mon visage. Le même scénario se reproduisit trois fois de suite.

Je demandai alors à l'infirmière qui s'occupait de lui de venir se placer de l'autre côté de l'enfant et de parler en même temps que moi. Cette fois encore, il bloqua sa respiration, fit une moue dubitative comme s'il réfléchissait, sembla avoir pris sa décision, et se tourna vers elle. Au deuxième essai, qui se solda par le même résultat, elle me demanda de lui donner le bébé et, en le regardant, elle lui dit doucement : « Maintenant, ça va aller mieux, n'est-ce pas ? »

Depuis ce jour-là, l'infirmière prit l'habitude de sortir le bébé de son incubateur pour le nourrir à la sonde de gavage, de le prendre dans ses bras, et de lui parler. Très vite, il commença à prendre du poids et dans les dix jours, il n'eut plus besoin du respirateur. En moins de trois semaines, il quittait l'incubateur et trois semaines plus tard, il était chez lui. A quatorze mois, il vint me voir à mon cabinet ; il marchait, souriait et commençait à parler. Il marchait avec les pieds légèrement écartés, ce qui dénotait une paralysie bénigne ; mais pour le reste, il était en parfaite santé. Ainsi, il avait lui-même radicalement changé sa vie en « répondant » si spontanément à son infirmière.

6

Revenir ensemble à la maison

DÉSORDRE ET AJUSTEMENT

Même si les parents sont très attachés à leur enfant, même s'ils ont l'expérience du maternage, même si l'accouchement et le séjour à la maternité se sont déroulés sans encombre, et même s'il n'y a eu aucun problème pour l'enfant pendant qu'il était à la maternité, revenir avec lui à la maison est un obstacle difficile. Dans le meilleur des cas, les trois premières semaines seront exténuantes. Non qu'il n'y ait pas de récompenses à s'occuper d'un enfant et à observer les nouveaux exploits qu'il accomplit en peu de temps, mais la plupart des parents se sentent dépassés et coupés du reste du monde pendant cette période. Apprendre à devenir une famille nouvelle et réorganisée constitue une grande étape, et exige beaucoup. Cette phase nouvelle intervient à un moment où la jeune mère est encore affaiblie, tandis qu'elle se rétablit de l'accouchement, et qu'elle est en pleine période de réorganisation.

L'ajustement psychologique qui accompagne cette réorganisation physique est connu sous le nom de « cafard » des accouchées. Il faut savoir que plus la mère a à cœur de bien faire pour le bébé, plus cette période exige d'elle psychologiquement. Quant au père, pendant cette période de convalescence de sa femme il vit sur les nerfs ; tantôt il exulte, tantôt il se sent débordé par cette nouvelle responsabilité. Et, en même temps, il risque de se sentir exclu durant la « réadaptation » de sa femme, et aussi parce qu'il n'a encore qu'une lointaine relation avec le bébé. Si les grands-parents viennent à la rescousse, ils risquent, par leur énergie et leur enthousiasme, d'en faire trop et d'apporter une stimulation excessive — à un moment où les jeunes parents ont besoin de tranquillité.

L'enfant commence alors à peine à s'éveiller et à progresser. Son univers sensoriel s'élargit rapidement, et devient souvent trop absorbant. Cette arrivée à la maison perturbe à la fois ses rythmes et l'équilibre qui a pu se mettre en place chez lui après la naissance.

Après la dépression initiale et la période de repli que connaissent la plupart des bébés aux deuxième et troisième jours, l'enfant parvient à un état d'éveil fortement réactif à peu près au moment où, avec sa mère, il quitte la maternité. Ce qui signifie que le premier jour, c'est un bébé désorganisé et plutôt imprévisible qui arrive à la maison.

Ce stress a-t-il un but ? Pourquoi n'y a-t-il pas plus de familles qui éclatent alors ? Il est vraisemblable que cette période de désorganisation conduise à une nouvelle organisation qui sera le fruit de la disponibilité totale des trois participants vis-à-vis les uns des autres et de l'enthousiasme que fait naître chez eux cette nouvelle relation. Heureusement, cette période s'accompagne d'une sorte de torpeur, étant dominée par la fatigue physique. Et une sorte d'amnésie la fait considérer rétrospectivement comme ayant été heureuse. Pendant ce temps, les parents et l'enfant font connaissance et commencent à bâtir le bonheur de leur nouvelle vie de famille. Mais il ne faut pas sous-estimer les difficultés qui peuvent surgir.

UN BÉBÉ IMPORTANT

M. et Mme Johnson avaient attendu près de cinq ans avant d'avoir un enfant. Ils se connaissaient déjà depuis deux ans quand ils s'étaient mariés et ce mariage devait sceller leur désir commun d'avoir beaucoup d'enfants. Cora Johnson était issue d'une famille noire du sud des Etats-Unis, c'était une famille nombreuse, et cette vie mouvementée lui manquait. Maintenant qu'elle habitait une ville du Nord, elle regrettait cette espèce de complicité entre frères et sœurs, et elle regrettait aussi les parents qui les grondaient régulièrement, ce qui ne les empêchait nullement de n'en faire qu'à leur tête.

Mais les disputes à n'en pas finir et les taquineries pour lesquelles toute occasion était bonne, tout cela faisait une sorte de nid où l'on se sentait en sécurité et où il faisait bon vivre. M. Johnson lui, avait passé son enfance dans la grande ville de Detroit et il était fils unique. Son père militait au sein de la National Association for the Advancement of Colored People à une époque où c'était un risque, pour lui comme pour sa famille.

Enfant, Johnny Johnson avait connu la solitude d'être enfant unique, un enfant noir dans une famille activiste, sensible et remuante, et qui semblait brouillée avec le monde de Blancs qui les entourait. Johnny se sentait isolé de ses camarades noirs, du fait de ses goûts intellectuels et de son tempérament sérieux. C'était un garçon réfléchi, sensible, et il rêvait d'avoir un jour une relation profonde. Aussi, quand il rencontra sa future épouse, une femme gentille, décontractée et sûre d'elle extérieurement, ce fut comme si elle lui faisait découvrir un monde nouveau. Il voulut avoir un enfant qui ressemblât à sa femme et qui serait le compagnon qu'il aurait tant aimé avoir durant son enfance trop solitaire.

A partir du moment où Cora et Johnny furent mariés, ils passèrent le plus clair de leur temps à désirer cet enfant. Mais le moment tant attendu ne venait pas. Au bout d'un an de mariage, ils étaient déçus, et chacun se sentait coupable et commençait à douter de lui-même.

A la fin de la deuxième année, leur relation s'était dégradée. Ils se faisaient sans cesse des reproches, se disputaient pour des vétilles, et la vraie question restait sous silence : « Pourquoi n'arrivons-nous pas à avoir un enfant ? » Cora était attachée de direction et son travail l'aidait à compenser car elle s'y donnait entièrement ; mais leur union en souffrait.

La troisième année, ils étaient si inquiets et leurs relations si tendues qu'ils finirent par s'en remettre aux médecins. Les affres du spermogramme, de la manipulation des organes génitaux, des rayons X, le fait de devoir tenir des courbes de température, et d'avoir des rapports sexuels forcés — et chronométrés, qui plus est — tout cela leur donnait l'impression d'être anormaux. Leurs anciens complexes d'inadaptation se trouvaient ravivés et refaisaient surface.

Après quatre années de mariage, tout semblait indiquer qu'ils n'auraient pas la famille dont ils avaient rêvé, et ils en étaient à se demander s'ils allaient pouvoir rester ensemble. Ces quatre années d' « essai » avaient montré qu'ils tenaient beaucoup l'un à l'autre, mais que le moindre différend pouvait prendre une ampleur démesurée du fait de leur hypersensibilité sur ce problème. Ils avaient déjà entrepris les démarches pour adopter un enfant — et avaient obtenu une réponse favorable — quand ils surent que Cora était enceinte. Ils étaient à la fois ébahis et dépassés par ce qui leur arrivait, et ils éprouvaient un mélange de joie et d'incrédulité. Ils osaient si peu y croire qu'ils tergiversaient pour savoir si Cora ferait mieux de rester au repos ou si elle devait poursuivre ses activités normales. Et le miracle devenait un peu plus réel avec chaque jour qui passait. Pourtant, la question de savoir s'ils devaient adopter un enfant avait créé un véritable conflit. Ils craignaient que Cora ne fît une fausse couche s'ils renonçaient au bébé qui leur avait été promis. Mais au fond d'eux-mêmes, ils voulaient garder toute leur énergie pour leur enfant. Finalement, après s'être assurés que d'autres parents étaient prêts à adopter l'enfant, ils mirent tous leurs espoirs dans la grossesse de Cora.

Je suis toujours étonné de voir à quel point la situation est fréquente : des couples qui apprennent qu'ils sont stériles et dont les efforts pour faire un enfant ont été infructueux, deviennent féconds à partir du moment où la pression est relâchée. Que ce soit parce qu'ils renoncent, et donc sont plus décontractés, ou parce que la promesse de pouvoir adopter un enfant modifie un équilibre interne — toujours est-il qu'une grossesse intervient. Mais trop souvent, la grossesse suit une adoption réelle, et un couple auparavant sans enfant se retrouve avec deux enfants sur les bras. Et les conflits qui en résultent font que les parents ne peuvent se consacrer pleinement ni à l'un ni à l'autre de leurs deux enfants.

Dans le cas de M. et Mme Johnson, leur désarroi et le sentiment de responsabilité qui les avait fait décider d'adopter un enfant leur avaient rendu très pénible d'avoir à abandonner cet enfant, même s'ils en attendaient un eux-mêmes.

Les parents investissent affectivement dans l'enfant qu'ils s'apprêtent à adopter, de la même façon que dans le fœtus porté dans le ventre maternel. Pour eux, la décision de l'abandonner est déchirante.

Il est difficile d'élever deux enfants en même temps, et M. et Mme Johnson avaient bien fait de garder toutes leurs ressources pour leur propre enfant. Avoir son premier enfant demande un gros investissement de soi, et il faut que les sources de conflit soient aussi minimes que possible. Inévitablement, il y a des moments — les parents de jumeaux pourraient le confirmer — où le fait d'avoir deux enfants à charge, épuise jusqu'à la limite les ressources des parents. Les jumeaux peuvent être considérés comme ne faisant qu'un seul, et cela permet aux parents de tenir. C'est, en revanche, plus difficile dans le cas d'un enfant adopté et d'un enfant naturel, qui ne sont pas tout à fait du même âge.

M. et Mme Johnson étaient ébahis de voir que la grossesse se passait si bien. Ils suivaient la moindre recommandation au pied de la lettre. Mme Johnson consultait des médecins, demandait conseil à sa mère, lisait des livres sur le sujet. Elle renonça à la cigarette, au vin et à la bière, et ne voulut plus prendre d'aspirine quand elle souffrait de maux de tête. Elle était bien décidée à donner à son enfant toutes les chances. M. Johnson participait et ils se sentaient aussi unis qu'aux premiers jours de leur rencontre.

Le stress que représente la stérilité pour chacun des partenaires et pour le couple lui-même, ainsi que les examens et les analyses nécessaires pour remonter à la source de l'incapacité d'avoir un enfant, sont démoralisants et dégradants. Une telle expérience risque de saper l'image qu'une personne a d'elle-même. Et, en effet, beaucoup de mariages cassent ;

mais ceux qui survivent à un passage aussi difficile s'en trouvent souvent consolidés.

Plus l'accouchement approchait, plus M. et Mme Johnson étaient nerveux. L'attente était mêlée d'appréhension, et chacun prenait ses distances pour se préserver de la tension qu'il sentait chez l'autre. Mme Johnson finit par demander à sa mère de venir — pensant qu'elle serait d'un soutien précieux pour tous les deux. Mme Moore était à la fois une mère et une grand-mère pleine d'expérience. Elle était d'un calme imperturbable, parlait très peu, mais leur offrait la sérénité dont ils avaient besoin.

La facilité avec laquelle le travail et l'accouchement se déroulèrent contrastait avec l'état de tension dans lequel était Mme Johnson. Son mari prit part au travail et il assista aussi à l'accouchement. Et Mme Johnson mit au monde une belle petite fille de 3,600 kilos. Ils étaient heureux jusqu'au ravissement, comme s'ils étaient parvenus au terme d'un long cauchemar. Leur appréhension, leurs craintes que l'enfant soit malformée s'estompèrent dès qu'ils la virent, qu'ils purent la prendre, et qu'après l'avoir examinée, l'accoucheur leur dit qu'elle était en parfaite santé. Il leur annonça le score Apgar : « 9,9 et 10. On ne peut faire mieux ».

Le score Apgar consiste en la mesure — en salle d'accouchement — de cinq « réponses », à une, cinq, et quinze minutes, après l'accouchement. Cette mesure porte sur le rythme cardiaque, la couleur de la peau, la capacité respiratoire, le tonus moteur et la réactivité, et la réaction de l'enfant à une stimulation légèrement douloureuse de la plante du pied ou du lobe de l'oreille. Dans chacun de ces domaines, chaque réaction optimale est sanctionnée par deux points. Dans la mesure où la plupart des bébés sont légèrement bleus (ou « cyanosés »), juste après la naissance (car la circulation sanguine qui jusque-là était dépendante du placenta maternel devient autonome), leur premier score Apgar pour la coloration de la peau est généralement grevé de 1 point. Donc un score de 9 à la naissance est effectivement « parfait ».

On a souvent tendance à se baser sur le score Apgar pour prédire la santé future de l'enfant et l'on s'en sert trop souvent à tort comme du Q.I. Le score Apgar n'a d'autre but que de tester les réactions de l'enfant au stress de l'accouchement et sa réadaptation à son nouvel univers. En outre, en salle d'accouchement, le score Apgar présente l'intérêt d'amener les personnes présentes à concentrer toute leur attention sur le nouveau-né pendant les tests.

Bien souvent, on annonce aux parents les scores Apgar, en particulier s'ils sont bons, comme s'ils devaient les aider à connaître leur enfant. Mais ils n'ont qu'une valeur indicative, et servent surtout à montrer aux parents que le nouveau-né est bien portant.

LE PREMIER OBSTACLE

M. et Mme Johnson en apprirent beaucoup sur leur bébé, qu'ils appelèrent Anna, durant les trois jours qu'elle passa à la clinique. C'était un bébé très facile à vivre ; tout ce qui l'intéressait, c'était manger et dormir. Les infirmières disaient : « C'est une merveille. » Et cela semblait bien être le cas. Mme Johnson commençait à avoir les seins gonflés et endoloris ; et, dès le troisième jour, elle semblait avoir beaucoup de lait. Anna était bien éveillée et elle tétait avec appétit.

Tout le petit monde était prêt pour la sortie de la maternité, et M. et Mme Johnson étaient très impatients de se retrouver en famille. Ils étaient d'ailleurs si sûrs d'être capables de s'occuper tout seuls d'Anna qu'ils renvoyèrent Mme Moore chez elle. Elle les avait soutenus pendant la période de crise et maintenant, ils voulaient continuer tout seuls.

L'après-midi et la soirée du premier jour se passèrent très bien. Le médecin de Mme Johnson leur avait conseillé de refuser les visites, ce qu'ils faisaient. Des amis et des parents téléphonèrent pour les féliciter et chaque fois que la sonnerie du téléphone retentissait, ils sursautaient tous les trois. Anna pleurnichait un peu à chaque interruption, mais elle se rendormait très vite.

Je ne saurais que trop insister sur l'importance pour la famille de préserver sa vie privée durant cette période importante. Toute visite se solde par un ensemble de stimuli auxquels il faut s'adapter et la surcharge qu'ils représentent dépasse de beaucoup les bénéfices de cette visite. C'est pourquoi, pour ma part, je recommande systématiquement aux jeunes parents de restreindre les visites à une ou deux personnes de la famille proche ou aux seuls amis intimes — donc, aux seules personnes qui pourront les aider. Ainsi, les parents peuvent réserver leur énergie pour le gros du travail qui les attend.

Mme Johnson se sentait tout à fait capable de s'occuper d'Anna et elle était suffisamment en forme pour préparer le dîner. Anna se réveilla toutes les trois heures pour réclamer la tétée jusqu'à 2 heures du matin. Ensuite, elle devint plus agitée et se réveilla toutes les deux heures. Quand sa mère lui donnait le sein, Anna ne faisait qu'une gorgée du trop-plein de lait. Et, à la tétée de 6 heures du matin, la poitrine maternelle était si gorgée de lait qu'il coula abondamment quand Anna se mit à téter. Elle avala à pleine gorge, et faillit s'étouffer. Mme Johnson fut prise de panique et renversa Anna presque la tête en bas pour dégager son nez et sa bouche. Les tapes que sa mère lui donnait sur le dos eurent pour effet de lui faire rendre tout son repas ; elle suffoquait, pleurait et s'étouffait encore plus. Affolée, Mme Johnson manqua de la faire tomber. Son mari vint à la rescousse, et prit l'enfant pour la calmer. Anna était épuisée, et elle s'endormit. Mme Johnson pleura à chaudes larmes. « J'ai cru que j'allais la perdre ! » M. Johnson la réconforta et lui dit de se recoucher ; il s'occuperait d'Anna. Mme Johnson était persuadée que son lait était devenu « mauvais » et que c'était cela qui avait provoqué l'incident.

Le désordre qui accompagne la naissance d'un enfant est latent, et le moindre incident peut le déclencher. Tous les parents passent par là.

M. Johnson avait pris Anna dans ses bras pour la calmer et pour permettre à Mme Johnson de se reposer, mais l'enfant était de plus en plus agitée. Elle se mit à pousser des vagissements forts et perçants et il ne parvenait pas à la calmer. Jamais ils ne l'avaient entendue crier ainsi ; ils étaient affolés et se demandaient ce qui n'allait pas. Ils craignaient qu'elle ne souffre beaucoup. Mme Johnson n'y tint plus et appela son médecin pour lui demander conseil. Pour lui, l'incident était sans conséquences, mais il s'efforça de la réconforter. Il lui dit qu'elle « s'en faisait trop » parce que son enfant avait tout simplement vomi, ajoutant qu'un bébé ne risquait pas de s'étouffer aussi facilement ; il n'y avait donc pas lieu de s'inquiéter.

En effet, un nouveau-né possède de merveilleux mécanismes de défense qui l'empêchent de s'étouffer. Sans cela, il ne pourrait pas survivre au mucus qui obstrue ses voies respiratoires à la naissance. Cependant, pour les tranquilliser, le médecin de M. et Mme Johnson aurait pu leur expliquer pourquoi Anna s'était mise subitement à rendre. Selon toute vraisemblance, l'incident était d'origine « mécanique ». Lorsque les seins de la mère sont gorgés de lait, celui-ci risque de couler trop abondamment. Dans ces conditions, le nourrisson avale d'emblée trop de lait, mais aussi, trop d'air. Cet air forme une grosse bulle en dessous du lait et peut le faire remonter à tout moment. Or, tout ce qui descend peut logiquement remonter de la même façon. Diverses précautions auraient permis à Mme Johnson d'éviter l'incident. Par exemple, elle aurait pu prendre l'habitude de commencer très progressivement chaque tétée. Ou bien, elle aurait pu purger elle-même le premier jet de lait de façon qu'ensuite l'écoulement soit plus régulier.

Je recommande toujours, après une tétée « bruyante », d'incliner l'enfant à une trentaine de degrés avant de lui faire faire son rot ; ainsi, sous l'effet de la gravité, le lait reste au fond et seule remonte la bulle d'air. Et si l'enfant fait un renvoi, ce ne sera pas de tout son repas. Beaucoup de nourrissons vomissent pratiquement après chaque repas, mais cela ne les empêche pas de prendre du poids et de se développer normalement. Le médecin de M. et Mme Johnson avait raison en disant que pour l'enfant, les renvois ne sont pas un problème. Mais pour les parents, c'en est un.

Mme Johnson fut bouleversée pour le restant de la journée. Elle se sentait encore plus tendue que lorsqu'elle était à la maternité, et elle s'en voulait d'être dans cet état. Elle voulait appeler sa mère pour lui dire de venir. Elle avait envie de retourner à la maternité — coûte que coûte, il fallait que pendant quelque temps, elle n'ait plus la responsabilité d'Anna. Mais elle ne pouvait pas laisser son mari s'occuper tout seul d'Anna. S'il arrivait quoi que ce soit, il ne saurait que faire. Et elle était sûre qu'il arriverait quelque chose.

Ces angoisses sont « normales » pendant la période de réadaptation et la plus ou moins forte dépression qui suit l'accouchement. Bien qu'elles soient totalement irrationnelles, la mère ne peut y échapper. Seuls le temps et l'expérience les feront disparaître. Et dans un même temps, puisque la jeune mère n'ose pas avoir confiance en elle, elle ne se fie pas non plus à son mari. Au travers de ses angoisses, transparaît entre elle et lui la rivalité pour le bébé.

Malgré le manque de confiance qu'affichait sa femme, M. Johnson se débrouillait bien avec Anna. Il changeait ses couches, lui parlait, et parvenait à la maintenir dans un état alerte mais calme après la tétée. Et quand elle s'agitait trop, il la remettait au lit. Mais craignant qu'elle ne s'étouffe, au moindre vagissement Mme *Johnson se précipitait, la retournait pour s'assurer que tout allait bien, et lui donnait le sein.*

Lors d'une autre tétée, dans un premier temps, Anna hoqueta, puis elle avala normalement ; si bien que Mme *Johnson finit par comprendre que le problème était dû au trop-plein de lait. Mais elle ne savait qu'y faire. Bien sûr, elle pouvait renoncer à allaiter Anna mais elle avait beaucoup attendu le moment de pouvoir lui donner le sein.*

Son mari ne voulait pas qu'elle renonce à nourrir l'enfant au sein, et il téléphona à la mère de Mme *Johnson pour lui demander de venir. M*^me^ *Moore écouta tranquillement le récit de ces deux allaitements agités, confirma qu'il s'agissait bien d'un problème « mécanique », comme Mme Johnson l'avait pressenti, et lui conseilla de nourrir l'enfant en position allongée. Mme Johnson trouva la chose absurde, car selon elle, l'enfant s'étouffait. Mais elle fit l'essai et en effet, la tétée suivante se déroula sans encombre.*

J'ignore la raison pour laquelle l'allaitement se passe généralement mieux en position allongée. On serait plutôt tenté de penser que sans l'aide de la gravité, il est plus difficile pour l'enfant d'avaler une quantité égale de lait ; mais ce n'est pas le cas. Il se peut que ce soit parce que la mère est plus détendue en position allongée : si elle manipule l'enfant avec plus de douceur, il fait plus attention en avalant.

Mme Moore suggéra aussi de rehausser Anna avec un oreiller après la tétée, et de la laisser un peu seule ; mais les parents s'y refusèrent. Ils avaient trop besoin de toucher Anna, de la prendre dans leurs bras ; et comme elle était bien éveillée après l'allaitement, ils pouvaient continuer à jouer avec elle. Jusqu'au moment où les chatouilles de son père l'excitèrent tant et si bien qu'elle rendit la moitié de son repas. Et il se sentit si coupable qu'il jura qu'on ne le reprendrait plus à la provoquer.

Ç'aurait été dommage, dans la mesure où le fait que le père est à l'aise avec l'enfant est un atout pour tous les trois. Un léger vomissement vaut bien le plaisir et la chaleur que procurent les moments de jeu après la tétée. Un jeune père a toujours besoin qu'on le pousse à se rapprocher de l'enfant, car les premiers temps, son manque d'expérience et son appréhension le freinent.

Pour la jeune génération de parents, la grande innovation réside justement dans le fait que l'on encourage le père à s'occuper plus activement des enfants. De fait, à une époque où la mère se trouve si insuffisamment soutenue, le père peut jouer un rôle capital. Non seulement il aide la mère, mais il apporte ses propres remarques, souvent très judicieuses, sur le maternage de l'enfant.

Margaret Mead m'a dit un jour que ce qui, dans notre société, pourrait sauver la cellule familiale, ce serait une participation plus égale du père à l'élevage des enfants.

DES SENTIMENTS MITIGÉS

Les jours suivants, Anna devint de plus en plus difficile. L'issue de la tétée était imprévisible. Craignant qu'elle ne vomisse, Mme Johnson la manipulait avec précaution ; et elle éprouvait un sentiment d'échec chaque fois qu'Anna rendait un peu de lait. Elle se demandait si c'était son lait qui ne convenait pas à l'enfant ; elle adopta un régime plus strict et continua de veiller sans discontinuer sur Anna, car elle était inquiète. L'enfant était de plus en plus agitée ; elle se mettait à pleurer sans raison apparente. Quand on la prenait, elle se calmait, mais dès qu'on la posait, elle recommençait à s'agiter. M. Johnson était maintenant plus à l'aise avec Anna. Il eut l'idée d'acheter une berceuse. Et, en effet, en berçant leur fille, ils parvenaient à l'endormir. C'était tout un art, car il fallait trouver la cadence exacte, pas trop lente afin de ne pas exciter l'enfant, et pas trop rapide pour ne pas la surstimuler. Mme Johnson était atterrée de voir que son mari s'en sortait si bien. Sa technique à elle n'était pas aussi au point ; à chaque fois, elle commençait à bercer l'enfant et, voyant que ce n'était pas efficace, elle renonçait trop vite. Son indécision transparaissait aussi bien quand il s'agissait de bercer Anna que dans son comportement quotidien. Elle sentait qu'elle perdait tout empire sur elle-même, et redevenait jalouse des succès de son mari avec Anna. Elle en arrivait même à en vouloir à Anna quand elle ne parvenait vraiment pas à communiquer avec elle. Tout cela lui était d'autant plus pénible qu'Anna était un bébé « parfait » et adorable, quand elle était calme. Parfois, Mme Johnson se prenait à regretter l'époque où ils n'avaient pas d'enfant. Et cela l'effrayait.

Mais elle s'inquiétait à tort ; tous les jeunes parents connaissent cette ambivalence à partir du moment où tout ne se passe pas pour le mieux. Il est normal que Mme Johnson éprouve des sentiments mitigés à l'égard de son enfant. Toutes les mères craignent que leur ressentiment ne fasse du mal à leur enfant. Dans des cultures primitives, on parlera du « mauvais œil », et la mère redoutera par ses « mauvaises » pensées, de faire souffrir son enfant. Cette crainte est universelle, et la rancœur sous-jacente ressort d'un besoin d'autoprotection. Une mère est toujours extrêmement déçue de ne pas réussir à franchir sans encombre la première phase d'adaptation. Ce qui l'amène à le reprocher à son entourage et inévitablement, à son enfant si elle sent qu'elle ne peut pas communiquer avec lui.

Mais des mécanismes de compensation interviennent ; car, si cette insatisfaction devait durer, l'enfant en pâtirait et cette phase difficile risquerait de se solder par un abandon. Chez toutes les mères qui elles-mêmes ont été entourées d'affection dans leur enfance et qui bénéficient du soutien de leur entourage actuel, le besoin instinctif de materner l'enfant sans défense reprend le dessus. Et les réponses qu'elles trouvent chez l'enfant renforcent ces instincts. Après une phase de pleurs, le fait de voir l'enfant se calmer constitue un profond soulagement et une source de plaisir. Et lorsqu'une tétée s'est passée sans encombre et que l'enfant est alerte, chaque réponse de sa part récompense la mère pour avoir surmonté la période d'agitation et d'absence de réactions.

LE PÈRE ET LA MÈRE : DES RYTHMES DIFFÉRENTS

Après la tétée, Anna prit l'habitude de rester assise dans sa chaise, à attendre de faire son rot avant de redevenir alerte et prompte à réagir. Quand sa mère se penchait au-dessus d'elle pour lui parler, elle écarquillait les yeux et ses traits s'adoucissaient. Tandis que sa mère lui parlait doucement, Anna la regardait et ses pupilles se dilataient et se rétractaient en un va-et-vient lent et régulier, en réponse au visage, à la voix et aux caresses maternelles. Elle étendait insensiblement les bras et les jambes vers sa mère, puis elle les ramenait doucement à elle. Chaque geste était en cadence avec la voix de sa mère (cf. les travaux de Condon, en 1974). Si son père s'approchait de façon à être vu d'elle, en lui parlant d'une façon plus saccadée et en tendant la main pour lui donner de petites tapes ou pour la secouer doucement, Anna se redressait. Elle rentrait la tête dans les épaules et, dans l'expectative, elle ouvrait grand les yeux et son expression se figeait tandis qu'elle l'observait.

M. Johnson aimait bien la provoquer pour obtenir une réponse plus animée et, de fait, il parvenait généralement à ses fins. Avec lui, tantôt Anna avait des gestes plus vigoureux dans sa direction, tantôt elle se tenait tranquille ; mais dans un cas comme dans l'autre, cela durait plus longtemps. Même sa respiration était plus rapide et plus heurtée qu'avec sa mère.

Dans notre laboratoire du Children's Hospital de Boston, les Drs Heidelise Als, Ed Tronick, Barry Lester et moi-même avons étudié ces patterns d'interaction entre des nourrissons et leurs parents, à partir d'enregistrements vidéo de séquences de jeu. Conjointement, les Drs Suzanne Dixon et Michael Yogman ont montré que dès l'âge de trois à quatre semaines, de nettes différences apparaissent dans les réponses de l'enfant vis-à-vis de sa mère ou de son père. Par exemple, si c'est sa mère qui est en face de lui, l'enfant tend à mener lui-même l'interaction. Son expression s'anime, ses bras et ses jambes se tendent peu à peu vers sa mère, puis se replient en un mouvement lent et rythmé.

Lorsque sa mère essaie de l'engager dans une interaction, le visage et les yeux de l'enfant s'éclairent, exprimant le plus vif intérêt ; et quand il se replie sur lui-même, son expression redevient morne. Souvent, il ferme les yeux ou détourne le regard pour se reposer de l'attention soutenue qu'il vient de fournir. Dans la mesure où ces cycles de regard intense alternant avec repli sur soi se répètent quatre fois par minute, on ne peut les observer qu'en passant le film au ralenti. On voit alors un enfant calme mais alerte, à l'expression sereine et à l'attitude très détendue.

Le visage de la mère est lui aussi détendu et serein pendant qu'elle joue avec l'enfant en lui parlant ou en faisant des mimiques expressives. Le jeu de la mère est cadencé, et il est intimement lié aux rythmes des séquences du comportement de l'enfant, suivant l'alternance de ses états alertes et de repli sur soi. Quand le nourrisson accède à l'état alerte, la mère peut vocaliser doucement, lui adresser un regard animé, ou un geste affectueux. Lorsque le regard de l'enfant devient morne ou quand il a tendance à fermer les yeux, la mère tempère et ralentit automatiquement son jeu.

En étudiant le film au ralenti, on voit que la mère suit les règles du jeu imposées par l'enfant ; elle s'avance et se retire d'une façon parfaitement synchronisée avec le comportement du bébé. En ne le quittant pas du regard, elle exerce en quelque sorte un contrôle—pour l'empêcher de se dérober — en gardant les mains sur les cuisses ou les fesses de l'enfant, ou en retenant son attention par le regard ou par des vocalisations douces et ininterrompues. Et, sur ce fond de contact par le toucher, le regard, ou la voix, elle superpose les signaux de jeu : toucher/retrait ; sourire/impassibilité ; vocalisation/silence ; carresses/interruption du geste ; inclinaison de la tête en avant/renversement de la tête en arrière. Chaque période d'attention de l'enfant lui permet de recevoir un signal différent, qui s'atténue à la réception ; il peut ainsi maintenir le rythme d'attention et de récupération qui est la dominante de son comportement et qui résulte du besoin d'un contrôle homéostatique sur ses systèmes physiologiques immatures.

Comme je l'ai dit précédemment, il coûte beaucoup à l'enfant d'être trop absorbé ou trop excité par sa réponse à son entourage. Or, s'il est surexcité, il s'isole très vite. Si sa mère attend de lui qu'il fournisse une attention soutenue, elle doit adapter ses propres réactions et les signaux qu'elle lui adresse, aux rythmes modérés de l'enfant. Elle peut ensuite maintenir l'enfant attentif et élargir peu à peu l'éventail des signaux à son intention. Pour mes collègues et moi-même, il s'agit là des fondements mêmes de l'aptitude précoce de l'enfant à une communication sociale.

Par les réponses que chacun produit aux rythmes de l'autre, la mère et l'enfant se font mutuellement savoir qu'ils sont effectivement en contact, et qu'ils sont liés l'un à l'autre à plusieurs niveaux. Et cela semble bien constituer le début du développement affectif de l'enfant, en même temps qu'une occasion pour lui de commencer à découvrir le monde qui l'entoure. De plus, en faisant l'apprentissage des contrôles internes nécessaires pour maintenir une attention sans cesse plus soutenue, il se découvre aussi lui-même. Sa mère peut lui donner les bases de cet apprentissage en s'alignant sur les rythmes de l'enfant et en l'aidant, par le biais de cette synchronisation, à rester dans un état alerte d'interaction.

Il m'est arrivé d'observer un exemple de ce contrôle, par la mère, dans le cas d'un bébé qui avait le palais fendu et était affligé d'un bec-de-lièvre. La malformation était très voyante et lui donnait une expression faussée. Chaque fois que l'enfant était excité et que sa respiration s'accélérait, un excédent de salive dans la gorge le faisait suffoquer, car le défaut de son palais le gênait pour avaler. Aussi, quand un stimulus l'intéressait, il se mettait à respirer plus vite, sécrétait plus de salive, et pour finir, il s'étouffait. Si bien que cela coupait systématiquement court à toute période d'attention.

L'enfant avait quatre semaines lorsque sa mère nous l'amena pour l'enregistrement vidéo ; et nous remarquâmes que lorsqu'elle le regardait, elle avait le visage convulsé. Ses grimaces imitaient celles de son enfant ; c'était à croire que son inquiétude allait jusqu'à la faire copier son enfant avec des expressions si peu séduisantes. Elle imitait même la respiration heurtée et bruyante de l'enfant ; manifestement, la mère était en pleine réaction de deuil. Peu à peu, nous commençâmes à comprendre ce qui se passait réellement. En imitant les grimaces et la façon de respirer de son enfant, elle pouvait capter son attention, se synchroniser sur ses rythmes, l'aider, quand il s'agitait, à se dominer pour ne pas réagir avec excès, et ce tout en le maintenant dans un état alerte et excité. En modérant ainsi des réactions de l'enfant, elle pouvait lui apprendre à sourire, à vocaliser, à se montrer animé et à se calmer, en évitant les réactions trop fortes qui risquaient de le faire s'étouffer.

Comme il a été dit plus haut, le père tend à établir un pattern d'interaction différent avec son enfant. Nos observations nous ont permis de constater que les pères sont, à l'instar de M. Johnson, très portés à exciter l'enfant en augmentant le rythme de l'interaction. Un jeune père aime généralement chatouiller l'enfant ou lui donner de petites tapes en divers endroits du corps, souvent sur les joues, afin de le rendre plus réactif. Et, par ses gestes et ses expressions amplifiés, il dit à l'enfant : « Nous allons jouer. »

Dans un premier temps, le bébé observe les grimaces de son père comme s'il essayait de s'y adapter et de les comprendre. Il rentre la tête dans les épaules et sourcille d'impatience. Quand il sera un peu âgé, cela le fera éclater de rire, et il fera des bonds sur son lit, tant il aura hâte de poursuivre l'interaction.

Au fil du temps, l'enfant fait une distinction de plus en plus nette entre ses parents. Ainsi, à trois semaines, la différence est telle qu'il suffit d'observer un gros plan d'un orteil de l'enfant, d'un doigt, d'une main, ou d'un pied, pour savoir de façon certaine s'il est en interaction avec sa mère ou avec son père.

S'il est avec son père, c'est tout son corps qui est

plus réactif, et ses mouvements sont plus heurtés.

Si un bébé de trois semaines est installé dans sa chaise et que sa mère se place derrière lui et lui parle, il fait une grimace, ses traits s'adoucissent, et ses jambes et ses bras sont animés d'un mouvement lent, régulier et prévisible.

Si le père prend la place de la mère et parle à l'enfant, il rentre la tête dans les épaules, son visage s'allonge, et il hausse vivement les sourcils ; dans l'expectative, il se fige, et quand ensuite il recommence à bouger, ses gestes sont heurtés. Ces patterns sont prévisibles et ils se reproduisent systématiquement quand son père ou sa mère lui parlent.

Dans leur ensemble, les différents patterns montrent bien qu'il est important que chaque membre de la famille possède un assortiment prévisible de signaux lui servant à faire savoir à un autre membre de la famille : « Je te connais ! Tu comptes beaucoup pour moi ! » Et le fait que ces patterns soient présents de façon si précoce témoigne de leur valeur adaptative. Ils lient spécifiquement chacun des parents à l'enfant.

M. Johnson savait déjà tirer d'Anna un regard brillant qui lui disait : « Joue avec moi ! » Mme Johnson voyait cela d'un œil jaloux, car les regards qu'Anna lui adressait étaient plus sérieux. Elle la regardait alors avec des yeux ternes, faisait une grimace, et quand elle la prenait dans ses bras, l'enfant cherchait aussitôt le sein. Et Mme Johnson se sentait un peu comme une machine à donner du lait. Jamais sa fille ne lui accordait un regard animé tant qu'elle n'avait pas eu sa tétée. Il y avait quelque chose d'intéressé dans tout cela, et Mme Johnson se sentait exploitée.

SOMMEIL ET ÉVEIL : AIDER L'ENFANT À TROUVER UN PATTERN DE COMPORTEMENT

Après avoir été agité pendant quelques jours, l'allaitement redevint peu à peu plus tranquille. Mme Johnson donnait le sein à Anna toutes les deux ou trois heures ; c'était peut-être beaucoup mais au moins, le plus souvent, elles étaient toutes les deux couchées. Et à partir du moment où Mme Johnson suivit le conseil de sa mère et prit l'habitude d'asseoir Anna après chaque tétée, tout se passa sans problème.

Sagement, Mme Moore avait conseillé à sa fille : « On ne sait pas toujours pourquoi un bébé est agité. Si le fait que tu donnes le sein à Anna, que tu la promènes, et que tu la changes, ne donne rien, peut-être qu'il vaut mieux la laisser se débrouiller toute seule. » Au début, Mme Johnson ne pouvait s'y résoudre et, chaque fois qu'Anna pleurnichait ou qu'elle bougeait dans son lit, elle se précipitait à son chevet. Et elle la promenait jusqu'à ce qu'elles tombent toutes les deux de fatigue. Mais dès que Mme Johnson reposait Anna, celle-ci se réveillait et se mettait à pleurer de plus belle. Jusqu'au jour où, suivant le conseil de sa mère, Mme Johnson laissa Anna pleurer. Et, à sa surprise, elle la vit s'agiter dans tous les sens, gigoter dans son lit en quête d'un nid douillet et s'endormir. Ainsi, après avoir pleuré pendant quelques minutes, l'enfant avait visiblement apprécié qu'on la laisse s'accommoder toute seule. Quand ils eurent compris cela, M. et Mme Johnson prirent l'habitude de la laisser s'endormir par ses propres moyens.

Comme je l'expliquais au chapitre IV, un nouveau-né a besoin d'être encouragé à organiser lui-même ses cycles de sommeil et d'éveil ; manifestement, il y réussit mieux si on l'y pousse un peu.

Les recherches qui ont été effectuées sur le sommeil à l'aide des techniques encéphalographiques (Parmelee, 1967), ont permis de montrer que plus le système nerveux central est immature, moins les états de sommeil sont clairement délimités. Par ailleurs, même le cycle d'alternance des états — de l'éveil au sommeil léger, puis profond — est lui-même très flou. Et au fur et à mesure que le système nerveux central mûrit, le cycle et la « définition » des états deviennent plus précis — comme le montrent l'observation du comportement et l'EEG. Dans une ambiance organisée et réactive, les états deviennent plus nets et le cycle mieux réglé, plus rapidement que dans un milieu désorganisé ou non réceptif.

Selon moi, cela indique clairement que le milieu ambiant presse l'enfant d'acquérir la maîtrise de ses états de conscience. Dans ce sens, l'idéal serait qu'un renforcement approprié par le milieu ambiant, ayant pour effet de prolonger les états alertes, soit conjugué avec un renforcement approprié pour prolonger les états de sommeil, de façon que l'enfant « apprenne à dormir ». Par l'observation, j'ai constaté que l'intervention constante des parents peut compliquer encore la désorganisation. A chaque cycle de sommeil léger (« phase des mouvements rapides des yeux »), l'enfant est incité à passer à un état d'éveil. Mais il faut savoir que cet état de sommeil léger est aussi un état de transition et qu'il doit être régulièrement entrecoupé de phases de sommeil profond. Quand au sommeil nocturne, il se décompose en phases de sommeil profond (entre trente et cinquante minutes chacune), espacées de phases de sommeil léger (« phases des mouvements rapides des yeux »). Ces cycles sont intégrés en une période de sommeil très léger et d'état alerte.

Pour accomplir un long cycle de sommeil, le nouveau-né doit donc apprendre à neutraliser les accès de sommeil léger, qui sont espacés de phases régulières de sommeil plus profond. Pour cela, il lui faut trouver un moyen de se calmer pour revenir à un état de sommeil profond. C'est ainsi que j'ai pu voir ma fille s'éveiller régulièrement, parler à sa poupée préférée, lui raconter les événements de la journée, et mettre ses doigts dans sa bouche, avant de retomber dans un état de sommeil profond. Et tout cela se passait sans qu'elle soit vraiment éveillée, puisque si je voulais qu'elle me « réponde » distinctement, je devais la réveiller. En l'occurrence, en intervenant dans chaque cycle de sommeil léger (« phase des mouvements rapides des yeux »), un parent peut aisément devenir lui-même le mécanisme au travers duquel l'enfant apprend à se rendormir. Autrement, l'enfant trouve tout seul le moyen de se calmer et de se rendormir.

Quant à Anna, tant que Mme Johnson accourait à son chevet, elle perturbait ses cycles. Or, j'ai pour ma part la certitude que beaucoup d'enfants ont besoin de crier et de pleurer pour se calmer et passer de l'état alerte à l'état de sommeil. A partir du moment où Mme Johnson avait compris cela, elle pouvait laisser Anna choisir le pattern de comportement qui lui convenait.

Les phases de sommeil et d'éveil d'Anna étaient de plus en plus clairement délimitées. Maintenant, elle arrivait à dormir par périodes de trois à quatre heures d'affilée, surtout la nuit. Et la journée, elle pouvait se tenir éveillée par séquences d'une demi-heure sans interruption. Anna avait alors trois semaines ; M. et Mme Johnson se sentaient plus sûrs d'eux et ils pouvaient désormais prévoir à l'avance leur emploi du temps en fonction d'elle. M. Johnson pouvait reprendre le travail ; Mme Johnson elle, était soulagée et éprouvait à nouveau une sensation de compétence.

John Benjamin (1959) m'a, le premier, fait prendre conscience du fait que l'âge de trois semaines est une période de renouveau de l'organisation — ou d'aggravation de la désorganisation, en cas de difficultés. Mon expérience me porte à penser que les parents se rendent compte, lorsque leur enfant est âgé de deux à quatre semaines, qu'ils ont atteint un nouveau palier (un plateau) d'organisation. Plusieurs facteurs sont en jeu — le rétablissement de la mère après les bouleversements physiologiques de l'enfantement, le rétablissement de l'enfant du contrecoup de la naissance, sa maturation, et la sensation que les parents ont de s'être enrichis au travers de cette expérience — en somme, autant de facteurs qui peuvent consolider la cellule familiale.

Les recherches les plus récentes semblent montrer qu'à l'âge de deux à quatre semaines, le système nerveux central de l'enfant accède à un nouveau stade d'organisation. Ce que semble confirmer le fait que son cycle nycthéméral (de sommeil et d'éveil) soit plus prévisible et que les signaux qu'il adresse à son entourage soient plus clairs. Enfin, le soulagement d'avoir franchi avec succès les premières semaines du développement de l'enfant, crée une réaction positive qui encourage la famille à continuer à progresser.

DE NOUVEAUX MODES DE COMMUNICATION

Le comportement d'Anna évoluait rapidement. A quatre semaines, elle ponctuait chaque séquence de jeu d'un petit sourire. Et ses parents étaient si ravis que l'enfant était débordée par leurs réactions. En la voyant pour la première fois sourire, ils se mirent à rire très fort ; si bien qu'elle sursauta et pleura. Dès lors, ils firent un effort pour modérer leurs réactions et par la suite, ses sourires durèrent plus longtemps. Quand Anna commença à vocaliser, ils firent tout leur possible pour l'y encourager, en la chatouillant, en lui parlant, et en la stimulant par tous les moyens qui leur venaient à l'esprit. Et ils finirent par découvrir que c'était une ambiance calme et rythmée qui donnait les meilleurs résultats. Si l'enfant était dans un état alerte, ils l'abordaient très progressivement et par cycles rythmés ; ils lui parlaient doucement, puis ils se taisaient ; ils lui souriaient, puis redevenaient impassibles ; ils produisaient un gazouillis, et s'interrompaient ; ils la caressaient, puis retiraient leur main. Et dans les intervalles durant lesquels ils se taisaient et ne la touchaient pas, Anna esquissait timidement un sourire, ou produisait de petits vagissements ou un gazouillis. Elle semblait faire un tel effort pour produire des réponses si faibles qu'ils avaient l'impression qu'elle savait où elle voulait en venir. S'ils réagissaient avec un enthousiasme excessif, elle s'isolait. En revanche, en s'accordant sur son rythme et en alignant leurs réponses sur les siennes, ils allongèrent progressivement la durée des séquences de jeu de quelques minutes à plus d'un quart d'heure.

Il s'agit là du prolongement des patterns d'interaction que les parents et l'enfant ont déjà commencé à apprendre à un stade précoce. Mais les signaux produits par l'enfant sont maintenant plus clairs et celui-ci commence à se maîtriser de façon à atteindre les buts que sont la vocalisation et le sourire. En l'entraînant dans un rythme réciproque, ses parents l'aident à acquérir la maîtrise de ses systèmes moteurs et de contrôle d'état, ce qui lui permet de se concentrer sur ces buts spécifiques. Parallèlement, en s'accordant à ses rythmes, et en imitant son comportement tout en se maintenant à son niveau, les parents fournissent à l'enfant la source externe d'écho qui l'entraîne de l'avant.

Ce rythme subtil entre les parents et l'enfant peut être modifié à tout moment par l'un d'eux. Ainsi, si l'enfant le modifie par un sourire, il est probable que sa mère lui répondra ; et donc, l'enfant découvre les effets du sourire sur lui-même et sur son entourage. Et s'il vocalise et que sa mère lui répond par le même moyen, l'enfant voit sa timide tentative se transformer en des paroles d'adulte. L'imitation et l'identification mutuelles à plusieurs niveaux sont en filigrane de cette interaction. Personne ne mène l'autre en permanence ; insensiblement, les « commandes » passent constamment de l'un à l'autre. Et à tout moment, l'un peut exclure l'autre de l'interaction. Son aptitude à s'isoler est particulièrement importante pour l'enfant, dont les systèmes immatures peuvent se trouver trop facilement surchargés.

Cette communication entre le parent et l'enfant permet en outre un apprentissage simultané d'une foule de comportements différents. Ainsi, en étudiant minutieusement ce qui se passait quand une mère souriait ou parlait à son enfant, nous nous sommes aperçus que l'approche se décomposait en au moins cinq ou six gestes différents. La mère suspendait tout mouvement superflu, regardait l'enfant bien en face, ses traits se figeaient dans l'expectative, elle s'avançait légèrement sur son siège, tendait la main pour toucher la jambe de l'enfant, puis elle souriait ou parlait. Son sourire se trouvait ainsi fondu dans tout un jeu de signaux variés.

L'enfant pouvait répondre à un groupe de signaux par un soupir, à un autre par un sourire, et à un autre encore, par une vocalisation ; mais sa réponse elle-même était noyée dans un ensemble de comportements variés : par exemple, il gigotait ou battait des bras et des jambes, puis reculait la tête et ramenait les bras au corps. Pour produire un sourire ou une vocalisation, l'enfant devait manifestement s'appuyer sur ces gestes annexes. Chaque réponse de chacun des deux partenaires se décomposait en un éventail complet de comportements différents. Lorsque son père ou sa mère lui sourit ou lui parle, un enfant découvre par la même occasion les comportements annexes. Et dans la mesure où le père et la mère ont des attitudes différentes avec lui, les variantes d'apprentissage se trouvent multipliées par deux.

Nous avons vu qu'il existe au moins quatre types d'apprentissage que l'enfant et les parents doivent maîtriser avant de pouvoir communiquer fructueusement. Le premier consiste à apprendre à contrôler la décharge motrice, le déséquilibre au niveau des systèmes nerveux autonome et central que provoquent la concentration et l'engagement dans une réponse. Et pour aider l'enfant à se contrôler, les parents doivent apprendre comment les choses se passent en lui.

Le second type d'apprentissage consiste à savoir produire un rythme d'attention et de repli sur soi convenant aux besoins spécifiques de l'enfant. Ici aussi, les parents doivent adapter leurs propres rythmes de réponse à ceux de l'enfant.

Le troisième type d'apprentissage porte, lui, sur la capacité de fondre les signaux importants — la parole, la physionomie, les gestes — dans des familles de comportements appropriés, pour établir une communication constructive avec le partenaire. Enfin, le quatrième type d'apprentissage consiste à imiter et à développer les signaux produits par le partenaire. Bien entendu, l'adulte est plus habile à cela, mais très vite, l'enfant essaie d'en faire autant, et il s'exerce à développer les signaux verbaux et non verbaux de l'adulte.

> *Au deuxième mois, Anna commença à « entraîner » ses parents en souriant et en vocalisant. Elle n'avait guère de mal à capter leur attention et l'on devinait qu'elle le savait. Quand ils changeaient ses couches, il lui suffisait de sourire ou de se mettre à vocaliser pour leur faire oublier les couches et les captiver. Elle avait d'ores et déjà un pouvoir sur eux.*

Les différences de comportement entre le père et la mère se font sentir même au moment du change. La mère couche le bébé à plat, soulève légèrement ses fesses, puis les laisse reposer sur la couche propre, non sans avoir essuyé les fesses avant de refermer la couche ; et pendant ce temps, elle maintient en l'air les jambes ou les fesses et elle est penchée sur le bébé, en lui parlant ou en chantonnant. Et tout cela se passe dans une ambiance douillette et paisible. Le père, lui, utilise une approche différente, moins douce, moins harmonieusement. Il tire généralement l'enfant par les pieds pour soulever ses fesses et glisser la couche par-dessous. Puis il lui lâche les pieds, et l'enfant sursaute légèrement lorsque ses fesses retombent — d'un bon centimètre — sur la couche. Ce qui a pour effet d'éveiller un peu plus l'enfant, et son père se penche sur lui, en produisant de petits claquements de langue et des gazouillis. Souvent, il taquine l'enfant, en lui donnant de petites tapes (selon le scénario classique décrit précédemment), qui provoquent une séquence de jeu avant que le père ait refermé la couche. Chaque interaction — que ce soit à l'occasion de la tétée ou du change — se passe selon un schéma différent en présence du père ou de la mère.

Nous avons observé ces séquences de comportement chez des parents encore totalement inexpérimentés. Naïvement, nous supposions qu'étant novices, les parents se comporteraient tous de la même façon, hommes ou femmes — et qu'ils auraient recours aux gestes apaisants doux et rythmés décrits dans le cas de la mère. Mais il n'en fut rien. Et nous n'avons pas vu le comportement des pères se rapprocher de celui des mères au fil du temps. Qui plus est, au bout de quatre mois, dans toutes les interactions, les pères étaient encore plus « paternels » au niveau des rythmes et des approches de jeu. Peut-être auraient-ils effectivement changé avec le temps si cela n'avait tenu qu'à eux, mais chaque fois qu'ils s'approchaient du bébé pour changer ses couches, l'enfant donnait lui-même le ton de l'interaction ; il regardait son père, les yeux écarquillés, haussait les sourcils, rentrait la tête dans les épaules, et tout son corps se tenait prêt à l'interaction de jeu.

Aucun père ne résiste à ces signaux non verbaux. C'est dire à quel point ils sont puissants et avec quelle précocité ils donnent le ton de l'interaction !

LA « COLIQUE »

A trois semaines, Anna apprit à ses parents un autre aspect de son développement ; après la tétée du soir, elle se mettait à peu près invariablement à crier et à pleurer tout son soûl. Elle se calmait s'ils la prenaient et la promenaient, s'ils jouaient avec elle, allumaient la télévision, ou l'emmenaient faire un tour en voiture. Mais dès qu'ils cessaient de l'occuper, elle recommençait à s'énerver et à pleurer. Elle les regardait alors d'un air de reproche, comme pour dire : « Faites donc quelque chose ! » Ils avaient beau faire, ils se sentaient de plus en plus à sa merci. A l'âge de six semaines, on eût dit qu'elle faisait exprès de crier et de pleurer chaque nuit pendant deux heures d'affilée. Pourtant, au fil des jours, elle mangeait mieux et prenait du poids ; le jour, elle était adorable et une fois qu'elle avait pleuré, elle dormait à poings fermés. Donc, tout allait bien ; mais ils ne savaient comment s'y prendre pour l'empêcher de pleurer. Leur médecin leur conseilla de lui donner des sédatifs, et les rassura en leur disant qu'Anna était en bonne santé et que, s'ils se tranquillisaient, elle en ferait autant. Mme Johnson n'était pas particulièrement enchantée de s'être entendu dire qu'elle était une « mère anxieuse ». Une fois de plus, elle se tourna vers sa mère. « Tous les bébés pleurent — à croire que c'est un moment nécessaire de leur journée », lui répondit celle-ci. Ce qui eut pour effet de rassurer Mme Johnson, qui en conclut qu'elle pouvait s'en accommoder, pourvu qu'elle soit sûre qu'Anna se portait bien. Elle avait espéré de sa mère qu'elle lui apporterait un remède magique — en se disant qu'il devait bien y avoir une « solution » aux pleurs de sa fille. Mais la sérénité de la réponse de sa mère la rassura sur le fait qu'il n'était nullement nécessaire de faire appel à la magie ; elle n'était pas cette mère inadaptée qu'elle avait l'impression d'être quand Anna criait et pleurait. Dès lors, elle appréhendait moins les pleurs de sa fille.

Les périodes de pleurs intenses de l'enfant sont une réelle menace pour les jeunes parents. Ils se sentent complètement désemparés et inadaptés vis-à-vis de leur enfant. Ils sont persuadés que si l'enfant pleure, c'est parce qu'il est en détresse — il a la colique ou il souffre beaucoup — et que s'ils savaient que faire, ils parviendraient à le « guérir ».

Lorsque j'étais jeune médecin et que des parents dans cette situation me téléphonaient chaque jour, poussés par leur anxiété et la conviction qu'il devait bien exister un remède miracle, mon inexpérience faisait que j'étais tout aussi désemparé qu'eux. Moi aussi, j'aurais voulu soulager l'enfant, pour qu'il ne pleure plus. Moi aussi, je me disais qu'il devait bien exister un remède, mais je ne le connaissais pas. Je me trouvais moi-même complètement impuissant face à ces enfants.

Quand, un jour, je demandai à des confrères plus expérimentés ce qu'ils faisaient dans un tel cas, ils rirent d'un air entendu et répondirent : « C'est la colique. La colique est la maladie psychosomatique des parents anxieux. Donne des sédatifs aux parents, et l'enfant se calmera. »

Autrement dit, mes confrères ne pouvaient pas non plus me répondre. Ils me conseillèrent de chercher les causes physiques possibles des pleurs, telles que l'allergie au lait ou à certains aliments absorbés par la mère, les douleurs dues à une hernie ou à une occlusion intestinale, etc. Dès lors, je recherchai systématiquement ces symptômes, mais ne retrouvai aucun pattern de comportement. Malgré des précautions diététiques, des traitements par sédatif et mes efforts pour rassurer les parents, un bon nombre de bébés continuaient de pleurer le soir. Je les examinais régulièrement pour être certain que leurs pleurs n'avaient pas de causes physiques.

Les pleurs se déclenchaient chaque jour à peu près au même moment, ils s'arrêtaient aussitôt que les parents faisaient intervenir une « solution » temporaire, et reprenaient dès que les parents cessaient leur action ; or, sachant qu'à l'exception de ce problème ces enfants étaient tous en bonne santé et qu'ils cessaient de pleurer quand ils parvenaient à l'âge magique de dix à douze semaines, j'en vins à me demander s'il s'agissait vraiment d'une maladie, ou si ce processus n'était pas plutôt une composante normale du développement du bébé. Chez les bébés de moins de trois mois, la période de pleurs du soir était pratiquement prévisible ; elle faisait partie de leur vie de tous les jours.

Dans une étude sur les pleurs du soir, décrite dans *Doctor and Child,* j'ai montré que les bébés normaux commencent, à l'âge de trois semaines, à pleurer pendant de longues périodes ; à six semaines, les pleurs peuvent durer deux heures d'affilée (dans cette étude, je rapportais plusieurs cas d'enfants qui pleuraient jusqu'à quatre heures de suite). A partir de quatre semaines, quand l'enfant commence à sourire, à vocaliser, à jouer avec ses mains et à produire des réponses sociales plus organisées, les périodes de pleurs durent de moins en moins longtemps, et ils cessent à l'âge de douze semaines.

La plupart des bébés observés connaissaient régulièrement une période agitée en fin de journée, lorsque le père rentrait de son travail et que la mère désirait se reposer un peu. C'était il y a une vingtaine d'années ; et pour essayer de comprendre ce phénomène, je me remémorai cette petite phrase d'Anna Freud : « Le moi des enfants tend à se désintégrer en fin de journée. » Il se pouvait également qu'après une longue journée, le moi de la mère soit passablement stressé, au moment même où intervenait la désintégration chez l'enfant. Cette désintégration simultanée chez la mère et l'enfant pouvait fort bien être la preuve d'un autre type de concordance.

Si une ambiance tendue dans la famille intensifiait

les pleurs, ce n'était cependant pas le facteur déterminant. Tous les parents se sentaient responsables des pleurs de leurs enfants. Et ils se culpabilisaient. Seules les mères habituées au maternage savaient que cela passerait et acceptaient les pleurs comme une phase normale de la journée. En revanche, les jeunes parents novices ne cessaient de tourner autour de leur enfant, en cherchant par tous les moyens à le calmer et finalement, leur affolement faisait pleurer l'enfant encore plus. Autrement dit, des parents nerveux pouvaient intensifier les pleurs de l'enfant, sans toutefois en être la cause première.

Parallèlement, je m'aperçus aussi que ma propre anxiété et mes efforts effrénés pour apaiser un enfant, ajoutés aux reproches que je faisais éventuellement aux parents parce qu'ils ne réussissaient pas à mener à bien les « programmes », ne faisaient qu'accroître leur sentiment d'échec. J'ajoutais un stress à une relation déjà pesante. En fin de compte, cette étude m'aida à moins m'inquiéter de ces pleurs cycliques du soir et à les voir comme une « phase de la journée d'un bébé ». Dès lors, j'étais mieux à même d'aider les parents en difficulté.

Maintenant, quand les parents m'appellent pour me dire que leur enfant a la « colique », je leur conseille de rester auprès de lui et d'essayer de voir s'il y a quelque chose qui ne va pas et s'ils peuvent l'aider ; et si cela ne donne rien, je leur préconise de laisser l'enfant se prendre en charge. Leur approche doit être modérée. La solution la plus efficace consiste peut-être à laisser l'enfant pleurer pendant un quart d'heure ou vingt minutes, puis à le prendre dans les bras pour le calmer et le réconforter, puis de le reposer pour le laisser pleurer un moment ; cela peut être nécessaire jusqu'à ce que l'enfant atteigne l'âge magique de trois mois, quand il remplacera les pleurs du soir par des activités plus sociales.

Il n'est pas facile de laisser pleurer un enfant, et pour chacun, ce n'est qu'un pis-aller, mais cela permet au moins de passer cette période sans aggraver le problème. Même chez les Mayas, où les bébés sont entièrement nourris au sein et « à la demande » (ce qui peut aller jusqu'à trente-six tétées par jour) et où, la nuit, ils continuent bien souvent de sucer le sein en guise de « pacificateur », les bébés de moins de trois mois s'agitent et pleurent parfois pendant deux heures d'affilée — tandis que leurs mères dorment et qu'elles ne peuvent pas les calmer. Et les parents disent : « Quand tout le monde se tait, c'est au bébé de parler. » Je trouve plutôt rassurant de voir que la période des pleurs est inévitable et qu'elle n'est pas spécifique à notre société.

Les pleurs du soir ont-ils un caractère adaptatif ? Ont-ils une fonction générale ? Chaque fois que l'on rencontre un pattern de comportement plus ou moins universel, il faut rechercher sa fonction. Selon moi, par la décharge des tensions qui se sont accumulées durant la journée, la période des pleurs a une fonction organisatrice. Dans la mesure où le bébé n'a que peu de moyens de décharger son énergie, une période active et agitée peut remplir cette fonction. Cette période constitue pour les parents leur toute première expérience de l'autonomie de l'enfant. S'ils s'en accommodent, ils laisseront par la suite plus facilement leur enfant acquérir son indépendance.

UNE VRAIE PERSONNE

Maintenant qu'ils avaient accepté les pleurs d'Anna comme une composante normale de ses journées, M. et Mme Johnson comprenaient qu'ils étaient sur le point de franchir une nouvelle étape. ils ne contrôlaient plus totalement Anna. Elle avait acquis une certaine indépendance par le biais des périodes de pleurs. Comme ils la laissaient faire et qu'ils se contentaient de la réconforter de temps en temps, elle n'était jamais « débordée », et au bout d'une heure environ, elle cessait de pleurer. En revanche, s'ils essayaient de faire cesser les pleurs, non seulement ils ne parvenaient pas à leurs fins, mais Anna n'en finissait plus de pleurer. La seule chose qu'ils pouvaient faire, c'était de faire durer les pleurs encore plus longtemps. En en parlant, ils se rendirent compte qu'Anna avait des besoins qu'ils ne contrôlaient plus. Et M. Johnson dit : « Tu sais, j'ai bien l'impression qu'elle est une vraie personne. »

Quand sa période de pleurs du soir commença à se transformer en un moment de communication, leur bonheur atteignit de nouveaux sommets. Chaque soir, M. Johnson était pressé de rentrer chez lui pour voir ce qu'Anna avait appris dans la journée. Elle jouait avec eux — et ils échangeaient gazouillis, roucoulements et sourires ; un autre jeu qu'Anna aimait particulièrement, consistait à les guetter quand ils s'approchaient d'elle ; puis, ils la chatouillaient et la faisaient sauter dans leurs bras ; et cela se terminait par de grands éclats de rire. Chaque jeu était plus excitant que le précédent.

Daniel Stern, dans son excellent livre sur l'attachement (1977), analyse ces jeux. Il en souligne la qualité rythmique, et la subtile progression en crescendo qui se termine par une courte période de repos avant le commencement du jeu suivant. L'auteur parle de la différence entre les jeux de la mère et ceux du père ; il traite de la concordance de base entre l'adulte et l'enfant et en explique l'importance pour la réussite du jeu. Ces jeux sont un prolongement du système d'interaction décrit plus haut dans ce chapitre. Ils sont conçus autour des mêmes règles et ont les mêmes buts : créer une trame solide entre la mère, le père et l'enfant.

Dans le cadre de ces jeux, chaque participant apprend à connaître l'autre et à se connaître lui-même. Il apprend qu'en faisant certaines choses, il met en marche le jeu de la communication, et que dans certaines limites, il peut contrôler le comportement de son partenaire. En changeant ses activités, il modifie le rythme, ou le jeu lui-même, ou encore, y met fin. Ainsi, il en apprend beaucoup sur la communication et sur les moyens de la provoquer ou de la faire cesser. Il apprend à connaître les autres et, plus encore, à se connaître lui-même. De fait, les parents en apprennent autant sur eux-mêmes que l'enfant. Et c'est dans ce cadre, je pense, que le bébé découvre qu'il est *aimé*.

7

Revenir à la maison avec un prématuré

L'ANXIÉTÉ AVANT LA SORTIE

Le jour de la sortie de Tony arriva. Jusque-là M. et Mme Campbell s'étaient retranchés dans un mutisme inquiétant. De toute la semaine précédente, ils avaient à peine parlé. Quand ils le faisaient, c'était pour se disputer. L'ambiance était orageuse. En réalité, Mme Campbell n'était pas capable d'autre chose tandis qu'elle se livrait aux préparatifs nécessaires. Elle était toujours fatiguée ; son estomac faisait des siennes, elle se sentait barbouillée et avait régulièrement la diarrhée. Quant à M. Campbell, c'était à peine s'il mangeait et s'il dormait. La perspective de ramener Tony à la maison les mettait tous les deux dans un état de tension et de dépression plus profond qu'ils ne s'y attendaient.

Cette expérience est à peu près universelle : dans les maternités où l'on incite les parents à venir régulièrement, afin de connaître leur enfant avant sa sortie, on enregistre le nombre de leurs appels téléphoniques et de leurs visites. Les infirmières, quant à elles, sont très fières de voir combien les parents semblent s'être attachés à leur enfant, après tous les encouragements qui leur sont prodigués. Aussi, quand juste avant la sortie du bébé, la fiche accuse une chute du nombre de visites et d'appels, l'infirmière se demande jusqu'à quel point les parents sont vraiment attachés à leur enfant, et elle craint que son travail n'ait été vain. Mais c'est faux. C'est en fait le signe de l'anxiété inévitable ressentie par les parents alors qu'ils s'apprêtent à affronter leurs responsabilités. Car, évidemment, ils se sentent à la fois accablés et effrayés. Quoi que les parents aient appris auparavant au sujet du bébé, ces sentiments sont là et cette dernière occasion d'assumer la situation peut aussi avoir une fonction thérapeutique.

J'ai, en effet, remarqué que l'imminence de la prise en charge de l'enfant et la responsabilité qu'elle implique, ravivent l'inquiétude non résolue, ainsi que le chagrin d'être responsables de la conception d'un enfant qui risque d'être malformé. Le « travail de deuil » (cf. chapitre III), qu'ils auront pu accomplir n'a pas été à même de tout résoudre. Le sentiment de responsabilité quant à l'état du bébé, la peur de lui faire plus de mal encore, le désir de le laisser en lieu sûr (« sûr » à leurs yeux), et toutes leurs défenses contre le chagrin et les sentiments d'incompétence tendent à céder.

Selon Klaus et Kennell (1976), il faut s'attendre à ce que les parents évitent durant la dernière semaine de rendre visite au bébé et ne parviennent pas à assimiler des conseils, et il faut en tenir compte en leur faisant toutes les recommandations d'usage avant même de leur annoncer que le moment est venu pour l'enfant de rentrer à la maison. Les parents risquent d'avoir besoin de prendre leurs distances pour rassembler l'énergie qui leur permettra de faire face au retour de l'enfant sous leur toit.

Lorsque M. et Mme Campbell vinrent chercher Tony, les infirmières se montrèrent très encourageantes. Celle qui s'occupait de Tony assura à Mme Campbell qu'il se portait très bien. Puis elle lui montra comment faire travailler (par physiothérapie) le bras et la jambe gauches encore faibles de l'enfant ; mais elle lui assura que cette faiblesse du côté gauche s'améliorait déjà. Le jeune médecin-chef lui-même le confirma et rassura le couple en disant qu'en soi c'était déjà bon signe quant à l'état du cerveau de Tony. « En fait, nous avons bon espoir que Tony récupère complètement. Mais ce sera à vous de l'y aider. Faites-lui faire tous les exercices. » Il prononca cette phrase d'un ton presque menaçant car il avait l'impression que M. et Mme Campbell ne l'entendaient pas.

Cette façon de ne « pas entendre » révèle là encore combien les parents sont anxieux et désemparés. En fait, ils entendent, mais ils ont besoin de se protéger. Ils sont très certainement conscients de la responsabilité qu'on les presse d'assumer ; mais ils se sentent écrasés par elle. La rejeter, ou faire comme s'ils n'entendaient pas, est un moyen de se défendre contre ces sentiments. Le déni peut certes constituer un mécanisme de défense efficace, et *nous en usons tous.* Mais il risque aussi d'empêcher la personne d'assimiler les informations nécessaires, voire d'agir efficacement. Cependant, ce n'est pas en se fâchant ou en les accusant que l'on peut aider ceux qui, en un moment pareil, se protègent par le déni.

Ce jeune médecin aurait donc agi plus efficacement en parlant un moment avec eux, pour les laisser exprimer leurs angoisses, leur expliquer que tous les parents passent par là et, ensuite, leur donner le minimum de recommandations nécessaires. Il aurait même pu écrire ses instructions pour leur permettre de les assimiler en les relisant plus tard. Dans un tel moment, les parents ne sont capables de retenir que peu de chose.

INSISTER SUR LES ÉLÉMENTS POSITIFS

L'infirmière qui s'occupait de Tony leur montra que sa jambe gauche allait beaucoup mieux, et que sa main gauche commençait à bien agripper ; et, pour leur prouver qu'il ne restait pratiquement plus de séquelles au niveau du cou et du visage, elle lui caressa la joue gauche. Il se tourna aussitôt vers le doigt et faillit le prendre dans sa bouche. Ce qui eut pour effet de faire rire tout le monde et de détendre l'atmosphère. Ensuite, l'infirmière leur montra comment jouer avec Tony, en le faisant sauter en l'air jusqu'à ce qu'il ouvre grand les yeux pour la suivre du regard. Elle leur montra aussi combien il était à la fois vif et paisible quand elle le serrait contre elle. En voyant comment leur enfant se comportait, ses bonnes réactions visuelles et son visage éveillé qui se tournait vers l'infirmière quand elle parlait, M. et Mme Campbell se détendirent et commencèrent à parler de lui comme d'un « vrai » bébé.

Rien n'est plus efficace pour atténuer l'anxiété ou la peur des parents d'un enfant handicapé ou dont le développement est ralenti, que de leur montrer ce dont il est capable. Dès lors, s'ils perçoivent dans le comportement de l'enfant des aspects positifs, les parents sont plus à même d'assimiler les indications nécessaires sur les problèmes ou les handicaps de l'enfant. En axant les espoirs sur les aspects positifs, on les aide à affronter les côtés négatifs.

Si accablés qu'ils soient par les difficultés de

leur enfant, s'ils se reconnaissent dans ses réactions positives, les parents perçoivent mieux ce qu'ils doivent faire, car ils peuvent s'appuyer sur ses réponses pour l'aider. Il est certain qu'en se complaisant dans les déficiences de l'enfant, ils risqueraient d'être submergés par les aspects destructeurs de leur chagrin. En montrant aux parents l'aptitude de l'enfant à maîtriser ses états, sa capacité de s'éveiller et de rester vif, de réagir au toucher, et d'être attentif aux expressions du visage ou à la voix de son père ou de sa mère, on aide la famille à prendre un meilleur départ.

Nous avons eu l'occasion d'en voir un exemple spectaculaire en travaillant avec les parents d'une fillette aveugle. A la naissance, elle avait un œil non voyant, et l'autre globe oculaire manquait. Nous ignorions absolument à quoi cette malformation était due, et nous nous inquiétions du fait que l'enfant souffrait peut-être d'autres malformations congénitales. Pour dissiper nos craintes quant au bon état de son cerveau, nous décidâmes de soumettre l'enfant à une série d'examens (Brazelton, 1973).

Ces examens, qui ont été élaborés par moi-même et une équipe de confrères, comportent vingt points et consistent à étudier l'enfant du sommeil à l'éveil et aux pleurs, puis en le faisant rétrograder en état *alerte.* L'observation du processus permet de contrôler les réflexes pour s'assurer du bon fonctionnement neurologique, ainsi que toutes les réactions qui amènent l'enfant en état *alerte* en réponse à toutes sortes de stimuli attractifs (visage, voix, crécelles, cloche, balle rouge, bercement, caresses, fredonnement, etc.). On étudie par la même occasion la façon dont il agit sur ses propres états, ainsi que ses efforts pour se maîtriser tandis qu'il réagit aux stimuli produits par l'observateur.

Dans le cas de cet enfant, nous avions voulu que la mère assiste aux examens pour lui prouver que les réactions comportementales de son enfant étaient intactes. Hormis le fait que sa cécité la rendait hypersensible aux signaux sonores et tactiles, si l'on baissait la voix et qu'on la touchait doucement, elle restait extrêmement réactive. Voyant cela, sa mère poussa un soupir qui manifestait visiblement un soulagement énorme, et dit : « Alors, elle n'est pas complètement perdue. J'avais peur qu'elle ne soit capable de rien. »

Les neurologues avaient dit à la mère que son enfant était bien portant, hormis le problème de ses yeux, mais elle n'avait pas bien compris. L'ayant vue sortir du sommeil pour passer à un état *alerte,* réactif et réceptif, se tourner vers la personne qui parlait, et sucer son pouce, la maman commençait à considérer sa fille comme une vraie personne, et était maintenant à même d'entendre ce qu'elle avait besoin d'entendre. Notre démonstration l'avait rendue extrêmement réceptive à son enfant. Celle-ci avait trois semaines quand, à l'occasion d'une visite, sa mère me dit : « La différence entre Susan et mon premier enfant, c'est que lorsque Susan se réveille, si je ne suis pas là pour la calmer en lui parlant ou en la caressant, elle se met à crier. Elle est capable de passer toute la journée à crier et à s'agiter, ou à dormir. En regardant autour de lui, mon premier enfant se fixait sur les objets ; il restait attentif et étudiait ce qui se passait autour de lui. Quand je ne suis pas là, Susan, elle, n'est pas capable de rester seule, de se maintenir éveillée et d'apprendre à se débrouiller dans son univers. »

Je trouvai cette mère remarquablement perspicace et j'étais émerveillé de la facilité avec laquelle elle comprenait déjà Susan et l'hypersensibilité d'un enfant souffrant d'un déficit sensoriel. En ayant compris cela, elle était déjà à l'œuvre pour aider Susan à se découvrir elle-même. Nous sentions tous les deux que la démonstration des atouts de sa fille l'avait libérée, à la fois en la rendant plus disponible pour Susan et en la soulageant du poids de cette déception inévitable.

UNE JOURNÉE TENDUE

M. et Mme Campbell avaient nourri Tony lors de leurs précédentes visites, aussi cela leur était maintenant moins difficile ; ils demandèrent néanmoins s'il faisait « d'autres caprices » lors de la tétée. Ils auraient préféré le nourrir une fois encore à la nurserie — en sécurité. Mais les infirmières et le médecin semblaient pressés de le voir partir et ils l'habillèrent.

Une fois que le bébé est prêt à quitter l'hôpital, le personnel de la nurserie semble être pressé de se débarrasser de lui. On pousse littéralement les parents dehors, en leur donnant à la hâte des recommandations qu'ils assimileraient beaucoup mieux si on leur laissait du temps. Ce qui peut faire croire que les infirmières considèrent qu'elles ont fait leur travail et que c'est maintenant aux parents de faire le leur. Et leur attitude peut sembler répressive. L'on y retrouve d'ailleurs les traces de la rivalité avec les parents pour garder l'enfant.

Les infirmières en auraient long à dire sur la difficulté de se donner pleinement et de s'attacher à un enfant qui, comme Tony, est malade. Quand elles doivent se séparer de cet enfant, elles ont vraiment l'impression de le perdre, et elles peuvent en souffrir. Elles se montrent parfois « dures », en agissant comme si elles étaient en compétition avec les parents, qui à leurs yeux risquent de ne pas comprendre l'enfant, voire de lui faire du mal.

Barbara Korsch, pédiatre à l'hôpital pour enfants de Los Angeles, a créé des stages pour les infirmières des nurseries à haut risque, à l'occasion desquels on leur apprend à se dominer et à surmonter leur désarroi en le considérant comme naturel et inhérent à leur rôle, celui de prendre totalement en charge et d'entourer d'affection des enfants si fragiles.

Ces séances ont des effets très positifs. Non seulement à partir du moment où elles savent se maîtriser, les infirmières sont d'autant plus à même d'agir de façon constructive avec les parents stressés, mais leur propre vie privée s'en trouve enrichie. Dans ces nurseries à haut risque, le taux de changement de personnel peut atteindre 30 à 40 pour cent par mois ; cela s'explique par le fait qu'il est très éprouvant de se consacrer entièrement à un enfant pour le perdre nécessairement d'une façon ou d'une autre. En revanche, quand on donne aux infirmières la possibilité de se décharger émotionnellement, les arrêts de travail diminuent considérablement.

M. et Mme Campbell habillèrent Tony de quatre bonnes épaisseurs de vêtements molletonnés, si bien que l'on ne voyait même pas son visage. Mme Campbell s'assit avec raideur dans la voiture, surveillant sans arrêt la respiration de l'enfant et priant qu'ils n'aient pas d'accident. Et M. Campbell se retournait si souvent pour regarder Tony que l'irréparable aurait bien pu se produire. Quand, enfin, ils s'arrêtèrent devant l'immeuble, M. Campbell aida sa femme à sortir de la voiture comme si elle portait une pleine brassée d'œufs. La montée des trois étages jusqu'à leur appartement leur parut interminable, tant ils craignaient que Mme Campbell ne fasse un faux pas. Et en montant ces escaliers, elle se dit qu'elle ne les redescendrait pas avant bien longtemps avec Tony. Lorsque la porte de l'appartement se referma derrière eux, elle eut la sensation d'être prise au piège avec son bébé. Les premières semaines, elle éprouverait souvent cette impression.

Mais elle était heureuse de le voir en sécurité chez eux, loin de l'adversité du monde. Ils avaient pensé à tout : monter le chauffage, insonoriser la chambre de Tony, tirer les rideaux pour qu'il soit dans l'obscurité, et ils avaient aussi prévu une berceuse. Mais ils avaient oublié le biberon. Quand ils voulurent dévêtir Tony, il se réveilla, ses bras et ses jambes se mirent à battre l'air, et il poussa des vagissements perçants. A ses cris, ses parents étaient parcourus de frissons et restaient comme paralysés. Et quand ils se ressaisirent après le choc provoqué par ce brusque revirement de l'enfant, qui passait de la fragilité à l'exigence, ils mirent l'appartement sens dessus dessous, à la recherche du biberon. Dans leur précipitation, ils en oublièrent le mélange lacté qu'on leur avait donné à l'hôpital. Mais quand cela leur revint à l'esprit et qu'ils eurent réchauffé le biberon, Tony avait depuis longtemps cessé de crier, épuisé.

Chez un enfant prématuré, les cris sont un excellent signe de vitalité. Les cris et les pleurs exigent beaucoup d'énergie; pour qu'un prématuré puisse crier, il faut qu'il soit déjà bien organisé. Dans tous les cas, c'est un effort qu'il ne peut pas soutenir longtemps.

Tony était très fatigué et ses parents eurent grand-peine à le réveiller pour la tétée. Ses réflexes de succion étaient désorganisés (voir le chapitre V) ; il n'avait même pas la force de sucer la tétine du biberon ; de plus, celle-ci était si distendue que le lait s'en écoulait trop abondamment, si bien que l'enfant suffoquait et que le trop-plein de lait lui ressortait par le nez. Il avait la respiration difficile et bruyante, au grand effroi de ses parents.

M. et Mme Campbell auraient mieux fait de laisser Tony se reposer avant de le nourrir. Pour un bébé comme Tony, la tétée — comme le reste d'ailleurs — demande beaucoup d'énergie. Même la poussée des selles représente un gros effort. S'il est surchargé, les comportements-réflexes eux-mêmes risquent de « lâcher ». Quant aux comportements organisés, comme le comportement primitif de la succion, sous l'effet de la fatigue ou du stress, ils risquent eux aussi de ne plus opérer. Et cela se répercute à tous les niveaux ; ainsi, l'on essaiera en vain de déclencher un sursaut. Et, ce qui est plus grave, le stress risque de se répercuter au niveau du système nerveux central et des commandes de l'appareil respiratoire. Chez cet enfant, la respiration risque d'être superficielle et irrégulière, voire de s'arrêter par moments (apnée). Sa peau prend alors une coloration bleue ou bleuâtre (cyanose due à une oxygénation insuffisante du sang dite anoxémie), aux extrémités des doigts, des orteils, et autour de la bouche. Ces symptômes indiquent que l'enfant est stressé et ses parents doivent être d'autant plus vigilants.

Après avoir demandé un effort excessif à l'enfant — que ce soit après l'avoir baigné, joué avec lui, lui avoir donné la tétée, ou parce qu'on l'a laissé trop longtemps nu — il est préférable de bien l'emmailloter et de le laisser se reposer. On s'aperçoit alors qu'en un temps record, l'enfant retrouve son équilibre et que l'on peut lui demander un nouvel effort. Sachant que les activités vitales, telles que la tétée, lui coûtent beaucoup, on comprend qu'il lui reste peu d'énergie pour apprendre ou pour rester de longs moments attentif au nouveau monde qui l'entoure. C'est pourquoi il faut longtemps à un prématuré pour rattraper son retard. Et il sera d'autant plus difficile pour les parents de s'adapter à lui. C'est une notion capitale pour les parents ; le fait de le savoir réduira leur anxiété et leur évitera de demander trop à l'enfant. Tous les parents de prématurés désirent ardemment voir leur enfant progresser vite. Ils en viennent facilement à confondre croissance et maturation avec espérance de vie et bonne santé.

Lorsque Tony respira de nouveau normalement, ses parents le remirent dans son lit en rehaussant légèrement la tête pour l'empêcher de s'étouffer encore, comme ils l'avaient vu faire par les infirmières.

Pour ma part, je suis émerveillé par la capacité d'assimilation des parents dans une période aussi agitée. Plus ou moins spontanément, ils mettent à profit ce qu'ils ont vu faire par les infirmières de la nurserie pour prématurés.

Quand Sylvia Brady (1956) publia ses travaux d'évaluation du comportement maternel à l'allaitement, qui montraient que les mères qui risquaient le plus d'échouer au maternage étaient celles qui ne prenaient pas leur bébé dans leurs bras pour lui donner le biberon, elle ne sut expliquer la raison de ce comportement.

La mère d'un enfant prématuré — ou malade — a vu l'infirmière lui donner le biberon en le prenant sur ses genoux, ou en l'asseyant en face d'elle, en lui soutenant d'une main la tête et les épaules. De cette façon, l'infirmière peut surveiller le bon déroulement de la tétée. La jeune mère peut être tentée d'imiter l'infirmière, ce qui lui vaudra éventuellement de passer pour « froide » ou « pas maternelle ».

Les semaines suivantes, M. et Mme Campbell continuèrent d'observer anxieusement Tony. Chaque tétée était une épreuve. La nuit, ils dormaient à tour de rôle d'un œil, à côté de Tony, en le surveillant pour le cas où il arriverait quelque chose. Ils lui donnaient le biberon toutes les trois heures, à la minute près. S'il dormait, ils le réveillaient. Et s'il se réveillait en avance et qu'il s'agitait, ils le promenaient ou le berçaient jusqu'à l'expiration des trois heures. Ils se tenaient à l'affût du moindre renvoi, de la moindre selle.

Le travail de M. Campbell en pâtissait ; quant à Mme Campbell, elle ne quittait pas le chevet de Tony et ne sortait jamais. Lorsque quelqu'un téléphonait pour leur proposer de sortir ou pour prendre des nouvelles de Tony, cela les dérangeait. La moindre once de leur énergie était consacrée à Tony. Et il ne leur en restait pas pour eux-mêmes.

Quatre semaines plus tard, alors que Tony était maintenant âgé de quarante-deux semaines, ils continuaient de mener cette vie routinière. En changeant Tony, ils faisaient travailler ses bras et ses jambes pour les renforcer. C'était comme si le temps s'était arrêté. Et à les voir ainsi, on devinait que la joie de vivre n'y était pas. C'était comme une pénitence, sans la perspective d'aucune récompense. Mais Tony continuait de prendre du poids et il devenait de plus en plus robuste.

A quarante-deux semaines, M. et Mme Campbell emmenèrent Tony à l'hôpital pour le faire examiner. C'était un grand événement ; ils espéraient ardemment s'entendre dire que Tony faisait des progrès et redoutaient le contraire. Mais cette visite fut un soulagement merveilleux. Le docteur qui examina Tony les félicita pour l'amélioration de son côté gauche et les encouragea à continuer les exercices. Il leur fit même un beau cadeau en leur disant que Tony avait pris plus d'un kilo et qu'il se portait comme un charme.

De fait, à partir du moment où ils sont rétablis, les prématurés prennent rapidement du poids. Ils risquent même de s'envelopper de graisse au point que cela gêne leurs mouvements. Pour ma part, je ne manque jamais de mettre en garde les parents de prématurés contre le fait qu'au moment où l'enfant commence à être apte à se mouvoir, il risque d'être trop gros et trop lourd pour se déplacer à quatre pattes et pour marcher. Dans la mesure où les parents d'un prématuré s'inquiètent de sa lenteur, la gêne occasionnée par son embonpoint risque de les inquiéter encore plus.

M. et Mme Campbell espéraient bien voir au moins une des infirmières qui s'étaient occupées de Tony, pour lui montrer fièrement qu'il se portait bien. Mais la visite touchait à sa fin, sans qu'ils aient vu personne de leur connaissance. Mme Campbell avait beaucoup attendu cette visite, et elle sentait maintenant à quel point elle s'était attachée à Tony. Le docteur lui dit qu'elle pourrait promener son enfant ; mais elle ne voulait pas encore l'exposer au monde extérieur.

Après un autre long mois de routine, Mme Campbell voyait que Tony se portait de mieux en mieux. La nuit, il dormait bien ; quand il criait, c'était avec plus de vitalité ; la journée, il arrivait à se tenir éveillé pendant une demi-heure d'affilée. Pour elle, il était devenu un « autre ». Aussi, son mari et elle étaient plus à l'aise pour jouer avec Tony, et craignaient moins de le chahuter un peu.

A partir du moment où l'enfant a un comportement plus prévisible, les parents en déduisent inconsciemment qu'il devient plus robuste. Leurs réponses s'adaptent aux changements dans le comportement de l'enfant.

> *Mme Campbell ne craignait plus de laisser son mari jouer avec Tony. Et c'est en jouant avec lui qu'ils virent son premier « vrai » sourire. Ils l'avaient déjà vu quelquefois esquisser un sourire, et ils avaient même cherché à le provoquer. Mais cette fois, il souriait* pour *eux et* avec *eux. Ils lui rendirent son sourire et il sembla le voir. L'événement fut aussitôt noté dans l'album du bébé ; mais il ne se reproduisit que cinq jours plus tard.*

Comme nous l'avons dit précédemment, les sourires réflexes sont possibles dès la naissance et un prématuré peut esquisser de petits sourires avant son terme normal. Plus tard, si les parents répondent à ces sourires et qu'ils les encouragent, à l'âge de quatre à six semaines, ceux-ci se transforment en « sourires-réponses ». Pour les parents ce sont les « vrais » sourires, car ils peuvent les provoquer à souhait et dans des circonstances données.

Freedman (1964) a étudié ces sourires chez les enfants aveugles, et établi qu'ils devenaient intentionnels à l'âge de six à huit semaines ; mais il remarqua aussi qu'après ces sourires tendaient à disparaître, *à moins que* les parents aient trouvé des moyens non visuels de les provoquer. S'ils produisaient des gazouillis, qu'ils touchaient l'enfant ou qu'il répondaient à chaque sourire, le nouveau-né aveugle continuait de sourire d'une façon à la fois réactive et entraînante. Autrement dit, le sourire est un jalon normal du développement, mais il a besoin d'être encouragé. Chez un enfant prématuré, l'émergence de ce comportement social peut être tardive.

Dans le cas de Tony, le retard peut avoir pour raisons : l'ambiance relativement monotone entretenue par des parents anxieux qui ont tendance à « diriger » ses tâches ; et la nécessité d'une stabilisation des systèmes physiologiques pour que puisse apparaître un comportement social.

INQUIÉTUDES ET SURPROTECTION

M. et Mme Campbell étaient en extase devant chaque sourire de Tony. Ils téléphonaient à tout le monde, parents et amis. Mme Campbell voulait montrer Tony, et pour la première fois, elle eut très envie de le sortir. Il lui fallut presque une heure pour l'emmitoufler de plusieurs épaisseurs de vêtements. Mais descendre les trois étages avec lui et la poussette fut une telle corvée que Mme Campbell se contenta de faire quelques pas dans la rue et rentra directement à la maison.

Elle n'avait rencontré personne à qui montrer Tony. Cette petite sortie avait perturbé l'enfant, et il pleura pendant une bonne demi-heure. Sa mère se sentit si coupable qu'elle se jura de ne plus sortir avec lui. Mais voyant qu'après cette phase de pleurs, il tétait avec appétit et s'endormait d'un sommeil paisible, elle comprit qu'après tout, ce n'était pas si dramatique.

Au fur et à mesure que Tony devenait plus sociable (il était maintenant capable de sourire et de gazouiller pendant dix minutes d'affilée) ses parents ne doutaient plus un seul instant qu'il « s'en sortirait ». Chacun avait toujours tu ses craintes, mais maintenant que Tony allait mieux, ils se faisaient des confidences. Pendant ces longues semaines, tous deux avaient fait régulière-

ment le même cauchemar qui les réveillait en sursaut ; et ils ne pouvaient s'empêcher de vérifier que Tony allait bien. Il leur avait maintenant prouvé que leurs angoisses n'étaient pas fondées ; mais il avait fallu dix semaines pour en arriver là.

Les parents peuvent difficilement échapper à ces angoisses de perdre leur enfant. Le fait d'avoir vécu auprès de lui cette période critique a engendré chez eux un stress profondément marquant. Quant à Tony, par l'acquisition d'un comportement sociable, il a prouvé à ses parents qu'ils n'avaient plus à craindre pour sa vie.

Dans nos pays, le taux de mortalité infantile est suffisamment bas pour que les parents n'aient pas à s'inquiéter comme M. et Mme Campbell. En revanche, dans les pays du tiers monde, les mères ne doivent pas trop s'attacher à leurs enfants avant d'être sûres qu'ils vivront. Dans la mesure où un enfant sur trois meurt dans les premiers mois, des tabous empêchent les mères de trop s'attacher aux bébés. Dans les îles grecques, la mère ne doit pas donner de nom à son enfant avant l'âge de trois mois, car avant, le nourrisson n'est pas une personne mais un phénix qui peut s'envoler d'un instant à l'autre. Il existe toutes sortes de superstitions sur ce thème, comme : « Ne sors jamais ton bébé la nuit, car son âme pourrait bien s'envoler vers une étoile. » Ou encore : « Ne montre jamais ton bébé aux gens, car si quelqu'un a le mauvais œil, il risque de lui faire du mal. » Ces tabous protègent les nouveau-nés, dans la mesure où l'on ne les sort pas, et qu'ils risquent moins de contracter une maladie. Cette autre croyance est très répandue : « Si tu montres aux dieux que tu aimes trop ton bébé, ils seront jaloux, et ils te le prendront. » On retrouve fréquemment ce thème dans la mythologie : dans leur enfance, les héros sont enlevés pour être élevés par les dieux. Les parents d'un enfant prématuré n'osent pas trop s'attacher ; ensuite, chaque nouveau progrès de l'enfant leur permet de s'ouvrir un peu plus sur le monde extérieur.

D'autre part, les inquiétudes excessives des parents font qu'ils n'osent pas « pousser » un enfant prématuré à apprendre par lui-même. La mère d'un enfant né à terme n'hésite pas à lui montrer de nouveaux jouets, à lui proposer de nouvelles tâches, et elle le taquine même pour qu'il « innove ». De cette façon, les parents encouragent l'enfant à s'exercer à chaque nouvelle acquisition, tout en faisant en sorte qu'il veuille le faire tout seul. Et pour cela, ils lui laissent le champ libre — il peut en toute liberté faire un essai, échouer, recommencer, sans qu'ils interviennent. En somme, ils l'encouragent à devenir indépendant.

C'est, en revanche, plus difficile pour les parents d'un prématuré. Ils ont plutôt tendance à l'étouffer en étant continuellement derrière lui. Si leur enfant fait un essai et qu'il échoue, ils ne l'acceptent pas ; ils ne peuvent pas supporter qu'il soit « frustré ». C'est pourquoi ils font tout à sa place, ne lui laissant aucune chance de découvrir par lui-même. Ils l'enferment dans un cocon comme le font tous les parents aimants et inquiets. Ils créent de la sorte un environnement monotone pour l'enfant, et freinent le développement de la « sensation de compétence » nécessaire aux progrès de l'apprentissage.

Le Dr Kate Kogan a fait l'expérience de mêler des prématurés de quatre ans à des enfants du même âge, mais nés à terme. On filma les mères tandis qu'elles apprenaient des tâches à leurs enfants. Et l'on put voir que les mères des enfants nés à terme commençaient par leur montrer l'exercice, puis se retiraient et laissaient leur enfant travailler chaque phase de la tâche avant de l'accomplir en entier. En revanche, les mères des prématurés (chez lesquels toute trace d'immaturité avait disparu depuis longtemps), ne les lâchaient pas d'un pouce : elles leur montraient plusieurs fois la tâche, et ne leur laissaient ni le temps ni la possibilité de s'exercer à chacune de ses phases, quitte à échouer et recommencer plusieurs fois avant de réussir.

Il fallait aux enfants de ce groupe deux fois plus de temps pour apprendre une tâche ; de plus, le fait de l'avoir menée à bien ne leur procurait visiblement aucun plaisir, tout au mieux un soulagement.

M. et Mme Campbell ne laissaient pas de répit à Tony ; dès qu'il était réveillé, ils cherchaient à le faire sourire ou gazouiller. Ils le surchargeaient et l'enfant passait le plus clair de son temps à s'isoler de leurs stimulations. Dès que ses parents s'approchaient, il commençait par les observer d'un œil méfiant pour savoir s'ils étaient anxieux ou calmes. Et, dans ce dernier cas, il se montrait plus réactif, les regardait dans les yeux, puis il souriait ou vocalisait. En revanche, si ses parents étaient trop impatients de le voir répondre, Tony évitait de les regarder et il tournait la tête ; ensuite, il était impossible de capter à nouveau son attention.

La réaction de Tony est due à la combinaison de sa forte sensibilité, qui diminue désormais (voir le chapitre III), et de la tendance de ses parents à le surcharger en exigeant de lui une attention soutenue. Le fait de devoir trouver le niveau « approprié » de stimulation, tout en restant réceptifs aux signaux de l'enfant, indiquant quand il est surchargé, rend plus difficile pour les parents d'entraîner un enfant comme Tony dans une interaction.

DES PROGRÈS LENTS

Pour fêter les quatre mois de Tony, M. et Mme Campbell avaient invité deux autres couples et leurs bébés. Mais dans l'ambiance bruyante et mouvementée de la réception, les nourrissons étaient énervés et « surchargés ». Mme Campbell regardait les autres bébés avec envie. L'un d'eux, une petite fille de trois mois, « parlait » déjà, et quand un adulte lui répondait, elle était si contente que ses bras et ses jambes battaient l'air. Si on lui présentait un objet, elle tendait même les mains pour essayer de l'attraper. Elle était beaucoup plus avancée que Tony, et quand tout le monde fut parti Mme Campbell se sentit déprimée. Tony serait-il jamais normal ? Etait-il en retard à cause d'un défaut de son cerveau, ou bien parce que chez tous les prématurés les progrès étaient plus lents ? Maintenant qu'elle avait vu les autres enfants, ces questions la tourmentaient, car elle se rendait compte que Tony était beaucoup plus lent, beaucoup plus limité dans ses progrès.

La réaction de deuil affleure la surface, prête à resurgir à la moindre déception. Il suffit qu'elle ait l'occasion d'observer le comportement plus harmonieux, plus intégré, d'un enfant normal, pour que la mère se rende compte qu'elle n'est pas au bout de ses peines avec son enfant. Les mères d'enfants prématurés comparent sans cesse les progrès lents et à peine perceptibles de leurs enfants à ceux des bébés « normaux ». Et elles se font du mal. En pensant uniquement aux progrès de leur propre enfant, elles s'éviteraient des angoisses.

Mais une mère aussi isolée que Mme Campbell a besoin d'un contact avec d'autres mères, autant pour son enfant que pour elle-même. En voyant d'autres bébés, en parlant avec leur mère, elle en tire des enseignements qui peuvent l'aider à faire progresser Tony, et trouve le soutien et la compagnie dont elle a besoin pour elle-même ; sinon elle risque de se remettre sans cesse en question et de se morfondre. L'idéal pour Mme Campbell serait qu'elle s'intègre à un groupe de mères de prématurés du même âge ayant vécu une expérience similaire à la sienne. Mais à moins qu'elle n'ait fait des connaissances quand l'enfant était encore à la nurserie pour prématurés, il risque d'être difficile pour une mère aussi timide que Mme Campbell de faire de telles rencontres. Des lieux de rencontre pourraient jouer ce rôle, en accueillant les enfants et leurs parents.

Après la réception, Tony était désorganisé. Le soir, il cria et pleura pendant des heures. Il bouda son biberon, et pendant la nuit, il se réveilla pratiquement toutes les heures en criant. Quand ses parents essayaient de le réconforter, il se calmait quelques instants, puis recommençait à crier. Mme Campbell s'en voulait, elle était catastrophée. M. Campbell disait que c'était plutôt bien de voir du monde, mais il était normal que Tony et sa mère aient été nerveux pour une première fois, et ils s'y habitueraient. Selon lui, c'était une bonne chose pour Tony. Voyant que Mme Campbell se fâchait, son mari se tut.

Tony fut perturbé pendant plusieurs jours. Il dormait peu, manquait d'appétit et chaque fois que sa mère le prenait, il semblait déçu, comme s'il avait espéré autre chose. Enfin, après cette période de désorganisation, Tony redevint plus tranquille, et ses progrès se firent à nouveau plus sensibles. Il restait éveillé pendant de longs moments. Il gazouillait plus souvent, et multipliait les sourires devant ses parents. Les interactions étaient moins fréquentes qu'avant et il était plus facilement surchargé, mais maintenant, il pouvait soutenir de courts moments de communication avec ses parents (suivant le scénario décrit au chapitre précédent dans le cas d'Anna Johnson avec ses parents). Mais Tony n'avait pas encore une capacité suffisamment développée pour faire durer ces moments de communication ; et souvent, M. et Mme Campbell étaient si ravis de ses réponses, qu'ils le surchargeaient et rompaient le rythme.

A l'occasion d'une étude longitudinale sur les enfants prématurés et leurs parents, nous avons observé qu'à l'âge de quatre mois, le rapport du comportement du nouveau-né au comportement de la mère, et le degré de domination de l'interaction par la mère sont les mêmes que dans le cas d'un enfant à terme de deux mois.

La mère d'un prématuré est tellement habituée à tout faire à la place de son enfant, qu'elle continue même quand ce n'est plus nécessaire depuis longtemps. Si bien que cela se solde par une sorte de manque de réceptivité de sa part, ce qui la surprendrait beaucoup si elle s'en rendait compte. Ainsi, si on lui demande de se placer en face de son bébé et rester sans rien faire, la mère a l'impression que l'enfant revit. Il essaie de la provoquer par toutes sortes de petites astuces pour la faire répondre. En le voyant pour la première fois tendre les mains vers elle, la jeune mère réalise que d'habitude, elle en fait trop lors des interactions, et qu'elle étouffe la spontanéité de son enfant. Le fait que la mère ne prenne conscience qu'avec beaucoup de retard des progrès de son bébé ne signifie pas qu'elle n'est pas une mère aimante, mais au contraire, qu'elle aime trop son enfant. C'est une réaction normale et prévisible après la longue période initiale durant laquelle l'enfant était totalement démuni.

La régression momentanée du comportement de Tony juste avant qu'il recommence à progresser à grands pas, confirme que, chez un prématuré, chaque nouvelle étape du développement est précédée d'une période de désintégration plus sensible que chez les bébés à terme. Chez tous les nouveau-nés, le développement est en dents de scie ; mais chez les prématurés, les périodes de réorganisation sont entrecoupées de périodes de désorganisation plus profonde. Les réactions excessives des parents y sont pour quelque chose. Ainsi, en règle générale, quand il est sur le point de se redresser, de se mettre à marcher à quatre pattes, de se tenir debout, ou de marcher, l'enfant prématuré se « désintègre ». Il se met à pleurer de façon plus imprévisible et devient plus difficile à calmer : la nuit, il se réveille sans cesse ; il suffit qu'on lui tourne le dos pour qu'il pleure ; plus rien ne semble le satisfaire. Et si les parents ignorent que ce ne sont que les prémices d'une nouvelle étape importante du développement — ce qui leur redonnerait courage — ils se « désintègrent » à leur tour. Et chacun entraîne l'autre dans sa chute.

Se découvrir mutuellement, aider l'enfant à se contrôler, aimer faire tout à sa place, se dire qu'il a tant à apprendre par lui-même dans une telle période, ce sont autant de leçons que l'on apprend par la force des choses, et l'on risque d'autant moins de les oublier. Mais cela peut être douloureux.

UNE AIDE EXTÉRIEURE

Tony était à la maison depuis maintenant six mois, qui avaient semblé durer le double. Sa mère était déprimée et le soir, c'est avec impatience qu'elle attendait le retour de son mari ; elle avait hâte de sortir de son isolement avec Tony, hâte de voir du monde en reprenant le travail ; mais elle se sentait prise au piège, car elle craignait de confier Tony à quelqu'un d'autre. Mme Campbell voyait très peu de monde. Elle ne pouvait s'empêcher de comparer Tony aux bébés « normaux » de ses amis — toujours à son désavantage. Elle ne remarquait même plus ses progrès. Elle avait le sentiment d'avoir tout raté. Elle avait fait tout ce qu'elle pouvait, pendant des mois elle s'était occupée de lui et pourtant, quand elle le comparait à d'autres bébés de huit mois, elle le trouvait en retard. A la visite, le médecin lui dit que le bras et la jambe gauches de Tony étaient maintenant forts et que tout rentrait dans l'ordre. Selon lui, Tony avait fait de gros progrès ; il avait pris du poids et sa taille était normale pour un enfant de huit mois. Tony ne pouvait se porter mieux, et le médecin félicita Mme Campbell pour les progrès de son fils. Cela la soulagea un peu ; mais dès le lendemain, elle se sentait à nouveau lasse et découragée. Les jours suivants, elle ne joua presque pas avec Tony ; elle le laissait dans sa berceuse, à regarder son mobile, ou bien elle l'installait devant la télévision qui marchait à fond.

Ainsi s'achevait une longue période d'inquiétudes et d'un travail de tous les instants, sans les récompenses qu'apporte normalement un bébé de huit mois. Les réponses de Tony étaient plus lentes, plus plates et plus monotones. Il était sans aucun doute sensible à l'état dépressif de sa mère et à son ressentiment caché et cela le perturbait.

Que pouvait-on y faire ? A mon sens, plusieurs solutions étaient possibles. Mme Campbell pouvait se faire aider d'une façon ou d'une autre, soit en confiant Tony à une nourrice, soit en aménageant ses journées de façon à garder du temps libre pour travailler. Elle pouvait également essayer d'avoir des moments de liberté dans la semaine, sans avoir à se soucier de Tony. Le soulagement qu'elle en aurait tiré et la nouvelle source de stimulation que cela aurait représenté pour Tony auraient été positifs pour tous deux. Elle pouvait aussi s'inscrire à ce qu'il est convenu d'appeler un « programme de stimulation ».

Ces programmes ont été mis en place il y a quelques années pour aider les enfants qui, comme Tony, sont particulièrement vulnérables à un climat familial difficile (par exemple, si les parents sont trop pauvres pour subvenir à ses besoins ou parce que, faute de contact avec l'extérieur, comme dans le cas de Mme Campbell, ils ne savent pas où s'adresser pour demander assistance). En participant à un programme de stimulation du développement comportemental par les interactions avec son enfant, d'une part, la mère se sent moins désemparée et, d'autre part, elle apprend à concentrer convenablement son attention sur le bébé. Et, ce qui est peut-être plus important encore, la mère a l'impression que l'on s'intéresse à elle. L'isolement, la dépression, la sensation angoissante d'être désorientée avec son bébé, ainsi que le deuil de la naissance prématurée et les angoisses non résolues quant à la normalité du bébé, sont traités dans le cadre de ces programmes. Ceux-ci consistent à concentrer l'attention de la mère sur ce que l'enfant est capable de faire, et permettent de définir les séquences de stimulation qu'elle pourra accomplir avec son enfant. Selon moi, ces programmes constituent une source extrêmement importante de dynamisme pour le rétablissement de l'enfant.

Pour aider la mère, une troisième solution consiste en un soutien accru de la part du père. Mais cela peut s'avérer difficile car dans une telle situation, le rôle du père devient encore plus crucial, et le sachant, celui-ci risque de se sentir lui aussi dépassé. De fait, dans la mesure où il vient déjà de traverser une longue période de crise avec sa femme et son enfant, il peut se sentir « à bout ». Sa femme l'envie parce qu'il travaille et qu'il jouit d'une relative liberté, et elle tend à projeter sur lui la responsabilité de cette situation qu'elle déteste ; si bien que cela risque de le faire fuir plutôt que de le faire rapprocher de sa famille.

Une amie de longue date de Mme Campbell vint voir Tony et fut saisie de le trouver si apathique et replié sur lui-même. Quand elle se mit à lui parler, il ramena sa main devant son visage, comme pour se cacher. Au lieu de s'intéresser aux avances que lui faisait l'amie de sa mère, il était fasciné par ses petits doigts qu'il faisait bouger devant ses yeux. Elle ne parvenait pas à le faire sourire, et si elle essayait d'écarter sa main, il détournait le visage. Quand elle le prit dans ses bras, il fit le dos rond en essayant de se dégager ; n'y parvenant pas, il la repoussa en détournant le visage. Cette façon qu'il avait de fuir le contact, et qui était manifestement une dominante de son comportement, l'inquiéta ; d'autant qu'elle trouva tout aussi difficile de communiquer avec Mme Campbell. Et elle devina son état dépressif. Après sa visite, alarmée, elle téléphona à M. Campbell. Elle insista pour qu'il inscrive Mme Campbell à un « programme » ; elle lui en indiqua un pour les prématurés.

Quand M. Campbell entreprit de parler du « programme » à sa femme, il ne s'attendait guère à un tel esclandre. Elle était furieuse. « Toi aussi, tu me considères comme une ratée. Tu ne veux pas m'aider, alors tu préfères m'envoyer chez un psychiatre. Tu te fiches bien de Tony. Tu en as après moi ! » M. Campbell se retrouvait ainsi dans une impasse totale. Il appela le centre pour demander conseil et on lui proposa de faire venir une monitrice pour parler à Mme Campbell.

Quand on est dans un état dépressif et que l'on sent que l'on a besoin d'aide, on s'en défend. Car ce désir d'être aidé va de pair avec la crainte de l'échec et la sensation d'être totalement désemparé. Quand on veut aider quelqu'un qui est dans un état dépressif, il faut s'attendre à affronter la tempête. Mais M. Campbell avait tout à fait raison de persévérer, car sa femme et Tony risquaient tous deux de céder à un comportement que nous appellerons d'« attente de l'échec ».

La monitrice assura à Mme Campbell que la réaction de Tony était normale et que son état s'améliorerait si elle-même était plus détendue et si on lui donnait quelques conseils pour s'occuper de lui. Tony était dans une phase dépressive, mais cela n'avait rien d'irréversible.

L'ambiance du centre était réconfortante. Les monitrices ménageaient Tony et ne cherchaient pas à aller trop vite avec lui. Elles le laissèrent d'abord s'habituer à elles, à son propre rythme, avant de commencer le « programme ». Elles écoutaient Mme Campbell, ce qui la soulagea et l'aida à se sentir moins seule. Elles la laissaient avec Tony, sachant qu'autrement elle aurait la sensation qu'on le lui enlevait. Elles lui montrèrent ce qu'elle devait faire pour aider Tony, pour que ce soit elle qui le remette sur la bonne voie.

Ce dernier point est essentiel. Un programme qui ne porterait que sur l'enfant sans tenir compte de la mère, risquerait de faire plus de mal que de bien. Mme Campbell avait déjà beaucoup investi, et elle avait besoin de voir que ses propres efforts aidaient Tony. Tout succès, venant d'une tierce personne, risquerait de la faire se sentir diminuée et d'affaiblir sérieusement leur relation, en lui faisant prendre pour de bon ses distances vis-à-vis de Tony, ou en l'amenant à résister au point de retirer Tony du traitement. Les sentiments naturels de rivalité de la mère interdisent qu'on lui « prenne » son enfant.

C'est un point que nous avons eu l'occasion de vérifier au travers de nombreux « programmes » appliqués aux Etats-Unis à l'échelle nationale. Etant centrés sur l'enfant, ces programmes ne tiennent pas compte des besoins de la famille. Et la rivalité qui apparaît inévitablement annihile les progrès que l'enfant a pu faire. Le bilan des effets de ce que nous appelions les *Head Start Programs,* qui avaient pour vocation de mieux préparer à leur entrée à l'école les enfants d'âge préscolaire, a montré très clairement que les programmes faisant participer la famille contribuaient à enrichir conjointement la vie de l'enfant et de la famille, et permettaient d'améliorer l'efficience intellectuelle de l'enfant ; l'acquis définitif augmentait les chances de succès de l'enfant à l'école et lui donnait de meilleures perspectives dans la vie. En revanche, les programmes qui ne faisaient pas intervenir la famille ne procuraient aux enfants que des succès minimes et éphémères.

Aussi était-il capital que le programme appliqué dans le cas de Tony fasse participer activement Mme Campbell, de façon à l'aider à se réconcillier avec elle-même.

Parallèlement au traitement de Mme Campbell et de Tony, on conseilla à M. Campbell de se joindre après sa journée de travail, à un groupe de pères. Ces groupes aident les pères à se libérer de leurs angoisses, à mieux définir en quoi ils peuvent aider leurs femmes, et à résoudre leur ambivalence quant à leurs responsabilités au sein de la famille. M. Campbell était un participant très disponible et actif.

Mme Campbell trouvait les sessions très réconfortantes et, même, passionnantes. Elle était récompensée à deux niveaux. Elle se sentait encouragée pour les résultats qu'elle avait obtenus avec Tony, car tout le monde lui disait : « C'est merveilleux, les progrès que vous lui avez fait faire » — comme si cela tenait du miracle — et de plus, avec toute cette activité stimulante autour de lui, Tony avait changé du tout au tout. C'est alors seulement qu'elle comprit qu'elle venait de passer une longue période de dépression. Maintenant, Tony avait les yeux brillants d'enthousiasme quand ils faisaient des jeux d'exercice avec des chansons. Par exemple, dans un de ces jeux, Mme Campbell devait lui présenter un jouet et quand il tendait les mains sur le point de l'attraper, elle retirait un peu le jouet hors de portée de main de l'enfant ; Tony aimait qu'on le taquine. Quand enfin il parvenait à attraper le jouet, il le prenait, et se mettait à son tour à taquiner sa mère en lui tendant puis en retirant le jouet. Tony avait décidément radicalement changé !

Devons-nous en déduire que M. et Mme Campbell avaient perdu du temps en ne demandant pas assistance plus tôt ? Probablement pas. Car ils n'étaient pas encore prisonniers de schémas figés de comportement dépressif ou d'échec. Mais il s'en était fallu de peu. L'intérêt de laisser la famille se rendre elle-même compte qu'elle a besoin d'aide, est que quand cette aide intervient effectivement, chacun est disponible. Il y a toujours une période optimale pour l'« intervention ». Si une tierce personne veut aider de force les parents avant qu'ils ne soient conscients d'en avoir besoin, elle va au-devant de l'échec. Car leurs résistances peuvent être suffisamment fortes pour les empêcher d'accepter cette aide. Mais pour ce qui est de la famille Campbell, ce soutien extérieur fut à la fois un soulagement et une source de dynamisme. Néanmoins, il est plus risqué de retarder trop cette intervention de l'extérieur que de la suggérer trop tôt.

Pour ma part, je sais que lorsque je suspecte la vie familiale d'être perturbée, j'attends encore avant de proposer aux parents une aide. Mon déni vient renforcer les résistances naturelles des parents, qui font tout leur possible pour résoudre leurs problèmes. Dès que je suis sûr qu'ils sont en difficulté, je les aide à percevoir objectivement la situation et ils acceptent alors plus aisément l'idée d'une aide de l'extérieur.

L'ATTENTE DE L'ÉCHEC

En tardant trop à suggérer l'idée d'une assistance extérieure, on risque de laisser les comportements d'échec s'ancrer trop profondément. Non seulement ils peuvent devenir figés et difficiles à faire disparaître, mais de plus, on risque de laisser passer des occasions importantes d'acquisition de nouveaux stades du développement comportemental. Or, à partir du moment où l'enfant et ses parents pressentent l'échec, l'enfant développe rapidement une attente de cet échec ; et il s'habitue à faire comme s'il devait systématiquement échouer, au point de finir par se percevoir lui-même comme un échec.

C'est ce phénomène que l'on retrouve chez les enfants inaptes à apprendre. Le dépistage de cette incapacité quand ils ont trois ou quatre ans révèle dans nombre de cas une « attente d'échec ». Ils se voient échouer systématiquement et sous-estiment leurs aptitudes. Le risque est tel que le processus de désordre impliqué passe à l'arrière-plan des problèmes de l'enfant. Réhabiliter l'image que l'enfant a de soi, constitue le caractère prioritaire de tout programme de ce type.

J'ai été étonné de constater avec quelle précocité l'attente de l'échec se développe dans l'esprit du petit enfant. Ainsi, au *Children's Hospital*, nous avons pu l'observer chez un bébé de huit mois qui échouait à tous les tests de l'épreuve Bayley, du fait d'un désordre au niveau de la prise d'informations (incapacité d'apprentissage). Comme les tests de Gesell pour l'évaluation de la compétence de l'enfant, l'épreuve de Bayley peut être répétée et « notée » mensuellement. Par exemple, un bébé de huit mois est censé être capable d'assembler deux cubes, montrant ainsi qu'il a une notion d'espace et d'équivalence des deux cubes. Or, la petite fille observée semblait être sur le point d'assembler les deux cubes (ce qui indiquait qu'elle possédait effectivement la notion d'espace), mais elle échouait à la phase finale de l'assemblage. Pourtant, elle rapprochait les cubes avec une telle habileté qu'elle aurait pu facilement réussir la tâche. Ensuite, elle nous regardait pour s'assurer que nous avions vu qu'elle avait échoué. Nous sentions, et sa mère aussi, qu'elle souhaitait un échec, et qu'elle l'avait donc provoqué.

Dans le cas d'un enfant atteint d'une incapacité motrice ou d'un handicap quelconque, il est encore plus important d'empêcher que ce comportement d'échec ne vienne perturber encore plus les actes de l'enfant, et qu'il ne s'ancre dans l'esprit de la mère. Car celle-ci risquerait de renoncer et de ne plus faire tout ce qu'il faut pour aider l'enfant à surmonter son handicap. Inconsciemment, la mère cesse d'espérer que l'enfant réussisse, et elle lui communique son renoncement. Or, si les performances de l'enfant « dévient », il risque de prendre des habitudes de comportement qui perturberont les actes qu'il réussit habituellement bien. Sachant cela, dans le cas d'un déficit cérébral mineur ou plus important, il est d'autant plus essentiel d'intervenir précocement.

Dans ce sens, les travaux de Bobath sur la réorientation des conduites motrices désordonnées montrent bien que nos connaissances sont maintenant suffisamment avancées pour aider l'enfant à pallier ses déficits. Pour qu'un tel programme réussisse, il faut avoir fait naître la motivation chez l'enfant *avant* que son comportement ne se soit trouvé dévié par l'échec, et parvenir à canaliser l'énergie des parents en vue de la réussite du programme — et ce, alors qu'ils *espèrent* voir l'enfant réussir. Ce facteur de dynamisme est capital, et il risque d'être très difficile à raviver s'il a disparu.

DE NOUVEAUX PROGRÈS

Tony commençait maintenant à jouer à la maison. Le matin, dans son lit, avant que ses parents se lèvent, il « parlait » tout seul. Il essayait pêle-mêle le gazouillis, la vocalisation, les trilles, les toussotements et les roucoulements ; en somme, il faisait le tour des possibilités de son appareil vocal. La première fois qu'elle l'entendit émettre de petits grognements et tousser, Mme Campbell bondit de son lit, alarmée. Et en s'approchant, elle l'entendit qui s'entraînait à répéter ces différents sons, et comprit que tout cela faisait partie du nouveau répertoire de Tony. Les trilles semblaient imiter ses propres inflexions. Elle *crut même l'entendre dire « Tony », comme quand elle lui parlait ; il le répétait inlassablement, mais sans les voyelles. Comme il s'entraînait beaucoup, ses capacités vocales progressèrent rapidement, jusqu'au jour mémorable où, en regardant son père, il articula : « pa-pa ». Une semaine plus tard, après que sa mère l'eut fait longuement répéter, il dit timidement : « ma-man ».*

A la même période, il commença à s'intéresser à ses mains. Il les amenait à hauteur du visage, les tournait et les retournait, et avec les doigts d'une main, il jouait avec l'autre. Si bien que le pattern de comportement stéréotypé qui consistait à se cacher le visage, disparut à partir du moment où Tony avait trouvé à ses mains une utilité plus passionnante. Il commençait à attraper les jouets qui se trouvaient sur son lit, et au bout d'une semaine, il maîtrisait la préhension à deux mains, à une seule main, et le transfert des objets d'une main à l'autre (voir Infants and Mothers*). En quelques semaines, deux mois d'apprentissage et d'entraînement avaient porté leurs fruits. Son nouveau désir d'apprendre le faisait progresser rapidement, et il avait presque rattrapé les autres enfants de son âge.*

Il apparaît clairement au vu de cette brusque progression de l'apprentissage, que la capacité était latente, mais qu'elle était restée inexploitée. Tony avait cédé à des patterns de comportement monotones et stéréotypés et qui occultaient des capacités plus évoluées. L'enthousiasme d'apprendre des actes nouveaux et plus riches avait été réprimé par le climat morne qui régnait entre lui et sa mère, et qui, étant peu stimulant, n'encourageait pas l'enfant à produire des réponses gratifiantes. Maintenant que Mme Campbell était motivée et qu'elle avait retrouvé son enthousiasme, il en allait de même pour Tony. La communication entre eux était passée à un niveau complètement nouveau. Très vite, ils se mirent à jouer ensemble en s'entraînant mutuellement. Bien qu'un peu jaloux de tout cela, M. Campbell était surtout soulagé de trouver en rentrant à la maison une ambiance gaie et animée ; c'était une expérience nouvelle, quelque chose qu'il n'avait pas connu depuis la naissance de Tony.

Ces programmes ne donnent pas toujours des résultats aussi spectaculaires, bien entendu. Mais il est certain qu'ils représentent un soutien et qu'ils offrent de nouvelles perspectives à toute la famille. Dans ce sens, ils renforcent considérablement les liens familiaux. Désormais, si Mme Campbell voulait reprendre le travail, elle pouvait le faire en voyant les choses tout à fait autrement, pour elle-même et pour Tony. Si elle l'avait laissé sur son échec, et qu'elle l'avait « abandonné » en le mettant à la crèche ou dans un centre pédiatrique où on lui aurait fait suivre sans elle un « programme » de traitement, elle aurait vu le rétablissement de Tony comme le fruit du travail des médecins, et non comme un succès partagé entre elle et lui. Cette nuance est très importante — non seulement pour les sentiments que Mme Campbell aurait par la suite à l'égard de Tony, mais aussi pour l'image qu'elle avait d'elle-même et sa sensation de compétence dans son rôle de mère.

Au travers de ce renouement et de l'affermissement de son attachement pour Tony, la séparation n'était plus une menace. Elle devenait tout simplement une nouvelle étape de leur attachement, puisque la finalité de l'attachement n'est autre que le détachement.

8

Le détachement, but de l'attachement

ENCOURAGER L'INDÉPENDANCE

Dans notre travail au *Children's Hospital* avec les parents et leurs enfants, nous nous efforçons de comprendre les différentes phases et les jalons comportementaux du processus d'attachement. Et nous en sommes venus à percevoir comme étant la marque la plus authentique de l'attachement, l'aptitude à se détacher aux stades adéquats du développement de l'enfant. C'est là un élément capital pour sa capacité d'agir pour son propre compte et de découvrir les aspects stimulants de l'autonomie. L'accomplissement autonome des actions constitue pour l'enfant les fondements de sa confiance en lui — et crée les composantes de son moi. S'il est oppressé par des parents qui s'occupent trop de lui ou qui, pendant trop longtemps, font tout à sa place, l'enfant risque de perdre autant d'occasions d'essayer ses capacités. Il y a donc manifestement des stades favorables pour encourager l'indépendance.

Si l'autonomie ne se développe pas correctement, il est probable que le comportement de l'enfant s'en ressentira. Par exemple, il peut se confiner dans une sorte de monotonie ou de répétition, qui révèlent indirectement qu'il n'ose pas ajouter de nouvelles facettes à ses capacités actuelles. Ce faisant, il attend discrètement que ses parents accomplissent sa tâche pour lui ; ou bien, il peut se retrancher derrière un comportement d'échec, dans lequel chaque tâche reste inachevée ou manque son but (cf. chapitre VII). De tels patterns sont difficiles à interpréter dans la première enfance, mais il est fort vraisemblable que les fondements de l'autonomie, ou de l'absence d'autonomie, soient mis en place à cette époque.

Chez les parents, des forces inconscientes sont à l'œuvre : ils craignent l'échec, ils préfèrent que l'enfant reste comme il est, protégé et immature. Ces sentiments empêchent les parents de découvrir la valeur précieuse des petits échecs et des déceptions qui les accompagnent et qui motivent l'enfant à s'exercer à atteindre un but. Ce sont ces mêmes sentiments qui entretiennent le besoin des parents de protéger l'enfant bien au-delà du stade où une simple présence attentive suffit.

Un attachement vraiment réciproque laisse la place à des périodes de rupture et de détachement. Dans ces périodes, lorsque les anciens patterns ne fonctionnent plus, que l'enfant montre qu'il n'est plus satisfait par les vieilles interactions monotones, et qu'il ne l'est plus de lui-même, les parents se rendent compte qu'ils sont entrés dans une période de désorganisation. Ils réagissent par la surprise, la déception, et un sentiment d'abandon, suivi de l'impression d'être désorientés. Cela signifie qu'une étape doit être franchie, qui nécessite une réorganisation des compétences des parents.

En le regardant entreprendre ses nouvelles tentatives, en l'observant pour essayer de deviner grâce à des indices ce qu'il cherche à faire, les parents commencent à percevoir leur nouveau rôle. Dans un même temps, le fait qu'ils se contentent de simplement regarder et attendre permet à l'enfant d'acquérir plus d'autonomie et d'en apprendre plus sur lui-même. Lorsque le nouveau stade de développement est atteint, la joie que témoignent les parents devant les succès de l'enfant et leur nouveau rôle, encourage l'enfant. Pour lui, c'est une double récompense : d'une part, celle d'avoir exploré et franchi une nouvelle étape, de l'autre, celle de trouver un écho chez ses parents.

C'est, en fin de compte, une façon détournée de dire que tout ce que l'enfant apprend de lui-même est plus gratifiant pour lui que si on le lui avait enseigné. Comme nous nous sommes efforcé de le démontrer au cours des chapitres précédents, pour des parents aimants, un tel détachement n'est pas toujours facile ; mais il est nécessaire. Lorsqu'un enfant a quatre ou cinq mois et que nous filmons des séquences de jeu entre lui et sa mère, nous nous attendons à voir l'enfant entraîner sa mère tout aussi souvent qu'elle l'entraîne. Si elle entame une séquence, elle le laisse très vite prendre la suite. Elle peut aussi lui modeler une nouvelle tâche, et se retirer aussitôt pour le laisser s'exercer, échouer, recommencer, jusqu'à ce qu'il la maîtrise. Quand il y parvient de lui-même, elle éprouve un plaisir égal au sien.

Nous avons vu un exemple très révélateur sur ce point, en observant des mères et leurs enfants au Kenya occidental. Nous cherchions alors à comprendre les raisons de la précocité motrice observée chez les enfants. A neuf mois, ils marchaient correctement, à quatre mois ils étaient capables de s'asseoir tout seuls et, avec environ un mois d'avance, ils commençaient à tendre la main vers un objet. A chaque étape réussie de leur développement, ces enfants témoignaient une excitation remarquable. Notre étude, qui porta sur une période de deux années, nous a beaucoup appris sur la façon dont cette excitation motrice était suscitée, tant de l'intérieur du bébé, que par l'entourage (Super, 1980). Nous en avons eu un exemple frappant à l'occasion de l'apprentissage d'une tâche.

Nous avions créé une situation dans laquelle la mère devait « apprendre » à son enfant à accomplir une tâche tirée des épreuves de Bayley et qui correspondait à un mois d'avance sur le développement réel de l'enfant. La séquence était filmée et il était prévu d'attribuer à la mère une note, fonction de sa capacité à fractionner l'exercice en segments intelligibles ; puis on laisserait l'enfant essayer d'exécuter chaque phase de la tâche ; enfin, l'on déterminerait si le comportement maternel consistait à « façonner, montrer, ou insister » (K. Kaye, 1979, ayant mis en évidence ces trois types de comportement auxquels recourent les mères américaines pour enseigner une tâche à un enfant d'un an).

On a pu ainsi voir qu'à Kisii, quand une mère noire prenait son bébé sur les genoux, c'était pour lui modeler toute la tâche. Ensuite, elle attendait qu'il répète l'exercice ; pour cela, elle maintenait son intérêt en éveil en lui répétant sans cesse et d'une voix monocorde : « Tu le fais, tu le fais, tu es capable de le faire. » Au moment où l'enfant entamait la première phase de la tâche, elle se taisait. Une fois qu'il avait eu le temps d'assimiler cette phase, elle reprenait, pour le relancer. Et, lorsqu'il avait réussi la phase suivante, elle se taisait.

Notre culture avait si profondément enraciné dans nos esprits l'idée qu'un renforcement positif était essentiel pour que l'enfant prenne conscience de ce qu'il venait de faire, que nous pensâmes que la mère n'aidait pas du tout son enfant. Il nous fallut visionner plusieurs fois le film pour saisir ce qui se passait quand la mère ne disait plus rien. Non seulement c'était son silence qui servait de renforçateur de l'acte accompli, mais pendant ce silence, le visage de l'enfant s'éclairait, et il reprenait la tâche avec une ardeur renouvelée. Le silence maternel lui donnait donc l'occasion de réaliser qu'il avait fait quelque chose *tout seul.* Son excitation et sa vigueur entraînaient l'enfant vers un accomplissement plus total, d'où, chez ces enfants, une motricité avancée pour leur âge. Cette expérience révélait manifestement au moins une des forces à l'origine de la précocité motrice observée.

Une expérience similaire au sein de notre culture nous donna une image radicalement différente. Les mères américaines, en effet, présentaient habituellement la tâche étape par étape, tout en expliquant à l'enfant ce qu'elles lui montraient (la parole pouvait aussi être perçue comme distrayante et gênante). Chaque fois que le bébé venait d'accomplir une phase de l'exercice, la mère s'écriait : « C'est ça ! C'est magnifique ! » Puis elle disait : « Maintenant, continue. Fais ci, fais ça, ou ça. » Elle lui proposait plusieurs possibilités, mais ce n'étaient pas nécessairement celles qu'il aurait choisies de lui-même ; en fait, elle lui laissait très peu de choix.

Dès lors, nous commençâmes à envisager tout autrement le renforcement positif. Suivant la *façon* dont on l'utilise, il peut devenir un puissant moyen de manipulation et servir à escamoter le libre arbitre de l'enfant, de même que sa sensation d'accomplissement. Tout au moins dans la comparaison de ces deux cas, il apparaissait clairement que par leur renforcement, les mères américaines contrôlaient plus l'enfant et que chez celui-ci, l'autonomie se trouvait freinée.

Une fois que la mère a appris à son enfant comment contrôler ses états et comment diriger et maintenir son attention (cf. chapitre V), il est temps de restituer à l'enfant ce contrôle, à la fois discrètement et franchement. C'est ce que j'entends par détachement — ce processus de maternage qui permet à l'enfant de prendre la relève, et de se rendre compte qu'il peut devenir indépendant.

Pour décrire les nouvelles expressions du visage et des yeux qui apparaissent à cette occasion, Margaret Mahler (1963) emploie le mot « éclosion » qui traduit bien le processus de prise de conscience de l'enfant. Lors d'une interaction avec sa mère ou un autre adulte, l'enfant est capable de suivre d'une certaine distance, de comprendre où veut en venir la personne et de produire de lui-même des signaux à la fois variés et variables. Un changement progressif intervient non seulement au niveau de sa conscience, mais aussi de sa capacité de faire savoir qu'il est plus indépendant. Mahler parle à ce sujet d'un « nouvel aspect de l'état *alerte*, mêlé de persévérance et dirigé vers un but ». L'enfant est capable de se maintenir lui-même dans un état *alerte* plus durable, à l'occasion duquel il témoigne d'une meilleure aptitude à surveiller les personnes et les objets, aptitude qui est mêlée d'une intention d'agir sur ces observations. Désormais, il peut aussi bien tendre la main vers un objet, que retenir ce geste. Cela met à sa disposition toute une gamme de foyers d'attention et de relations qu'il peut contrôler — et il le sait.

LE PARENT CÉLIBATAIRE

Les premières étapes vers la *séparation* et le détachement ont été illustrées pour moi d'une manière vivante par une mère célibataire et son enfant. L'expérience m'a montré que ce processus est plus difficile pour quelqu'un qui élève seul son enfant.

Son bébé avait trois mois quand Mlle Hardy vint me voir. On lui avait dit que j'éprouvais beaucoup de respect pour les parents célibataires et que je souhaitais les aider à élever seuls leur enfant. Seule, elle l'était d'autant plus que ses propres parents habitaient loin. Le père de l'enfant était professeur en Angleterre, et elle n'avait jamais envisagé de l'épouser. Elle avait toujours voulu un enfant et, quand elle se sut enceinte, elle en fut ravie. Elle ne regrettait rien ; au contraire, sa grossesse avait été une « période de plénitude merveilleuse ». Elle m'avoua qu'elle ne s'était jamais sentie aussi épanouie, et qu'elle en avait savouré chaque minute. Alors qu'elle était enceinte de quatre mois, elle dut venir habiter Boston pour son travail, si bien qu'elle n'avait pas revu le père de l'enfant, ni pu rendre visite à ses parents. Elle était vice-présidente d'une compagnie d'assurances et, professionnellement, tout allait très bien.

Elle avait demandé, et obtenu « autant de congés qu'il me fallait pour mon bébé ». Elle était tout à fait convaincue qu'à son travail, tout le monde respectait sa décision. Personne ne lui reprochait de vouloir être une mère célibataire, ni de prendre un congé. « Malgré cela, dit-elle, je me suis sentie seule. Personne ne me proposait plus de sortir. Il n'y a pas de sorties organisées pour les jeunes mères célibataires. Je ne sais pas comment rencontrer des femmes dans mon cas. Je suis si heureuse et si fière d'être une mère célibataire que j'aimerais partager ce sentiment avec d'autres parents célibataires. »

Je lui suggérai de fréquenter les associations de femmes dans lesquelles elle pourrait se faire des amies. Elle me répondait qu'elle était allée à des réunions, mais elle n'y avait trouvé personne dans la même situation qu'elle ; elle y avait fait la connaissance de quelques mères célibataires qui élevaient leurs enfants, mais ceux-ci étaient déjà grands et leurs mères semblaient « si aigries ». Cela la mettait mal à l'aise. Je lui demandai pourquoi elles étaient « aigries » ; elle me répondit : « Parce qu'elles sont seules, qu'elles n'ont personne pour les soutenir — ni un mari, ni un compagnon, ni la société. Et comme le Mouvement des femmes ne les aide pas à s'occuper de leurs enfants, elles se sentent isolées. Moi, je n'ai pas envie d'être aigrie. Je savais que ce serait dur, mais les récompenses sont merveilleuses ! »

Mlle Hardy avait raison. Les groupes de femmes n'aident pas encore assez leurs membres dans leur rôle de maternage — qui est pourtant une composante importante dans la vie d'une femme (et d'un homme aussi). Un collectif de femmes de Cambridge a publié en 1978 un livre intitulé *Ourselves and Our Children,* qui témoigne d'un effort pour combler cette lacune. Des féministes, comme Adrienne Rich et Phyllis Chesler ont insisté sur la nécessité d'aider les mères célibataires. Cette reconnaissance ne peut qu'apporter un puissant souffle d'énergie aux mouvements féministes qui ont déjà beaucoup fait pour aider les femmes à se réaliser dans d'autres domaines. Car dans ce rôle aussi, elles ont besoin de s'épanouir. Mlle Hardy a besoin du soutien d'autres femmes. Mais la création d'associations pour les hommes serait aussi souhaitable ; comme les femmes, les hommes ont besoin de faire le point, sur eux-mêmes et sur leurs buts dans la vie à la fois au niveau professionnel et dans leur rôle de membres de la famille et de la société en général. Peu d'hommes se sentent suffisamment armés pour réussir simultanément dans ces deux rôles.

Mlle Hardy se confiait à moi ouvertement et en toute franchise. J'avais déjà eu un certain nombre de parents célibataires dans mon cabinet — surtout des femmes, mais aussi quelques hommes. Pour la plupart, leur vie privée était rendue plus difficile par la solitude et par le fait qu'ils ne connaissaient généralement personne dans la même situation qu'eux. Mon travail avec eux consistait à rendre l'interaction parent-enfant aussi gratifiante que possible pour tous deux. Par mon expérience, je savais que des problèmes étaient à prévoir dans la relation entre le parent célibataire et son enfant, et que je pouvais être utile. L'expérience m'a aussi appris qu'il vaut mieux prévenir les problèmes que les guérir. Mais on risque parfois de croire qu'un processus en cours va nécessairement devenir un problème. Ce qui n'est pas toujours le cas ; le sachant, on s'attarde moins sur les petites vicissitudes que connaît une famille en plein épanouissement.

J'avais mis au point une sorte de contrat que je proposais aux parents célibataires qui venaient me voir pour la première fois. S'ils trouvaient que mon approche était celle d'un trouble-fête, je leur conseillais de chercher plutôt un médecin leur convenant mieux. En revanche, s'ils percevaient l'utilité de mes efforts pour prévenir les problèmes, ils avaient toujours le choix de « prendre ou laisser » mes suggestions. « Il y aura des moments dans l'évolution de votre enfant, les prévenais-je, où il devancera vos attentes. Et vous aurez tendance à maintenir le *statu quo*. Mon rôle consistera à vous montrer quand votre enfant aura besoin que vous le laissiez libre de tester par lui-même une nouvelle acquisition. Car il est toujours difficile à un parent célibataire de laisser à son enfant la liberté d'acquérir à son propre rythme son indépendance. »

Lorsque je lui proposai ce « contrat », Mlle Hardy fut très étonnée ; elle me dit qu'elle ne s'attendait pas à ce que je sois favorable à l'idée d'encourager un enfant à acquérir son indépendance. « Dois-je comprendre qu'à votre avis je dois reprendre le travail ? »

Mais Mlle Hardy avait devancé ma pensée. Quand on est attaché à son enfant, on est tiraillé par une profonde ambivalence. D'un côté, l'on désire rester auprès de lui, de l'autre, on préférerait démissionner en se disant : « Tu ferais mieux de fuir. Ce n'est pas sain de s'attacher à ce point. » En l'absence de l'ouverture qu'apporterait une troisième personne dans la famille, la relation risque de devenir une sorte de « tout ou rien ». Soit « je t'appartiens complètement », soit « je ne t'appartiens pas du tout ». Le revers de cet amour est la séparation. Chez Mlle Hardy, cette ambivalence est latente. Sa réussite professionnelle et le désir de reprendre ses activités ne lui facilitent pas la décision.

Je conseillai à Mlle Hardy d'attendre quelque temps, pour me permettre de l'aider à prendre sa décision. Je la connaissais à peine et, bien qu'ayant une certaine habitude des parents célibataires, il me semblait essentiel de tenir compte de la situation particulière de chacun pour arrêter un choix. Elle me parut soulagée et plus détendue.

Elle me raconta comment s'étaient déroulés l'accouchement et les trois mois suivants. Elle allaitait son bébé, qu'elle avait appelé Lee. Au début, elle avait eu des difficultés, mais à force de volonté, tout était rentré dans l'ordre, et elle en était très fière. Elle était résolue à continuer de nourrir son enfant au sein, même quand elle reprendrait le travail. Je lui fis remarquer que cela semblait vraiment la préoccuper car c'était déjà la deuxième fois qu'elle en parlait.

Elle s'empressa de m'assurer que même si effectivement, elle y pensait, elle n'avait pas pour autant l'intention de se séparer déjà de Lee. Son ton laissait supposer que le fait de partager son enfant avec une autre personne serait une issue irréversible.

Ce n'était pas la première fois que j'avais affaire à une telle situation. Et je pense qu'il faut tenir compte de ces raisons légitimes et très personnelles avant de décider de confier la garde de l'enfant à une crèche. En l'absence d'études approfondies sur la portée de la séparation précoce, nous nous trouvons dans ce domaine sur un terrain incertain. Ceux qui sont favorables au système des crèches disent que l'enfant ne risque pas d'en souffrir s'il y a au moins une puéricultrice pour quatre enfants ; ainsi, elle peut s'occuper au mieux de chacun et lui prodiguer tous les soins nécessaires — en supposant bien entendu qu'elle soit compétente, et qu'elle ait suivi une formation adaptée. J'abonderai dans ce sens en ajoutant qu'il faudrait tenir compte, en sélectionnant les puéricultrices, de leur patience avec les enfants, que les conditions soient optimales ou difficiles.

Nombreuses sont les personnes qui estiment qu'un enfant ne devrait en aucun cas être confié à une crèche. Mais celles qui sont pour le système des crèches leur répondent que plus de la moitié des enfants de moins de trois ans sont déjà en crèche, pour la simple raison que leurs mères travaillent. Se demander si l'enfant doit être ou non confié à une crèche serait donc un faux problème ; ce qui compte avant tout, c'est la qualité des soins apportés à l'enfant.

J'ajouterai encore une condition : que l'on s'occupe aussi de la mère. Si on ne la fait pas participer à la vie de l'enfant à la crèche, elle risque de se sentir écartée et inutile, dans une période où il est essentiel qu'elle continue de se sentir importante pour son enfant. Autrement, elle risque de souffrir en s'imaginant qu'elle va le perdre et, inconsciemment, de se détacher par un réflexe de défense. Elle se montrera même agressive avec la puéricultrice, qu'elle considérera comme une rivale. Mais comme elle se tiendra pour responsable de tous les « défauts » de son enfant et qu'elle mettra ses progrès au crédit de la puéricultrice, elle ne cessera de se faire des reproches, tout en se montrant particulièrement sensible aux moindres remarques de la puéricultrice. Si, par exemple, elle dit à celle-ci que le soir, chaque fois qu'elle prend l'enfant dans ses bras, il se met à crier, et que la puéricultrice lui répond : « Avec moi, il ne fait jamais ça ! » elle est atterrée. Il faudrait donc expliquer à la mère qu'un enfant se « désintègre » toujours après une longue journée, mais qu'il réserve généralement à sa mère les messages importants (tels que les cris et la « désintégration »), ce qui indique que, toute la journée, il a attendu sa mère.

Aussi, en rassurant la mère et en la faisant participer à la vie de l'enfant à la crèche, considérant que le rôle maternel reste essentiel pour le développement de cet enfant, on pourrait vraisemblablement atténuer les multiples effets perturbateurs de la séparation précoce. Mais ce sera aux chercheurs de démontrer le bien-fondé de cette hypothèse.

Il se peut aussi qu'il soit nécessaire que la mère et l'enfant passent ensemble une certaine période avant de pouvoir être séparés sans préjudices irréversibles pour l'un et l'autre. Selon Selma Fraiberg (1959), l'enfant doit passer au moins ses deux ou trois premières années à la maison, auprès de sa mère. Mais, connaissant le mode de vie de beaucoup de familles, on peut penser que pendant une période si longue, la mère et l'enfant se sentiraient très isolés. Si l'on attend de la mère qu'elle passe toute cette période chez elle, il faut l'aider à en tirer une gratification, sous peine de la voir reporter inconsciemment ses ressentiments sur l'enfant.

Je pense qu'en attendant que les recherches en cours nous permettent d'en savoir plus, nous devons faire pression pour faire adopter une législation prévoyant un arrêt de travail de six mois pour les jeunes mères et de trois ou quatre mois pour les pères. On permettrait ainsi aux parents de choisir la formule qui leur convient, en mettant l'accent sur l'importance du renforcement de la relation parents-enfants. Mais pour cela, il faudra faire en sorte que les entreprises ne puissent pénaliser les parents qui prendront ce congé, tout en aidant ceux-ci à rester « compétitifs » dans leur profession. A l'heure actuelle, il n'existe pas de dispositions dans ce sens. Une interne en obstétrique dans l'hôpital où j'exerce, n'avait obtenu que deux semaines de congé maternité ; mais six mois plus tard, et contre vents et marées, elle était encore chez elle, à materner son enfant. Donc, avec de la détermination, c'est possible. Mais les choses ne pourraient-elles être plus simples ?

Selon moi, il faut que la mère (ou le père), passe au moins les quatre premiers mois à la maison pour s'occuper de son enfant : c'est un strict minimum. Durant ces premiers mois, les parents sont souvent tentés de fuir leurs responsabilités ; et chaque période de pleurs chez l'enfant renforce cette envie. Mais le parent doit savoir qu'il est nécessaire de passer cette période agitée des premiers mois pour parvenir au stade suivant, plus tranquille ; l'enfant deviendra plus stable, plus organisé, et il commencera à sourire, à roucouler et à gazouiller *pour* sa mère ou son père ; alors seulement, le parent sera fier d'avoir franchi avec succès le cap difficile des tout premiers mois.

S'il n'a pas pris activement part à cette période, le parent ne pourra percevoir l'émergence du comportement social chez l'enfant comme le fruit de sa participation. La relation ne s'en trouvera pas véritablement en danger, mais elle ne sera peut-être jamais aussi riche qu'elle aurait pu l'être. Les conflits précoces et l'effort que font les parents pour en venir à bout, peuvent être déterminants pour que ceux-ci éprouvent le sentiment de plénitude qui accompagne le passage du cap des quatre premiers mois.

PRENDRE LES DÉCISIONS ENSEMBLE

Mlle Hardy me dit que la seule idée de partager son enfant avec quelqu'un d'autre lui était pénible. Elle se sentait si indissociable de lui que même pour dormir, elle ne pouvait s'en séparer. Comme elle tenait à être seule responsable du bien-être de son enfant, elle ne voulait le nourrir ni au biberon, ni avec des bouillies. Jusque-là, tout allait bien, mais elle se sentait coupable d'avoir créé une intimité aussi exclusive entre elle et son enfant. Elle se rendait compte qu'elle réagissait avec une défiance excessive dès que quiconque semblait s'immiscer dans leur relation. Et elle redoutait que ce ne soit justement ce que j'essayais de faire.

En parlant de tout cela aussi ouvertement, Mlle Hardy montrait qu'elle était une personne à la fois consciente et souple de caractère ; mais derrière cette apparence se cachait aussi une sorte de défi. Car maintenant Mlle Hardy savait qu'avec la séparation allait bientôt prendre fin cette heureuse période d'union symbiotique. Je n'aurais pas besoin de l'encourager à passer ce cap ; elle y viendrait d'elle-même.

Comme elle voulait en savoir plus sur le « contrat », je lui dis que, tel que je le voyais, mon travail consisterait à renforcer ses liens avec son enfant, afin que leur relation devienne constructive pour tous deux. Mon rôle serait d'intervenir dans les moments de remous, quand elle aurait besoin qu'une tierce personne l'aide à en comprendre les tenants et les aboutissants, pour qu'elle se sente moins désorientée.

« J'ai parfois terriblement besoin que quelqu'un m'aide à y voir clair. Je trouve cela affreusement "unilatéral" d'être toujours toute seule à décider de tout. »

Elle regarda Lee, que notre conversation sérieuse finissait par ennuyer et qui s'était mis à vocaliser avec entrain. En voyant sa mère, Lee se tut et lui fit un large sourire. Ils se mirent à échanger sourires et vocalisations, en un va-et-vient rythmé (décrit au chapitre VI). L'alternance de leurs signaux verbaux, fondus dans l'ensemble des signes pleins de tendresse et de vie de leur communication visuelle, était un spectacle d'une rare harmonie.

Quand Mlle Hardy se retourna vers moi, je lui rappelai ce qu'elle venait de me dire — qu'elle prenait seule toutes les décisions. Je lui décrivis le « dialogue » auquel je venais d'assister. « Je pense qu'il vous aide à prendre ces décisions. » « Je crois que vous nous avez compris et que vous êtes sur la même longueur d'onde que nous. Lee et moi pouvons avoir confiance en vous », me répondit-elle en riant.

Un parent célibataire, outre le fait qu'il souffre peut-être de sa solitude, se dit que les « autres » ne peuvent pas comprendre l'intensité de cet amour mêlé d'émotion qui fait une relation heureuse. De la même façon que quelqu'un qui est amoureux est fermement convaincu que nul ne l'a jamais été autant que lui et que, donc, personne ne peut comprendre ses joies et ses peines. Or, la société a créé de tels obstacles pour les mères célibataires, que leur sensation d'isolement s'en trouve renforcée d'autant.

Les semaines suivantes s'écoulèrent sans encombre. Mlle Hardy me téléphona à plusieurs reprises toujours pour me poser des questions intéressantes ; elle m'utilisait comme le miroir de ses propres réactions, ou comme un témoin à qui elle expliquait le pour et le contre, avant d'arrêter sa décision.

Dans un couple de parents, c'est ce qui se produit à longueur de temps et sans qu'ils en aient conscience. Que ce soit pendant le repas ou au moment d'aller se coucher, l'on essaie de mettre de l'ordre dans ses idées en en parlant à l'autre. Et dans la mesure où chacun connaît d'avance la réaction de l'autre, les questions posées ne visent généralement pas à obtenir une réponse ; elles permettent surtout d'exprimer à voix haute les décisions déjà prises et qui n'attendent qu'un aval.

Mon rôle se bornait à ma seule « présence » jusqu'à la première crise. Une nuit, Lee fit une poussée de fièvre. Mlle Hardy me téléphona, affolée. Après l'avoir laissée énumérer les symptômes, la température qui était montée à 38°, la respiration haletante, et ainsi de suite, je lui demandai si Lee semblait avoir mal. Elle me répondit que non. Et comme je lui demandai s'il avait « l'air malade », elle me rétorqua : « Quelle question, bien sûr qu'il a l'air malade. » Je voulus savoir ce qu'il était en train de faire en ce moment précis, s'il jouait, s'il était alerte, s'il réagissait. « Ça oui, mais je ne vois pas le rapport. » S'il avait été vraiment malade, comme je l'expliquai à Mlle Hardy, son comportement s'en serait ressenti. D'autres symptômes, par exemple s'il avait été apathique, sans énergie, sans réaction, même en l'absence de fièvre, m'auraient inquiété davantage. Dans le cas présent, nous pouvions attendre le lendemain matin. Et, en effet, lorsque je l'examinai, il était déjà pratiquement rétabli et la fièvre était tombée. Ainsi, à cette occasion, Mlle Hardy avait appris qu'en observant le comportement de son enfant, elle pouvait savoir quand quelque chose n'allait pas ; et elle me remercia de l'avoir aidée à en savoir un peu plus sur lui.

EXPLORER À PARTIR D'UNE BASE SÛRE

La crise suivante intervint quand Lee avait quatre mois et demi. Nous avions rendez-vous pour une visite systématique et une vaccination ; Mlle Hardy avait une expression défaite : « Est-ce que je dois le sevrer ? » me demanda-t-elle d'emblée. « Pourquoi tout d'un coup cette question ? Je croyais que vous aviez l'intention de continuer à lui donner le sein même après avoir repris le travail. » Elle le regarda et dit tristement : « Il ne veut plus. Quand je lui donne le sein, il détourne la tête. Il me rejette. »

J'ai souvent entendu cela au sujet d'enfants de cet âge. Toutes les mères qui allaitent leur enfant posent un jour ou l'autre cette question et toujours pour la même raison. Il détourne la tête.

Le motif de ce comportement est invariablement que l'enfant est si intéressé par le monde qui l'entoure que la tétée ne suffit plus à concentrer son attention. Il suffit du moindre bruit, ou que quelqu'un fasse un mouvement pour qu'il se retourne. Cet intérêt subit de l'enfant pour son environnement témoigne du développement de son aptitude à influer sur cet environnement. Etant maintenant capable de prendre un objet avec une seule main, l'enfant devient beaucoup plus habile. Jean Piaget (1969) a montré qu'il existe des « processus circulaires » — un système de réactions par lequel un nourrisson qui agit sur un objet apprend que son acte a produit l'effet attendu. Ainsi, l'enfant se trouve d'autant plus motivé par l'accomplissement de tâches avec des objets. La capacité du nourrisson à tendre la main vers un objet et à le localiser est donc liée à la conscience de son pouvoir d'agir sur son environnement.

Dans cette même période, il apprend à mieux reconnaître les personnes « importantes » qui l'entourent et celles qui lui sont étrangères. Quand je m'approche d'un enfant de cet âge pour l'examiner, il me regarde, les yeux grands ouverts, avec une expression terrorisée ; il est comme paralysé. Et si je m'approche un peu plus près et que je le touche, il se met à crier, pour me tenir en respect. Si je demande à sa mère de se placer entre lui et moi et que je m'arrange pour profiter qu'il la regarde pour l'ausculter, il me laisse faire tout ce que je veux, sans protester.

Un troisième développement venant enrichir sa conscience de son environnement et son intérêt pour celui-ci, intervient dans le domaine cognitif.

L'enfant commence à acquérir la notion de l'espace, forme précoce de ce que Piaget a appelé la *permanence de l'objet.* Par exemple, si l'on a appris à un nourrisson à tenir lui-même son biberon et qu'on le lui tend par le mauvais côté, tétine en bas, il le retournera — même si ses gestes sont encore maladroits — de façon à porter la tétine à sa bouche. Il en fera autant pour tout autre objet « préféré », sachant ce qui est « bien » et ce qui ne l'est pas, ainsi que de ce qu'il faut faire pour rétablir la situation. Il est lui-même fasciné par ses nouvelles capacités et dans sa hâte de les exercer, il se détourne de l'objet « sûr » : sa mère.

Lors des expériences en situation de face à face, on retrouve régulièrement cette confiance en la présence maternelle. Tandis qu'à trois mois, dans la situation de jeu décrite au chapitre VI, tous les nourrissons se laissent entraîner par les incitations à jouer venant de leur père ou de leur mère, en revanche, à quatre mois si le bébé est déjà très assuré, ou en tout cas à cinq mois, sa mère a bien du mal à retenir le regard de son enfant. Dans un premier temps, il l'observe, en lui adressant quelques sourires polis et en vocalisant ; puis, en dépit des efforts de sa mère pour retenir son attention, il se détourne et regarde ailleurs. Il scrute alentour le laboratoire comme s'il regorgeait d'objets tous plus passionnants les uns que les autres. Si sa mère le chatouille ou lui tourne la tête vers elle, il fait mine de ne pas la voir, recule pour se dégager, ou écarte carrément sa main. Avec son père, au début, l'enfant a une attitude moins indifférente, moins négative : pendant un moment, il participe même à l'interaction de jeu provoquée par celui-ci ; mais ensuite, il se détourne de son père exactement comme il l'a fait avec sa mère.

En observant cette séquence, on devine qu'une nouvelle étape se prépare et que l'apparition aussi systématique de ce comportement à cet âge précis a une raison de tout premier ordre. Les parents prennent cela pour un rejet, et ils sont désorientés Mais une autre séquence que nous avons expérimentée en laboratoire nous a permis de démontrer qu'il ne s'agit pas d'un rejet.

La mère se place en face du bébé et reste de glace pendant trois minutes. Déconcerté, celui-ci se met à pleurer pour la forme, puis il commence à regarder ailleurs. A peine une vingtaine de secondes plus tard, il réalise que sa mère ne se comporte pas comme d'habitude, qu'elle déçoit ses attentes. Il ouvre grand les yeux, son visage se fige, et il fait tout ce qu'il peut pour provoquer les réponses qu'il attend d'elle. Il s'anime, sourit, et vocalise en commençant par un gazouillis, pour finir en pleurnichant. Il feint un grand sourire, immédiatement suivi de bruyants pleurnichements de protestation. Il tousse, éternue, et nous avons même vu des bébés qui allaient jusqu'à se faire vomir. Un enfant ne peut pas croire que sa mère ne lui réponde pas ; il répétera une deuxième, puis une troisième fois tout son répertoire pour chercher à entraîner sa mère. Mais si elle ne réagit toujours pas, il finit par renoncer et se roule en boule dans une position défensive, ou se cambre en arrière en fermant les yeux, comme s'il voulait oublier sa mère en dormant : il a suffi d'un changement du comportement maternel pendant trois minutes pour provoquer chez l'enfant toutes ces réactions. Et quand, enfin, la mère commence à répondre à son enfant et à jouer avec lui comme d'habitude, il redouble d'entrain dans ses réponses, avec une joie non dissimulée.

Le fait que l'enfant soit si mal à l'aise quand sa mère déçoit ses attentes en n'étant pas disponible, indique que pour franchir cette nouvelle étape, l'enfant utilise sa mère comme un point d'appui — *si elle se comporte de la façon habituelle et attendue* —

à partir duquel il peut trouver spontanément de nouveaux intérêts. Pour Bowlby (1969), l'enfant « utilise sa mère comme base de son exploration ». L'universalité de ce comportement à cet âge me porte à penser que ce n'est peut-être pas la période optimale pour sevrer l'enfant ou pour changer quoi que ce soit dans son environnement, dans la mesure du possible.

Comme je venais d'expliquer tout cela succinctement à Mlle Hardy, elle s'éclaira et dit : « Je croyais qu'il voulait me dire qu'il était temps que je reprenne le travail. Je suis soulagée de savoir que ce n'est pas ça, car je ne m'y sens pas prête. »

Je suis de son avis. Ce n'est pas le moment idéal pour la séparation — ni pour elle, ni pour lui. Quand elle envisage de reprendre le travail, une mère espère toujours un signe ou un changement dans le comportement de son enfant pour l'aider à prendre sa décision. Pour moi, c'est une période durant laquelle l'enfant acquiert rapidement de nouvelles capacités, et il vaut peut-être mieux laisser d'abord l'assise se stabiliser. Passé ce stade, et ayant assimilé ses nouvelles capacités, l'enfant utilise cette assise avec une meilleure souplesse ; c'est alors qu'intervient une nouvelle phase en plateau, accompagnée d'une série d'occasions favorables au franchissement de nouvelles étapes. A ce stade, la mère est peut-être prête, et l'enfant aussi.

ESSAYER SES AILES

Mlle Hardy comprit l'intérêt d'observer les « signaux » produits par Lee et d'essayer d'en déchiffrer le message. Désormais, elle avait con-

fiance en moi et elle se sentait capable d'interpréter au moins certains de ces signaux. Elle me rappela notre « contrat » — je devrais la préparer pour les moments où il serait à la fois très difficile pour elle, mais essentiel pour l'enfant, de savoir l'encourager à devenir indépendant.

Mlle Hardy savait remarquablement bien tirer profit des moments de stress de leur relation. Au travers des deux crises, elle avait commencé à considérer Lee comme une petite personne capable de se suffire à elle-même et indépendante — non plus comme un simple prolongement d'elle-même. Maintenant, elle parvenait à prendre un peu de recul pour le regarder progresser. Elle pouvait me laisser participer à leur relation. Ils étaient tous les deux en pleine éclosion, au sens où Margaret Mahler utilise ce mot. Mlle Hardy découvrait que dans une relation profonde, il est important de pouvoir prendre un peu ses distances ; ils abordaient ainsi une nouvelle étape — plus libre et plus enrichissante.

En bien d'autres occasions par la suite, l'acquisition de son indépendance par l'enfant s'accélérera brusquement, bouleversant ainsi l'équilibre acquis. Une jeune mère est toujours sensible et réfractaire à ces périodes et d'emblée, elle tend à les refuser ; mais elle finit toujours par se rendre à la raison, comprenant l'importance de ces changements. Et, bientôt, c'est elle-même qui encourage les poussées d'indépendance qui jalonnent le développement de son enfant. Pour une mère célibataire, la tâche peut être plus difficile. Elle a des besoins plus impérieux — besoin à la fois de compagnie et d'intimité — et elle redoute de laisser trop tôt sa liberté à son enfant. C'est pourquoi elle le freine de toutes ses forces. Si le père était là, il l'encouragerait à laisser plus de liberté à l'enfant ou bien il compenserait le manque, de sorte qu'il serait plus facile à la mère de laisser l'enfant plus libre.

Pour les mères célibataires, les périodes de stress se situent principalement autour de l'apprentissage des nouvelles tâches. Par exemple, la poussée d'indépendance et les exigences plus grandes de l'enfant quand il est sur le point de savoir s'asseoir (à 7 mois), marcher à quatre pattes (à 9 mois), se tenir debout (à 11 ou 12 mois), ou marcher (entre 12 et 14 mois), s'accompagnent d'un réveil nocturne fréquent et d'un comportement très envahissant le jour, et le parent peut avoir à modérer l'enfant.

Il est inévitablement difficile à un parent célibataire de ne pas céder aux exigences de son enfant. S'il comprend la raison de la « demande » de l'enfant et s'il trouve les limites qui aident l'enfant à mieux canaliser son énergie, le parent peut tenir bon. Vers huit mois, il faut encourager l'enfant à mettre à profit le progrès fortement stimulant que constitue l'acquisition de la préhension fine (avec l'effet de pinces des doigts). La mère doit être réceptive au besoin d'indépendance de son enfant et savoir l'encourager dans leurs activités communes, par exemple, les repas. Il vaut mieux qu'elle le laisse prendre avec ses doigts des pincées de nourriture ; car si elle l'en empêche, il peut ensuite refuser toute nourriture venant d'elle (« épreuve de force »). Nombreux sont les parents célibataires qui, faute d'avoir perçu le besoin d'autonomie de l'enfant, ont des problèmes pour le nourrir. Une autre phase importante de la séparation interviendra au début de la deuxième année. Cette deuxième année, en pleine « phase du non », promet généralement d'être orageuse ; mais la séparation et l'acquisition de l'indépendance qui interviennent parallèlement, sont des composantes essentielles du développement de l'enfant.

Apprendre à redécouvrir son enfant à chaque

nouvelle étape de son développement et lui laisser l'autonomie nécessaire pour l'encourager à devenir indépendant sont les fondements mêmes de la relation future. Dans les limites d'un attachement à la fois solide et souple, l'enfant peut « se tester » lui-même, découvrir ses capacités et ses limites. Il peut s'élancer pour essayer ses ailes, et jauger ses parents par son attitude négative. Il peut se permettre de s'éloigner d'eux parce qu'*il sait* que, s'il fait demi-tour, ils seront là. A cinq mois, l'enfant et ses parents passent leur premier test : celui de la solidité de leur attachement. En laissant l'enfant se détourner d'eux, tester ses ailes en multipliant ses timides tentatives, et se détacher en sachant qu'il peut compter sur ce terrain sécurisant, ses parents lui prouvent leur attachement : sur ces bases, un enfant peut s'affirmer comme un individu à part entière.

Postface

Le lecteur l'aura sans doute perçu, ce livre est destiné avant tout aux parents. Les idées qui y sont développées ne sont pas nécessairement originales, ni même nouvelles. Mais elles sont le fruit de trente années de recherches et de pratique de la pédiatrie. Trente années au cours desquelles j'ai appris chaque jour un peu plus par mes patients, mais aussi par mes travaux de recherche. Néanmoins, les sources maîtresses de ce livre sont les témoignages au jour le jour de parents et d'enfants dont je me suis occupé. La richesse de leurs témoignages et la franchise avec laquelle ils me remettent sur le droit chemin quand ils ne sont pas d'accord avec moi, montrent qu'ils me considèrent comme un ami.

Outre mon expérience pratique personnelle, il m'a été donné d'étudier au sein de plusieurs équipes de chercheurs le processus d'attachement entre les parents et l'enfant. J'ai travaillé au Putnam Children's Center de Roxbury (Massachusetts), avec des psychanalystes brillants et créatifs, qui ont pour noms Marta Abramowicz, Myriam David, Dorothy MacNaughton, Marian Putman, Beata Rank, Eveoleen Rexford, Gregory Rochlin et Samuel Kaplan ; au Massachusetts General Hospital, j'ai collaboré avec Gaston Blom, John Coolidge, Renata Gaddini, Jane Hallenbeck et Lucie Jessner. Au contact de ces personnes, j'ai eu connaissance des remarquables travaux de John Benjamin et René Spitz, de Denver, sur l'importance d'une première expérience pour le maternage d'un enfant. Les travaux de Spitz ont permis de comprendre ce qui fait qu'un environnement est maternant, et ils sont à la base des recherches sur la menace que représente pour l'enfant la carence de cet environnement. Sybille Escalona, Lois Murphy et Sylvia Brody ont approfondi ces travaux au début des années 50 dans le cadre des études Menninger.

Le livre de John Bowlby, *Attachement et Perte* constitue la pierre angulaire de l'étude sur l'attachement et la séparation, sur lesquels porte le présent ouvrage. Le développement des théories de John Bowlby par Mary Ainsworth — dont les travaux ont été, dans un passé plus récent, confirmés par ceux d'Alan Sroufe — m'a aidé à définir les solutions souhaitables pour les cas d'enfants relatés dans le présent ouvrage. Quant aux travaux de Margaret Mahler sur l'attachement et sur ce qu'elle a appelé (voir chapitre 8) l'éclosion, ils m'ont servi de base pour l'exploration des stades précoces du développement de la relation mère-enfant.

J'ai entrepris mes premiers travaux sur ce thème en 1967, au Center for Cognitive Studies de Harvard, sous la direction de Jerome Bruner. Barbara Koslowski, Mary Main, Martin Richards et Colwin Trevarthen m'ont apporté leur précieuse contribution. Ed Tronick, de Harvard, a bien voulu se joindre à nous lorsque j'ai mis en place notre équipe de chercheurs au Child Development Unit du Children's Hospital Medical Center. Heidelise Als et, plus récemment, Suzanne Dixon, Barry Lester et Michael Yogman sont venus à leur tour se joindre à nous. Les travaux de Dan Stern, de New York, de Louis Sander, de Denver, et de Marshall Klaus et John Kennell, de Cleveland, ont apporté leurs lumières sur les questions qui constituent le fond même de ce livre.

Enfin, je dois à mon épouse Christina et à nos enfants de m'avoir fait découvrir les profondeurs auxquelles sont ancrés les liens de l'attachement et de m'avoir appris à respecter ces liens qui unissent une famille, tout en œuvrant pour les consolider.

T.B.B.

BIBLIOGRAPHIE

ADAMSON, L., et E. TRONICK. *Brand New Baby.* New York : Macmillan, 1981.

AINSWORTH, M.D.S. « Object Relations, Dependency and Attachment : A Theoretical Review of the Infant-mother Relationship. » *Child Development,* 40 (1969) 1-25.

ALS, H., E. TRONICK, et T.B. BRAZELTON, « Analysis of Face to Face Interaction in Infant Adult Dyads. » *The Study of Social Interaction,* ed. Lamb, Suomi, and Stephenson. Madison : University of Wisconsin Press, 1979.

ANDERS, T., et E. HOFFMAN. « The Sleep Polygram ». *American Journal of Mental-Deficiency,* 77 (1973) 506-14.

BALL, W., et E. TRONICK. « Infant Responses to Impending Collision, Optical and Real. » *Science,* 171 (1971) 818-20.

BARNARD, K. *A Program of Stimulation for Infants Born Prematurely, Seattle School of Nursing.* Seattle : University of Washington Press, 1975.

BARNETT, C. R., et al. « Neonatal Separation : The Maternal Side of Interactional Deprivation. » *Pediatrics,* 45 (1970) 197-205.

BATESON, G., et M. MEAD. *First Days in the Life of a New Guinea Baby,* New York Film Library.

BELL, S. M., et M. D. S. AINSWORTH. « Infants Crying and Maternal Responsiveness. » *Child Development,* 43 (1972) 1171-92.

BENJAMIN, J. D. « Prediction and Psychopathologic Theory », L. Jessner et E. Pavenstedt, *Dynamic*

Psychopathology in Child-hood. New York : Grune and Stratton, 1959.

BERGMAN, P. et S. K. ESCALONA. « Unusual Sensitivities in Very Young Children. » *The Psy-choanalytic Study of the Child,* 3 (1949) 333-52.

BIBRING, G. L., et al. « A Study of the Psychological Processes in Pregnancy ; the Earliest Mother-child Relationship. » *The Psy-choanalytic Study of the Child,* XVI (1961) 169-72.

BOSTON (Collectif de) pour la santé des femmes, *Notre corps, nous-mêmes,* Albin Michel, 1977.

— *Ourselves, Our Children.* New York : Random House, 1976. Bower, T.G.R. « The Object in the World of the Infant. » *Scientific American,* 225 (1971) 30-38.

BOWLBY, J. *Attachement et Perte.* — Vol. I, *L'attachement.* — Vol. II, *La séparation : angoisse et colère,* P.U.F., 1978. — Vol. III, *La Perte : tristesse et dépression,* P.U.F., 1984.

BRACKBILL, Y. « Obstetric Medication Usage and Assessment of Neonatal Behavior. » *Anesthesio-logy,* 40 (1974) 116-20.

BRAZELTON, T.B. « The Early Mother-infant Adjus-tment. » *Pediatrics,* 32 (1963) 931-38.

— *Votre bébé est unique au monde,* Paris, Albin Michel, 1971.

— *Neonatal Behavioral Assessment Scale,* Clinics in Developmental Medecine, N° 50. Philadelphia : Spastics International Medical Publications, Lip-pincott, 1973.

— B. KOSLOWSKI, and M. MAIN, « The Origins of Reciprocity : The Early Mother-infant Interac-tion, » *The Effect of the Infant on His Caregiver,* eds M. Lewis and L. Rosenblum. New York : John Wiley & Son, 1974.

BRODY, S. *Patterns of Mothering.* New York : International Universities Press 1956.

BROOKS-GUNN, J. et W. S. MATTHEWS. *He and She : How Children Develop Their Sex Role Identity.* Englewood Cliffs : Prentice-Hall, 1979.

BRUNER, J.S. « The Course of Cognitive Growth. » *American Psychologist,* 19 (1964) 1-15.

CARPENTER, G. C., et al. « Differential Visual Behavior to Human and Humanoid Faces in Early Infancy. » *Merrill-Palmer Quarterly,* 16 (1970) 91-107.

CONDON, W. S., et L. W. SANDER. « Neonate Movement Is Synchronized with Adult Speech : International Participation and Language Acquisition, » *Science,* 183 (1974) 99-101.

DAWES, G.S. *Foetal and Neonatal Physiology.* Chicago : Year Book Medical Publishers, Inc., 1968.

DESMOND, M. M., et al. « The Clinical Behavior of the Newly Born, » *Journal of Pediatrics,* 62 (1963) 307-25.

DICK-READ, GRANTLY. *Childbirth Without Fear.* New York : Harper and Row, 1944.

DIXON, S., et al. « Early Infant Social Interaction with Parents and Strangers. » *Journal of the American Academy of Child Psychiatry,* in press (1980).

DONOVAN, B. *The Caesarean Birth Experience.* Boston : Beacon Press, 1977.

EARLS, F. M. W. YOGMAN. « The Father-Infant Relationship, » *Modern Perspectives in the Psychiatry of Infancy,* ed. J. G. Howells. New York : Bruner / Mazel, 1979.

EIMAS, P. D., et al. « Speech Perception in Infants. » *Science,* 171 (1971) 303-306.

EISENBERG, R. B., et al. « Auditory Behavior in the Human Noenate : A Preliminary Report. » *Journal of Speech and Hearing Research,* 7 (1964) 245-69.

EMDE, R. N., T. J. GAENSBAUER, et R. N. HARMON. *Emotional Expression in Infancy: A Biobehavioral Study.* New York: International Universities Press, 1976.

ERIKSON, E. H. *Enfance et Société,* Delachaux et Niestlé, 1982. Frantz, R.L. « Pattern Vision Newborn Infants. » *Science,* 140 (1963) 296-97.

FIELD, T. M. *Infants Born at Risk.* Jamaica, N. Y.: Spectrum, 1979. Flanagan, G. *The First Nine Months of Life.* New York: Simon & Schuster, 1962.

FRAIBERG, S. *The Magic Years.* New York: Scribners, 1959.

FREEDMAN, D. G. « Smiling in Blind Infants and the Issue of the Innate vs. Acquired. » *Journal of Child Psychology and Psychiatry,* 5 (1964) 171-84.

FRIES, M. E., et P. J. WOOLF. « Some Hypotheses on the Role of the Congenital Activity Type in Personality Development. » *The Psychoanalytic Study of the Child,* VIII (1953) 8.

GEWIRTZ, J. « On Designing the Functional Environment of the Child to Facilitate Behavioral Development. » *Early Child Care,* ed. L. L. Ditman. New York: Atherton, 1968.

GOREN, C., M. JARTY, et P. WU. « Visual Following and Pattern Discrimination of Facelike Stimuli by Newborn Infants. » *Pediatrics,* 56 (1975) 544-49.

GORMAN, J.J., D. G. COGAN, et S. GELLIS. « An Apparatus for Grading Visual Acuity in Infants. » *Pediatrics,* 19 (1957) 1088-92.

GREENBERG, M., et N. MORRIS. « Engrossment: The Newborn's Impact upon the Father. » *American Journal of Orthopsychiatry,* 44 (1974) 520-31.

GUNTHER, M. *Infant Feeding.* London: Methuen, 1970.

HAITH, M. M., T. BERGMAN, et M. J. MOORE. « Eye Contact and Face Scanning in Early Infancy. » *Science*, 198 (1977) 853-55.

HARLOW, H. F., M. K. HARLOW, et S. J. SUOMI. « From Thought to Therapy / Lessons from a Primate Laboratory. » *American Scientist*, 59 (1971) 538-49.

HAVILAND, J. « Looking Smart, the Relationship Between Affect and Intelligence in Infancy », *Origins of Intelligence, Infancy and Early Childhood*, ed. M. Lewis. New York : Plenum, 1976.

HOOKER, D. *The Prenatal Origin of Behavior*. Lawrence : University of Kansas Press, 1952.

HOVEY, W. R., et C. C. WILSON. *Casearean Childbirth : A Handbook for Parents*. 3184 Sing Sing Rd., Horseheads, New York, 14845.

HUMPHREY, T. « Postnatal Repetition of Human Prenatal Activity Sequences », *Brain and Early Behavior : Development in the Fetus and Infant*, ed. R. J. Robinson. New York : Academic, 1969.

JACKSON, E. et al. « A Hospital Rooming in Unit for Four Newborn Infants and Their Mothers. » *Pediatrics*, 1 (1948) 28-43.

KAGAN, J. « The Determinates of Attention in the Infant. » *American Scientist*, 58 (1970) 298-306.

— « Do Infants Think ? » *Scientific American*, 226 (1972) 74-82. Kaplan, L. J. *Oneness and Separateness*. New York : Simon & Schuster, 1978.

KAYE, K. « The Maternal Role in Developing Communication and Language », *Before Speech*, ed. M. Bullowa. Cambridge, Mass. : Cambridge University Press, 1979.

KITZINGER, S. *Demain nous aurons un enfant : le temps de la grossesse et de l'accouchement dans la vie du couple*, Ed. Le Centurion Resma, 1975.

KLAUS, M. H., et J. H. KENNELL. « Human Maternal Behavior at First Contact with Her Young. » *Pediatrics*, 46 (1970) 187-92.

— *Maternal-Infant Bonding.* St. Louis : Mosby, 1976.

KORNER, A. F., et E. B. THOMAN. « Visual Alertness in Neonates As Evoked by Maternal Care. » *Journal of Experimental Child Psychology,* 10 (1970) 67-78.

LA LECHE LEAGUE. *L'Art de l'allaitement maternel,* LLL France, BP 18, 78620 L'Etang-la-Ville, 1983.

LAMB, M. E. « Father-infant and Mother-infant Interaction in the First Year of Life. » *Child Development,* 48 (1977) 167-81.

LEACH, P. *Your Baby and Child.* New York : Alfred Knopf, 1978.

LEBOYER, F. *Pour une naissance sans violence,* Ed. du Seuil, 1974.

LEIDERMAN, P. H., et al. « Mother-infant Interaction. » *Early Development,* 51 (1973) 154-75.

LINDEMAN, E. « Symptomatology and the Management of Acute Grief. » *American Journal of Psychiatry,* 101 (1944) 141-48.

LIPSITT, L. P. « Learning in the First Year of Life », *Advances in child Development and Behavior,* ed. L. P. Lipsitt. New York : Academy, 1963.

— T. ENGEN, and H. KAYE. « Developmental Changes in the Olfactory Threshold of the Neonate. » *Child Development,* 34 (1963) 371-76.

MACFARLANE, A. *The Psychology of Childbirth,* The Developing Child Series. Cambridge, Mass. : Harvard University Press, 1977.

MACFARLANE, A. « Olfaction in the Development of Social Preferences in the Human Neonate, » CIBA Foundation Symposium, # 33 : Parent-Infant Interaction, 1975.

MAHLER, M.S. *Symbiose et Individuation,* Payot, 1973.

MCCALL, R. B. *Infants.* Cambridge, Mass. : Harvard University Press, 1979.

MCGRAW, M. *The Neuromuscular Maturation of the Human Infant.* New York : Columbia University Press, 1943.

MELTZOFF, A. N., et M. K. MOORE. « Imitation of Facial and Manual Gestures by the Human Neonate. » *Science,* 198 (1977) 75-78.

MIDDLEMORE, M. P. *The Nursing Couple.* London : Hamish Hamilton, 1956.

MIRANDA, S. B. « Visual Abilities and Pattern Preferences of Premature and Full-term Infants. » *Journal of Experimental Child Psychology,* 10 (1970) 139-205.

NEWMAN, B. M. et P. R. NEWMAN. *Infancy and Childhood.* New York : John Wiley and Sons, 1978.

NEWTON, N. *Maternal Emotions.* New York : Paul B. Hocker, 1955. Osofsky, J. « Neonatal Characteristics and Mother-infant Interaction in Two Observational Situations. » *Child Development,* 47 (1976) 1138-47.

PARKE, R. « Father-infant Interaction, » in *Maternal Attachment and Mothering Disorders,* eds. M. H. Klaus, et al. Sausalito, Calif. : Johnson and Johnson Roundtable, 1974.

PARMELEE, Jr., A. H., et al. « Sleep States in Premature Infants. » *Developmental Medicine & Child Neurology,* 9 (1967) 70.

PIAGET, J. « Piaget's Theory, » *Carmichael's Manual of Child Psychology,* ed. P. H. Mussen. New York : Wiley, 1970.

— et Inhelder, B., *La Psychologie de l'enfant,* P.U.F. 1975. (Que sais-je ? n° 369).

PEIPER, A. *Cerebral Function in Infancy and Childhood,* New York : Consultants Bureau, 1963.

PRECHTL, H. F. R., et D. BEINTEMA. « Neurological Examination of the Full-term Newborn Infant. »

Clinics in Developmental Medicine # 12. London: William Heineman, 1964.

PROVENCE, S. et R. C. LIPTON. *Infants in Institutions.* New York: International Universities Press, 1962.

RAPHAEL, D. *The Tender Gilf: Breast Feeding.* Englewood Cliffs: Prentice-Hall, 1973.

RHEINGOLD, H. L. « The Effect of Environmental Stimulation upon Social and Exploratory Behavior in the Human Infant. » *Determinants of Infant Behavior 1,* ed. B. M. Foss. London: Methuen, 1966.

RIBBLE, M. *The Rights of Infants.* New York: Columbia University Press, 1943.

ROBSON, K.S. « The Role of Eye to Eye Contact in Maternal-infant Attachment. » *Journal of Child Psychology and Psychiatry,* 8 (1967) 13-25.

ROFFWARG, H.P., J.N. MUZIO et W.C. DEMENT. « Ontogenetic Development of the Human Sleep-Cycle. » *Science,* 152 (1966) 604-19.

ROSEN, M. G. et L. ROSEN. *In the Beginning : Your Brain Before Birth.* New York: New American Library, Signet Books, 1975.

ROSENTHAL, R. « Interpersonal Expectations: Effects of the Experimenter's Hypothesis, » *Artifact in Behavioral Research,* eds. R. Rosenthal et R. Roshow. New York: Academic, 1969.

SALAPATEK, P. et W. KESSEN. « Prolonged Investigation of a Plane Geometric Triangle by the Human Newborn. » *Journal of Experimental Child Psychology,* 15 (1973) 22-29.

SANDER, L. W., et al. « Early Mother-infanct Interaction and Twenty-four Patterns of Activity and Sleep. » *Journal of the American Academy of Child Psychiatry,* 9 (1970) 103.

SCHAFFER, R. *Mothering,* Developing Child Series. Cambridge, Mass.: Harvard University Press, 1977.

SELL, E. *Following of the Highrisk Newborn — A Practical Approach.* Springfiels, III. : C.C. Thomas, 1980.

SONTAG, L. W. « Implications of Fetal Behavior and Environment for Adult Personalities. » *Annals of the New York Academy of Science,* 134 (1966) 782.

SPITZ, R. A. *De la naissance à la parole : la première année de la vie.* préf. Anna Freud, P.U.F., 1971.

SPOCK, B. *The Common Sense Book of Baby and Child Care.* New York : Duell, Sloan & Pearce, 1946.

STECHLER, G. S. et E. LATZ. « Some Observations on Attention and Arousal in the Human Infant. » *Journal of the American Academy of Child Psychiatry,* 5 (1966) 517-25.

STERN, D. *The First Relationship : Infant and Mother,* Developing Child Series. Cambridge, Mass. : Harvard University Press, 1977.

—, et al. « The Infants' Stimulus World During Social Interaction. » *Studies in Mother-infant Interaction,* ed. H.R. Schaffer. New York : Academic, 1977.

SUPER, C. M. *Cross Cultural Psychology,* Vol. IV, eds. Triandis, et al. Boston : Allyn & Bacon, Inc., 1980.

THOMAN, E. B. « Sleep and Wake Behaviors in Neonates : Consistencies and Consequences. » *Merrill Palmer Quarterly,* 21 (1975) 295-314.

THOMAS, A., et al. *Behavioral Individuality in Early Childhood.* New York : New York University Press, 1963.

TJOSSEM, T. J., ed. *Intervention Strategies for High Risk Infants and Young Children.* Baltimore : University Park Press, 1976.

TREVARTHEN, C. « Conversations with a Two-month-old ». *New Scientist,* 62 (1974) 230-35.

TRONICK, E., H. Als et L. Adamson. « Structure of Early Face to Face Communicative Interactions. » *Before Speech : The Beginning of Human Communication*, ed. M. Bullowa. Cambridge, Eng. : Cambridge University Press, 1978.

— , et al. « The Infant's Response to Entrapment Between Contradictory Messages in Face to Face Interaction. » *Journal of the Academy of Child Psychiatry*, 17 (1978) 1.

WATZLAWICK, P. J., H. BEAVIN et D. JACKSON. *Une logique de la communication*, Seuil, 1972 ; coll. Points, 1979.

WHITE, R. W. « Competence and the Psychosexual Stages of Development. » *Nebraska Symposium on Motivation*, ed. M. R. Jones. Lincoln : University of Nebraska Press, 1960.

WHITING, B.B., ed. *Six Cultures : Studies in Child Rearing*. New York : John Wiley and Sons, 1963.

WINICK, M. *Malnutrition and Brain Development*. New York : Oxford University Press 1976.

WINNICOTT, D. W. *L'Enfant et le monde extérieur : le développement des relations*. Payot, 1972. *L'Enfant et sa famille : les premières relations*, Payot, 1971.

YARROW, L. J. « Maternal Deprivation : Toward an Empirical and Conceptual Evaluation. » *Psychology Bulletin*, 58 (1961) 459-90.

L'AUTEUR

Le Dr T. Berry Brazelton, pédiatre et néonatalogue, est professeur à la faculté de médecine de Harvard et directeur du Child Development Unit à l'Hôpital d'enfants de Boston. On lui doit des travaux approfondis sur le nouveau-né, dont des études comparatives d'anthropologie et des films d'observation de l'interaction des nouveau-nés avec leur mère, leur père, et des partenaires extérieurs à la famille.

L'échelle d'évaluation du comportement du nouveau-né établie par le Dr Brazelton est désormais largement utilisée dans les hôpitaux à travers le monde.

Outre de nombreux articles, T. Berry Brazelton est aussi l'auteur de *Infants and Mothers* (traduit en français sous le titre : *Votre bébé est unique au monde), Toddlers and Parents* et *Doctor and Child.*

Pour la réalisation de cet ouvrage, l'auteur a bénéficié du soutien de : Robert Wood Johnson Foundation, Carnegie Corporation, William T. Grant Foundation, National Institute of Mental Health et National Institute of Child Health and Development.

TABLE

IMPRIMERIE BUSSIÈRE À SAINT-AMAND
D. L. FÉVRIER 1985. N° 8655 (2993)

Collection Points

SERIE ACTUELS

A1. Lettres de prison, *par Gabrielle Russier*
A2. J'étais un drogué, *par Guy Champagne*
A3. Les Dossiers noirs de la police française, *par Denis Langlois*
A4. Do It, *par Jerry Rubin*
A5. Les Industriels de la fraude fiscale, *par Jean Cosson*
A6. Entretiens avec Allende, *par Régis Debray* (épuisé)
A7. De la Chine, *par Maria-Antonietta Macciocchi*
A8. Après la drogue, *par Guy Champagne*
A9. Les Grandes Manœuvres de l'opium
par Catherine Lamour et Michel Lamberti
A10. Les Dossiers noirs de la justice française, *par Denis Langlois*
A11. Le Dossier confidentiel de l'euthanasie
par Igor Barrère et Étienne Lalou
A12. Discours américains, *par Alexandre Soljénitsyne*
A13. Les Exclus, *par René Lenoir*
A14. Souvenirs obscurs d'un Juif polonais né en France
par Pierre Goldman
A15. Le Mandarin aux pieds nus, *par Alexandre Minkowski*
A16. Une Suisse au-dessus de tout soupçon, *par Jean Ziegler*
A17. La Fabrication des mâles
par Georges Falconnet et Nadine Lefaucheur
A18. Rock babies, *par Raoul Hoffmann et Jean-Marie Leduc*
A19. La nostalgie n'est plus ce qu'elle était, *par Simone Signoret*
A20. L'Allergie au travail, *par Jean Rousselet*
A21. Deuxième Retour de Chine
par Claudie et Jacques Broyelle et Evelyne Tschirhart
A22. Je suis comme une truie qui doute, *par Claude Duneton*
A23. Travailler deux heures par jour, *par Adret*
A24. Le rugby, c'est un monde, *par Jean Lacouture*
A25. La Plus Haute des solitudes, *par Tahar Ben Jelloun*
A26. Le Nouveau Désordre amoureux
par Pascal Bruckner et Alain Finkielkraut
A27. Voyage inachevé, *par Yehudi Menuhin*
A28. Le communisme est-il soluble dans l'alcool ?
par Antoine et Philippe Meyer
A29. Sciences de la vie et Société
par François Gros, François Jacob et Pierre Royer
A30. Anti-manuel de français
par Claude Duneton et Jean-Pierre Pagliano
A31. Cet enfant qui se drogue, c'est le mien, *par Jacques Guillon*
A32. Les Femmes, la Pornographie, l'Érotisme
par Marie-Françoise Hans et Gilles Lapouge
A33. Parole d'homme, *par Roger Garaudy*

A34. Nouveau Guide des médicaments, *par le Dr Henri Pradal*
A35. Rue du Prolétaire rouge, *par Nina et Jean Kéhayan*
A36. Main basse sur l'Afrique, *par Jean Ziegler*
A37. Un voyage vers l'Asie, *par Jean-Claude Guillebaud*
A38. Appel aux vivants, *par Roger Garaudy*
A39. Quand vient le souvenir, *par Saul Friedländer*
A40. La Marijuana, *par Solomon H. Snyder*
A41. Un lit à soi, *par Évelyne Le Garrec*
A42. Le lendemain, elle était souriante..., *par Simone Signoret*
A43. La Volonté de guérir, *par Norman Cousins*
A44. Les Nouvelles Sectes, *par Alain Woodrow*
A45. Cent Ans de chanson française
par Chantal Brunschwig, Louis-Jean Calvet et Jean-Claude Klein
A46. La Malbouffe, *par Stella et Joël de Rosnay*
A47. Médecin de la liberté, *par Paul Milliez*
A48. Un Juif pas très catholique, *par Alexandre Minkowski*
A49. Un voyage en Océanie, *par Jean-Claude Guillebaud*
A50. Au coin de la rue, l'aventure
par Pascal Bruckner et Alain Finkielkraut
A51. John Reed, *par Robert Rosenstone*
A52. Le Tabouret de Piotr, *par Jean Kéhayan*
A53. Le temps qui tue, le temps qui guérit
par le Dr Fernand Attali
A54. La Lumière médicale, *par Norbert Bensaïd*
A55. Californie (Le Nouvel Age)
par Sylvie Crossman et Édouard Fenwick
A56. La Politique du mâle, *par Kate Millett*
A57. Contraception, Grossesse, IVG
par Pierrette Bello, Catherine Dolto et Aline Schiffmann
A58. Marthe, *anonyme*
A59. Pour un nouveau-né sans risque, *par Alexandre Minkowski*
A60. La Vie, tu parles, *par Libération*
A61. Les Bons Vins et les Autres, *par Pierre-Marie Doutrelant*
A62. Comment peut-on être breton ?, *par Morvan Lebesque*
A63. Les Français, *par Theodore Zeldin*
A64. La Naissance d'une famille, *par T. Berry Brazelton*

Collection Points

1. Histoire du surréalisme, *par Maurice Nadeau*
2. Une théorie scientifique de la culture, *par Bronislaw Malinowski*
3. Malraux, Camus, Sartre, Bernanos, *par Emmanuel Mounier*
4. L'Homme unidimensionnel, *par Herbert Marcuse* (épuisé)
5. Ecrits I, *par Jacques Lacan*
6. Le Phénomène humain, *par Pierre Teilhard de Chardin*
7. Les Cols blancs, *par C. Wright Mills*
8. Stendhal, Flaubert, *par Jean-Pierre Richard*
9. La Nature dé-naturée, *par Jean Dorst*
10. Mythologies, *par Roland Barthes*
11. Le Nouveau Théâtre américain, *par Franck Jotterand* (épuisé)
12. Morphologie du conte *par Vladimir Propp*
13. L'Action sociale, *par Guy Rocher*
14. L'Organisation sociale, *par Guy Rocher*
15. Le Changement social, *par Guy Rocher*
16. Les Étapes de la croissance économique, *par W. W. Rostow*
17. Essais de linguistique générale, *par Roman Jakobson* (épuisé)
18. La Philosophie critique de l'histoire, *par Raymond Aron*
19. Essais de sociologie, *par Marcel Mauss*
20. La Part maudite, *par Georges Bataille* (épuisé)
21. Ecrits II, *par Jacques Lacan*
22. Eros et Civilisation, *par Herbert Marcuse* (épuisé)
23. Histoire du roman français depuis 1918
    par Claude-Edmonde Magny
24. L'Écriture et l'Expérience des limites, *par Philippe Sollers*
25. La Charte d'Athènes, *par Le Corbusier*
26. Peau noire, Masques blancs, *par Frantz Fanon*
27. Anthropologie, *par Edward Sapir*
28. Le Phénomène bureaucratique, *par Michel Crozier*
29. Vers une civilisation du loisir ?, *par Joffre Dumazedier*
30. Pour une bibliothèque scientifique, *par François Russo* (épuisé)
31. Lecture de Brecht, *par Bernard Dort*
32. Ville et Révolution, *par Anatole Kopp*
33. Mise en scène de Phèdre, *par Jean-Louis Barrault*
34. Les Stars, *par Edgar Morin*
35. Le Degré zéro de l'écriture, *suivi de* Nouveaux Essais critiques
    par Roland Barthes
36. Libérer l'avenir, *par Ivan Illich*
37. Structure et Fonction dans la société primitive
    par A. R. Radcliffe-Brown
38. Les Droits de l'écrivain, *par Alexandre Soljénitsyne*
39. Le Retour du tragique, *par Jean-Marie Domenach*
41. La Concurrence capitaliste
    par Jean Cartell et Pierre-Yves Cossé (épuisé)
42. Mise en scène d'Othello, *par Constantin Stanislavski*

43. Le Hasard et la Nécessité, *par Jacques Monod*
44. Le Structuralisme en linguistique, *par Oswald Ducrot*
45. Le Structuralisme : Poétique, *par Tzvetan Todorov*
46. Le Structuralisme en anthropologie, *par Dan Sperber*
47. Le Structuralisme en psychanalyse, *par Moustafa Safouan*
48. Le Structuralisme : Philosophie, *par François Wahl*
49. Le Cas Dominique, *par Françoise Dolto*
51. Trois Essais sur le comportement animal et humain *par Konrad Lorenz*
52. Le Droit à la ville, *suivi de* Espace et Politique *par Henri Lefebvre*
53. Poèmes, *par Léopold Sédar Senghor*
54. Les Élégies de Duino, *suivi de* les Sonnets à Orphée *par Rainer Maria Rilke* (édition bilingue)
55. Pour la sociologie, *par Alain Touraine*
56. Traité du caractère, *par Emmanuel Mounier*
57. L'Enfant, sa « maladie » et les autres, *par Maud Mannoni*
58. Langage et Connaissance, *par Adam Schaff*
59. Une saison au Congo, *par Aimé Césaire*
61. Psychanalyser, *par Serge Leclaire*
63. Mort de la famille, *par David Cooper*
64. A quoi sert la Bourse ?, *par Jean-Claude Leconte* (épuisé)
65. La Convivialité, *par Ivan Illich*
66. L'Idéologie structuraliste, *par Henri Lefebvre*
67. La Vérité des prix, *par Hubert Lévy-Lambert* (épuisé)
68. Pour Gramsci, *par Maria-Antonietta Macciocchi*
69. Psychanalyse et Pédiatrie, *par Françoise Dolto*
70. S/Z, *par Roland Barthes*
71. Poésie et Profondeur, *par Jean-Pierre Richard*
72. Le Sauvage et l'Ordinateur, *par Jean-Marie Domenach*
73. Introduction à la littérature fantastique, *par Tzvetan Todorov*
74. Figures I, *par Gérard Genette*
75. Dix Grandes Notions de la sociologie, *par Jean Cazeneuve*
76. Mary Barnes, un voyage à travers la folie *par Mary Barnes et Joseph Berke*
77. L'Homme et la Mort, *par Edgar Morin*
78. Poétique du récit, *par Roland Barthes, Wayne Booth Philippe Hamon et Wolfgang Kayser*
79. Les Libérateurs de l'amour, *par Alexandrian*
80. Le Macroscope, *par Joël de Rosnay*
81. Délivrance, *par Maurice Clavel et Philippe Sollers*
82. Système de la peinture, *par Marcelin Pleynet*
83. Pour comprendre les média, *par M. McLuhan*
84. L'Invasion pharmaceutique *par Jean-Pierre Dupuy et Serge Karsenty*
85. Huit Questions de poétique, *par Roman Jakobson*
86. Lectures du désir, *par Raymond Jean*
87. Le Traître, *par André Gorz*

88. Psychiatrie et Anti-Psychiatrie, *par David Cooper*
89. La Dimension cachée, *par Edward T. Hall*
90. Les Vivants et la Mort, *par Jean Ziegler*
91. L'Unité de l'homme, *par le Centre Royaumont*
1. Le primate et l'homme, *par E. Morin et M. Piattelli-Palmarini*
92. L'Unité de l'homme, *par le Centre Royaumont*
2. Le cerveau humain, *par E. Morin et M. Piattelli-Palmarini*
93. L'Unité de l'homme, *par le Centre Royaumont*
3. Pour une anthropologie fondamentale
par E. Morin et M. Piattelli-Palmarini
94. Pensées, *par Blaise Pascal*
95. L'Exil intérieur, *par Roland Jaccard*
96. Semeiotiké, recherches pour une sémanalyse, *par Julia Kristeva*
97. Sur Racine, *par Roland Barthes*
98. Structures syntaxiques, *par Noam Chomsky*
99. Le Psychiatre, son « fou » et la psychanalyse
par Maud Mannoni
100. L'Écriture et la Différence, *par Jacques Derrida*
101. Le Pouvoir africain, *par Jean Ziegler*
102. Une logique de la communication
par P. Watzlawick, J. Helmick Beavin. Don D. Jackson
103. Sémantique de la poésie
par T. Todorov, W. Empson, J. Cohen, G. Hartman et F. Rigolot
104. De la France, *par Maria-Antonietta Macciocchi*
105. Small is beautiful, *par E. F. Schumacher*
106. Figures II, *par Gérard Genette*
107. L'Œuvre ouverte, *par Umberto Eco*
108. L'Urbanisme, *par Françoise Choay*
109. Le Paradigme perdu, *par Edgar Morin*
110. Dictionnaire encyclopédique des sciences du langage
par Oswald Ducrot et Tzvetan Todorov
111. L'Évangile au risque de la psychanalyse (tome 1)
par Françoise Dolto
112. Un enfant dans l'asile, *par Jean Sandretto*
113. Recherche de Proust, *ouvrage collectif*
114. La Question homosexuelle, *par Marc Oraison*
115. De la psychose paranoïaque dans ses rapports
avec la personnalité, *par Jacques Lacan*
116. Sade, Fourier, Loyola, *par Roland Barthes*
117. Une société sans école, *par Ivan Illich*
118. Mauvaises Pensées d'un travailleur social
par Jean Marie Geng
120. Poétique de la prose, *par Tzvetan Todorov*
121. Théorie d'ensemble, *par Tel Quel*
122. Némésis médicale, *par Ivan Illich*
123. La Méthode
1. La Nature de la Nature, *par Edgar Morin*
124. Le Désir et la Perversion, *ouvrage collectif*

125. Le langage, cet inconnu, *par Julia Kristeva*
126. On tue un enfant, *par Serge Leclaire*
127. Essais critiques, *par Roland Barthes*
128. Le Je-ne-sais-quoi et le Presque-rien
1. La manière et l'occasion, *par Vladimir Jankélévitch*
129. L'Analyse structurale du récit, Communications 8
ouvrage collectif
130. Changements, Paradoxes et Psychothérapie
par P. Watzlawick, J. Weakland et R. Fisch
131. Onze Études sur la poésie moderne, *par Jean-Pierre Richard*
132. L'Enfant arriéré et sa mère, *par Maud Mannoni*
133. La Prairie perdue (Le Roman américain), *par Jacques Cabau*
134. Le Je-ne-sais-quoi et le Presque-rien
2. La méconnaissance, *par Vladimir Jankélévitch*
135. Le Plaisir du texte, *par Roland Barthes*
136. La Nouvelle Communication, *ouvrage collectif*
137. Le Vif du sujet, *par Edgar Morin*
138. Théories du langage, théories de l'apprentissage
par le Centre Royaumont
139. Baudelaire, la Femme et Dieu, *par Pierre Emmanuel*
140. Autisme et Psychose de l'enfant, *par Frances Tustin*
141. Le Harem et les Cousins, *par Germaine Tillion*
142. Littérature et Réalité, *ouvrage collectif*
143. La Rumeur d'Orléans, *par Edgar Morin*
144. Partage des femmes, *par Eugénie Lemoine-Luccioni*
145. L'Évangile au risque de la psychanalyse (tome 2)
par Françoise Dolto
146. Rhétorique générale, *par le Groupe μ*
147. Système de la Mode, *par Roland Barthes*
148. Démasquer le réel, *par Serge Leclaire*
149. Le Juif imaginaire, *par Alain Finkielkraut*
150. Travail de Flaubert, *ouvrage collectif*
151. Journal de Californie, *par Edgar Morin*
152. Pouvoirs de l'horreur, *par Julia Kristeva*
153. Introduction à la philosophie de l'histoire de Hegel
par Jean Hyppolite
154. La Foi au risque de la psychanalyse
par Françoise Dolto et Gérard Sévérin
155. Un lieu pour vivre, *par Maud Mannoni*
156. Scandale de la vérité, *suivi de* Nous autres Français
par Georges Bernanos
157. Enquête sur les idées contemporaines
par Jean-Marie Domenach
158. L'Affaire Jésus, *par Henri Guillemin*
159. Paroles d'étranger, *par Elie Wiesel*
160. Le Langage silencieux, *par Edward T. Hall*
161. La Rive gauche, *par Herbert R. Lottman*
162. La Réalité de la réalité, *par Paul Watzlawick*

163. Les Chemins de la vie, *par Joël de Rosnay*
164. Dandies, *par Roger Kempf*
165. Histoire personnelle de la France, *par François George*
166. La Puissance et la Fragilité, *par Jean Hamburger*
167. Le Traité du sablier, *par Ernst Jünger*
168. Pensée de Rousseau, *ouvrage collectif*
169. La Violence du calme, *par Viviane Forrester*
170. Pour sortir du XXᵉ siècle, *par Edgar Morin*
171. La Communication, Hermès I, *par Michel Serres*
172. Sexualités occidentales, Communications 35, *ouvrage collectif*
173. Lettre aux Anglais, *par Georges Bernanos*
174. La Révolution du langage poétique, *par Julia Kristeva*
175. La Méthode
     2. La Vie de la Vie, *par Edgar Morin*
176. Théories du symbole, *par Tzvetan Todorov*

Collection Points

SERIE HISTOIRE

H1. Histoire d'une démocratie : Athènes
des origines à la conquête macédonienne, *par Claude Mossé*
H2. Histoire de la pensée européenne
1. L'éveil intellectuel de l'Europe du IXe au XIIe siècle
par Philippe Wolff
H3. Histoire des populations françaises et de leurs attitudes
devant la vie depuis le XVIIIe siècle, *par Philippe Ariès*
H4. Venise, portrait historique d'une cité
par Philippe Braunstein et Robert Delort
H5. Les Troubadours, *par Henri-Irénée Marrou*
H6. La Révolution industrielle (1780-1880), *par Jean-Pierre Rioux*
H7. Histoire de la pensée européenne
4. Le siècle des Lumières, *par Norman Hampson*
H8. Histoire de la pensée européenne
3. Des humanistes aux hommes de science, *par Robert Mandrou*
H9. Histoire du Japon et des Japonais
1. Des origines à 1945, *par Edwin O. Reischauer*
H10. Histoire du Japon et des Japonais
2. De 1945 à 1970, *par Edwin O. Reischauer*
H11. Les Causes de la Première Guerre mondiale, *par Jacques Droz*
H12. Introduction à l'histoire de notre temps. L'Ancien Régime
et la Révolution, *par René Rémond*
H13. Introduction à l'histoire de notre temps. Le XIXe siècle
par René Rémond
H14. Introduction à l'histoire de notre temps. Le XXe siècle
par René Rémond
H15. Photographie et Société, *par Gisèle Freund*
H16. La France de Vichy (1940-1944), *par Robert O. Paxton*
H17. Société et Civilisation russes au XIXe siècle
par Constantin de Grunwald
H18. La Tragédie de Cronstadt (1921), *par Paul Avrich*
H19. La Révolution industrielle du Moyen Age, *par Jean Gimpel*
H20. L'Enfant et la Vie familiale sous l'Ancien Régime
par Philippe Ariès
H21. De la connaissance historique, *par Henri-Irénée Marrou*
H22. Malraux, une vie dans le siècle, *par Jean Lacouture*
H23. Le Rapport Khrouchtchev et son histoire, *par Branko Lazitch*
H24. Le Mouvement paysan chinois (1840-1949)
par Jean Chesneaux
H25. Les Misérables dans l'Occident médiéval, *par Jean-Louis Goglin*
H26. La Gauche en France depuis 1900, *par Jean Touchard*
H27. Histoire de l'Italie du Risorgimento à nos jours
par Sergio Romano

H28. Genèse médiévale de la France moderne, XIVe-XVe siècle
par Michel Mollat

H29. Décadence romaine ou Antiquité tardive ? IIIe-VIe siècle
par Henri-Irénée Marrou

H30. Carthage ou l'Empire de la mer, *par François Decret*

H31. Essais sur l'histoire de la mort en Occident du Moyen Age à nos jours, *par Philippe Ariès*

H32. Le Gaullisme (1940-1969), *par Jean Touchard*

H33. Grenadou, paysan français
par Ephraïm Grenadou et Alain Prévost

H34. Piété baroque et Déchristianisation en Provence au XVIIIe siècle
par Michel Vovelle

H35. Histoire générale de l'Empire romain
1. Le Haut-Empire, *par Paul Petit*

H36. Histoire générale de l'Empire romain
2. La crise de l'Empire, *par Paul Petit*

H37. Histoire générale de l'Empire romain
3. Le Bas-Empire, *par Paul Petit*

H38. Pour en finir avec le Moyen Age, *par Régine Pernoud*

H39. La Question nazie, *par Pierre Ayçoberry*

H40. Comment on écrit l'histoire, *par Paul Veyne*

H41. Les Sans-culottes, *par Albert Soboul*

H42. Léon Blum, *par Jean Lacouture*

H43. Les Collaborateurs (1940-1945), *par Pascal Ory*

H44. Le Fascisme italien (1919-1945), *par Pierre Milza et Serge Berstein*

H45. Comprendre la Révolution russe, *par Martin Malia*

H46. Histoire de la pensée européenne
6. L'ère des masses, *par Michael D. Biddiss*

H47. Naissance de la famille moderne, *par Edward Shorter*

H48. Mythe de la procréation à l'âge baroque, *par Pierre Darmon*

H49. Histoire de la bourgeoisie en France
1. Des origines aux temps modernes, *par Régine Pernoud*

H50. Histoire de la bourgeoisie en France
2. Les Temps modernes, *par Régine Pernoud*

H51. Histoire des passions françaises (1848-1945)
1. Ambition et amour, *par Theodore Zeldin*

H52. Histoire des passions françaises (1848-1945)
2. Orgueil et intelligence, *par Theodore Zeldin*

H53. Histoire des passions françaises (1848-1945)
3. Goût et corruption, *par Theodore Zeldin*

H54. Histoire des passions françaises (1848-1945)
4. Colère et politique, *par Theodore Zeldin*

H55. Histoire des passions françaises (1848-1945)
5. Anxiété et hypocrisie, *par Theodore Zeldin*

H56. Histoire de l'éducation dans l'Antiquité
1. Le monde grec, *par Henri-Irénée Marrou*

H57. Histoire de l'éducation dans l'Antiquité
2. Le monde romain, *par Henri-Irénée Marrou*

H58. La Faillite du Cartel, 1924-1926
(Leçon d'histoire pour une gauche au pouvoir)
par Jean-Noël Jeanneney
H59. Les Porteurs de valises, *par Hervé Hamon et Patrick Rotman*
H60. Histoire de la guerre d'Algérie (1954-1962)
par Bernard Droz et Évelyne Lever
H61. Les Occidentaux, *par Alfred Grosser*
H62. La Vie au Moyen Age, *par Robert Delort*
H63. Politique étrangère de la France (La Décadence, 1932-1939)
par Jean-Baptiste Duroselle
H64. Histoire de la guerre froide
1. De la révolution d'Octobre à la guerre de Corée, 1917-1950
par André Fontaine
H65. Histoire de la guerre froide
2. De la guerre de Corée à la crise des alliances, 1950-1963
par André Fontaine
H66. Les Incas, *par Alfred Métraux*
H67. Les Écoles historiques, *par Guy Bourdé et Hervé Martin*
H68. Le Nationalisme français, 1871-1914, *par Raoul Girardet*
H69. La Droite révolutionnaire, 1885-1914, *par Zeev Sternhell*
H70. L'Argent caché, *par Jean-Noël Jeanneney*
H71. Histoire économique de la France du XVIIIe siècle à nos jours
1. De l'Ancien Régime à la Première Guerre mondiale
par Jean-Charles Asselain
H72. Histoire économique de la France du XVIIIe siècle à nos jours
2. De 1919 à la fin des annnées 1970
par Jean-Charles Asselain
H73. La Vie politique sous la IIIe République, *par Jean-Marie Mayeur*
H74. La Grèce archaïque d'Homère à Eschyle, *par Claude Mossé*
H75. Histoire de la « détente » 1962-1981, *par André Fontaine*
H76. Études sur la France de 1939 à nos jours
par la revue « L'Histoire »
H77. L'Afrique au XXe siècle, *par Elikia M'Bokolo*

Nouvelle histoire de la France contemporaine

H101. La Chute de la monarchie (1787-1792), *par Michel Vovelle*
H102. La République jacobine (1792-1794), *par Marc Bouloiseau*
H103. La République bourgeoise de Thermidor à Brumaire (1794-1799) *par Denis Woronoff*
H104. L'Épisode napoléonien (1799-1815). Aspects intérieurs *par Louis Bergeron*
H105. L'Épisode napoléonien (1799-1815). Aspects extérieurs *par J. Lovie et A. Palluel-Guillard*
H106. La France des notables (1815-1848). L'évolution générale *par André Jardin et André-Jean Tudesq*
H107. La France des notables (1815-1848). La vie de la nation *par André Jardin et André-Jean Tudesq*
H108. 1848 ou l'Apprentissage de la République (1848-1852) *par Maurice Agulhon*
H109. De la fête impériale au mur des fédérés (1852-1871) *par Alain Plessis*
H110. Les Débuts de la Troisième République (1871-1898) *par Jean-Marie Mayeur*
H111. La République radicale ? (1898-1914) *par Madeleine Rebérioux*
H112. La Fin d'un monde (1914-1929), *par Philippe Bernard*
H113. Le Déclin de la Troisième République (1929-1938) *par Henri Dubief*
H114. De Munich à la Libération (1938-1944) *par Jean-Pierre Azéma*
H115. La France de la Quatrième République (1944-1958) 1. L'ardeur et la nécessité (1944-1952), *par Jean-Pierre Rioux*
H116. La France de la Quatrième République (1944-1958) 2. L'expansion et l'impuissance (1952-1958) *par Jean-Pierre Rioux*

Collection Points

SERIE ROMAN

R1. Le Tambour, *par Günter Grass*
R2. Le Dernier des Justes, *par André Schwarz-Bart*
R3. Le Guépard, *par Giuseppe Tomasi di Lampedusa*
R4. La Côte sauvage, *par Jean-René Huguenin*
R5. Acid Test, *par Tom Wolfe*
R6. Je vivrai l'amour des autres, *par Jean Cayrol*
R7. Les Cahiers de Malte Laurids Brigge, *par Rainer Maria Rilke*
R8. Moha le fou, Moha le sage, *par Tahar Ben Jelloun*
R9. L'Horloger du Cherche-Midi, *par Luc Estang*
R10. Le Baron perché, *par Italo Calvino*
R11. Les Bienheureux de La Désolation, *par Hervé Bazin*
R12. Salut Galarneau !, *par Jacques Godbout*
R13. Cela s'appelle l'aurore, *par Emmanuel Roblès*
R14. Les Désarrois de l'élève Törless, *par Robert Musil*
R15. Pluie et Vent sur Télumée Miracle, *par Simone Schwarz-Bart*
R16. La Traque, *par Herbert Lieberman*
R17. L'Imprécateur, *par René-Victor Pilhes*
R18. Cent Ans de solitude, *par Gabriel Garcia Marquez*
R19. Moi d'abord, *par Katherine Pancol*
R20. Un jour, *par Maurice Genevoix*
R21. Un pas d'homme, *par Marie Susini*
R22. La Grimace, *par Heinrich Böll*
R23. L'Age du tendre, *par Marie Chaix*
R24. Une tempête, *par Aimé Césaire*
R25. Moustiques, *par William Faulkner*
R26. La Fantaisie du voyageur, *par François-Régis Bastide*
R27. Le Turbot, *par Günter Grass*
R28. Le Parc, *par Philippe Sollers*
R29. Ti Jean L'horizon, *par Simone Schwarz-Bart*
R30. Affaires étrangères, *par Jean-Marc Roberts*
R31. Nedjma, *par Kateb Yacine*
R32. Le Vertige, *par Evguénia Guinzbourg*
R33. La Motte rouge, *par Maurice Genevoix*
R34. Les Buddenbrook, *par Thomas Mann*
R35. Grand Reportage, *par Michèle Manceaux*
R36. Isaac le mystérieux (Le Ver et le Solitaire), *par Jerome Charyn*
R37. Le Passage, *par Jean Reverzy*
R38. Chesapeake, *par James A. Michener*
R39. Le Testament d'un poète juif assassiné, *par Elie Wiesel*
R40. Candido, *par Leonardo Sciascia*
R41. Le Voyage à Paimpol, *par Dorothée Letessier*
R42. L'Honneur perdu de Katharina Blum, *par Heinrich Böll*
R43. Le Pays sous l'écorce, *par Jacques Lacarrière*

R44. Le Monde selon Garp, *par John Irving*
R45. Les Trois Jours du cavalier, *par Nicole Ciravégna*
R46. Nécropolis, *par Herbert Lieberman*
R47. Fort Saganne, *par Louis Gardel*
R48. La Ligne 12, *par Raymond Jean*
R49. Les Années de chien, *par Günter Grass*
R50. La Réclusion solitaire, *par Tahar Ben Jelloun*
R51. Senilità, *par Italo Svevo*
R52. Trente Mille Jours, *par Maurice Genevoix*
R53. Cabinet Portrait, *par Jean-Luc Benoziglio*
R54. Saison violente, *par Emmanuel Roblès*
R55. Une comédie française, *par Erik Orsenna*
R56. Le Pain nu, *par Mohamed Choukri*
R57. Sarah et le Lieutenant français, *par John Fowles*
R58. Le Dernier Viking, *par Patrick Grainville*
R59. La Mort de la phalène, *par Virginia Woolf*
R60. L'Homme sans qualités, tome 1, *par Robert Musil*
R61. L'Homme sans qualités, tome 2, *par Robert Musil*
R62. L'Enfant de la mer de Chine, *par Didier Decoin*
R63. Le Professeur et la Sirène, *par Giuseppe Tomasi di Lampedusa*
R64. Le Grand Hiver, *par Ismaïl Kadaré*
R65. Le Cœur du voyage, *par Pierre Moustiers*
R66. Le Tunnel, *par Ernesto Sabato*
R67. Kamouraska, *par Anne Hébert*
R68. Machenka, *par Vladimir Nabokov*
R69. Le Fils du pauvre, *par Mouloud Feraoun*
R70. Cités à la dérive, *par Stratis Tsirkas*
R71. Place des Angoisses, *par Jean Reverzy*
R72. Le Dernier Chasseur, *par Charles Fox*
R73. Pourquoi pas Venise, *par Michèle Manceaux*
R74. Portrait de groupe avec dame, *par Heinrich Böll*
R75. Lunes de fiel, *par Pascal Bruckner*
R76. Le Canard de bois (Les Fils de la liberté, I), *par Louis Caron*
R77. Jubilee, *par Margaret Walker*
R78. Le Médecin de Cordoue, *par Herbert Le Porrier*
R79. Givre et Sang, *par John Cowper Powys*
R80. La Barbare, *par Katherine Pancol*
R81. Si par une nuit d'hiver un voyageur, *par Italo Calvino*
R82. Gerardo Laïn, *par Michel del Castillo*
R83. Un amour infini, *par Scott Spencer*
R84. Une enquête au pays, *par Driss Chraïbi*
R85. Le Diable sans porte (tome I : Ah, mes aïeux !) *par Claude Duneton*
R86. La Prière de l'absent, *par Tahar Ben Jelloun*
R87. Venise en hiver, *par Emmanuel Roblès*
R88. La Nuit du Décret, *par Michel del Castillo*
R89. Alejandra, *par Ernesto Sabato*
R90. Plein Soleil, *par Marie Susini*

R91. Les Enfants de fortune, *par Jean-Marc Roberts*
R92. Protection encombrante, *par Heinrich Böll*
R93. Lettre d'excuse, *par Raphaële Billetdoux*
R94. Le Voyage indiscret, *par Katherine Mansfield*
R95. La Noire, *par Jean Cayrol*
R96. L'Obsédé (L'Amateur), *par John Fowles*
R97. Siloé, *par Paul Gadenne*
R98. Portrait de l'artiste en jeune chien, *par Dylan Thomas*
R99. L'Autre, *par Julien Green*
R100. Histoires pragoises, *par Rainer Maria Rilke*
R101. Bélibaste, *par Henri Gougaud*
R102. Le Ciel de la Kolyma (Le Vertige, II)
par Evguénia Guinzbourg
R103. La Mulâtresse Solitude, *par André Schwarz-Bart*
R104. L'Homme du Nil, *par Stratis Tsirkas*
R105. La Rhubarbe, *par René-Victor Pilhes*
R106. Gibier de potence, *par Kurt Vonnegut*
R107. Memory Lane, *par Patrick Modiano*
dessins de Pierre Le Tan
R108. L'Affreux Pastis de la rue des Merles
par Carlo Emilio Gadda
R109. La Fontaine obscure, *par Raymond Jean*
R110. L'Hôtel New Hampshire, *par John Irving*
R112. Cœur de lièvre, *par John Updike*
R113. Le Temps d'un royaume, *par Rose Vincent*
R114. Poisson-chat, *par Jerome Charyn*
R115. Abraham de Brooklyn, *par Didier Decoin*
R116. Trois Femmes, *suivi de* Noces, *par Robert Musil*
R117. Les Enfants du sabbat, *par Anne Hébert*
R118. La Palmeraie, *par François-Régis Bastide*
R119. Maria Republica, *par Agustin Gomez-Arcos*
R120. La Joie, *par Georges Bernanos*
R121. Incognito, *par Petru Dumitriu*
R122. Les Forteresses noires, *par Patrick Grainville*
R123. L'Ange des ténèbres, *par Ernesto Sabato*
R124. La Fiera, *par Marie Susini*
R125. La Marche de Radetzky, *par Joseph Roth*
R126. Le vent souffle où il veut, *par Paul-André Lesort*
R127. Si j'étais vous..., *par Julien Green*
R128. Le Mendiant de Jérusalem, *par Elie Wiesel*
R129. Mortelle, *par Christopher Frank*
R130. La France m'épuise, *par Jean-Louis Curtis*
R131. Le Chevalier inexistant, *par Italo Calvino*
R132. Dialogues des Carmélites, *par Georges Bernanos*
R133. L'Étrusque, *par Mika Waltari*
R134. La Rencontre des hommes, *par Benigno Cacérès*
R135. Le Petit Monde de Don Camillo, *par Giovanni Guareschi*
R136. Le Masque de Dimitrios, *par Eric Ambler*

R137. L'Ami de Vincent, *par Jean-Marc Roberts*
R138. Un homme au singulier, *par Christopher Isherwood*
R139. La Maison du désir, *par France Huser*
R140. Moi et ma cheminée, *par Herman Melville*
R141. Les Fous de Bassan, *par Anne Hébert*
R142. Les Stigmates, *par Luc Estang*
R143. Le Chat et la Souris, *par Günter Grass*
R144. Loïca, *par Dorothée Letessier*
R145. Paradiso, *par José Lezama Lima*
R146. Passage de Milan, *par Michel Butor*
R147. Anonymus, *par Michèle Manceaux*
R148. La Femme du dimanche
par Carlo Fruttero et Franco Lucentini
R149. L'Amour monstre, *par Louis Pauwels*
R150. L'Arbre à soleils, *par Henri Gougaud*
R151. Traité du zen et de l'entretien des motocyclettes
par Robert M. Pirsig
R152. L'Enfant du cinquième Nord, *par Pierre Billon*
R153. N'envoyez plus de roses, *par Eric Ambler*
R154. Les Trois Vies de Babe Ozouf, *par Didier Decoin*
R155. Le Vert Paradis, *par André Brincourt*
R156. Varouna, *par Julien Green*
R157. L'Incendie de Los Angeles, *par Nathanaël West*
R158. Les Belles de Tunis, *par Nine Moati*
R159. Vertes Demeures, *par William-Henry Hudson*
R160. Les Grandes Vacances, *par Francis Ambrière*
R161. Ceux de 14, *par Maurice Genevoix*
R162. Les Villes invisibles, *par Italo Calvino*
R163. L'Agent secret, *par Graham Greene*
R164. La Lézarde, *par Edouard Glissant*
R165. Le Grand Escroc, *par Herman Melville*
R166. Lettre à un ami perdu, *par Patrick Besson*
R167. Evaristo Carriego, *par Jorge Luis Borges*
R168. La Guitare, *par Michel del Castillo*
R169. Épitaphe pour un espion, *par Eric Ambler*
R170. Fin de saison au Palazzo Pedrotti, *par Frédéric Vitoux*
R171. Jeunes années. Autobiographie 1, *par Julien Green*
R172. Jeunes années. Autobiographie 2, *par Julien Green*
R173. Les Égarés, *par Frédérick Tristan*
R174. Une affaire de famille, *par Christian Giudicelli*
R175. Le Testament amoureux, *par Rezvani*
R176. C'était cela notre amour, *par Marie Susini*
R177. Souvenirs du triangle d'or, *par Alain Robbe-Grillet*
R178. Les Lauriers du lac de Constance, *par Marie Chaix*
R179. Plan B, *par Chester Himes*
R180. Le Sommeil agité, *par Jean-Marc Roberts*
R181. Roman Roi, *par Renaud Camus*
R182. Vingt Ans et des poussières, *par Didier van Cauwelaert*

R183. Le Château des destins croisés, *par Italo Calvino*
R184. Le Vent de la nuit, *par Michel del Castillo*
R185. Une curieuse solitude, *par Philippe Sollers*
R186. Les Trafiquants d'armes, *par Eric Ambler*
R187. Un printemps froid, *par Danièle Sallenave*
R188. Mickey l'Ange, *par Geneviève Dormann*

Collection Points

SERIE SCIENCES

dirigée par Jean-Marc Lévy-Leblond

S1. La Recherche en biologie moléculaire, *ouvrage collectif*
S2. Des astres, de la vie et des hommes, *par Robert Jastrow*
S3. (Auto)critique de la science
par Alain Jaubert et Jean-Marc Lévy-Leblond
S4. Le Dossier électronucléaire
par le syndicat CFDT de l'Énergie atomique
S5. Une révolution dans les sciences de la Terre, *par A. Hallam*
S6. Jeux avec l'infini, *par Rózsa Péter*
S7. La Recherche en astrophysique, *ouvrage collectif*
S8. La Recherche en neurobiologie, *ouvrage collectif*
S9. La Science chinoise et l'Occident, *par Joseph Needham*
S10. Les Origines de la vie, *par Joël de Rosnay*
S11. Échec et Maths, *par Stella Baruk*
S12. L'Oreille et le Langage, *par Alexandre Tomatis*
S13. Les Énergies du Soleil, *par Pierre Audibert*
en collaboration avec Danielle Rouard
S14. Cosmic Connection ou l'appel des étoiles, *par Carl Sagan*
S15. Les Ingénieurs de la Renaissance, *par Bertrand Gille*
S16. La Vie de la cellule à l'homme, *par Max de Ceccatty*
S17. La Recherche en éthologie, *ouvrage collectif*
S18. Le Darwinisme aujourd'hui, *ouvrage collectif*
S19. Albert Einstein, créateur et rebelle, *par Banesh Hoffmann*
S20. Les Trois Premières Minutes de l'Univers
par Steven Weinberg
S21. Les Nombres et leurs mystères, *par André Warusfel*
S22. La Recherche sur les énergies nouvelles, *ouvrage collectif*
S23. La Nature de la physique, *par Richard Feynman*
S24. La Matière aujourd'hui, *par Émile Noël et al.*
S25. La Recherche sur les grandes maladies, *ouvrage collectif*
S26. L'Étrange Histoire des Quanta
par Banesh Hoffmann, Michel Paty
S27. Éloge de la différence, *par Albert Jacquard*
S28. La Lumière, *par Bernard Maitte*
S29. Penser les mathématiques, *ouvrage collectif*
S30. La Recherche sur le cancer, *ouvrage collectif*
S31. L'Énergie verte, *par Laurent Piermont*
S32. Naisssance de l'Homme, *par Robert Clarke*
S33. Recherche et Technologie, *Actes du Colloque national*
S34. La Recherche en physique nucléaire, *ouvrage collectif*
S35. Marie Curie, *par Robert Reid*
S36. L'Espace et le Temps aujourd'hui, *ouvrage collectif*

S37. La Recherche en histoire des sciences, *ouvrage collectif*
S38. Petite Logique des forces, *par Paul Sandori*
S39. L'Esprit de sel, *par Jean-Marc Lévy-Leblond*
S40. Le Dossier de l'énergie
par le Groupe confédéral énergie de la CFDT
S41. Comprendre notre cerveau, *par Jacques-Michel Robert*
S42. La Radioactivité artificielle
par Monique Bordry et Pierre Radvanyi
S43. Darwin et les Grandes Énigmes de la vie, *par Stephen Jay Gould*
S44. Au péril de la science ?, *par Albert Jacquard*
S45. La Recherche sur la génétique et l'hérédité, *ouvrage collectif*

Collection Points

SERIE SAGESSES

dirigée par Jean-Pie Lapierre

Sa1. Paroles des anciens. Apophtegmes des Pères du désert *par Jean-Claude Guy*
Sa2. Pratique de la voie tibétaine, *par Chögyam Trungpa*
Sa3. Célébration hassidique, *par Elie Wiesel*
Sa4. La Foi d'un incroyant, *par Francis Jeanson*
Sa5. Le Bouddhisme tantrique du Tibet, *par John Blofeld*
Sa6. Le Mémorial des saints, *par Farid-ud-Din' Attar*
Sa7. Comprendre l'Islam, *par Frithjof Schuon*
Sa8. Esprit zen, Esprit neuf, *par Shunryu Suzuki*
Sa9. La Bhagavad Gîtâ, *traduction et commentaires par Anne-Marie Esnoul et Olivier Lacombe*
Sa10. Qu'est-ce que le soufisme ?, *par Martin Lings*
Sa11. La Philosophie éternelle, *par Aldous Huxley*
Sa12. Le Nuage d'inconnaissance, *traduit de l'anglais par Armel Guerne*
Sa13. L'Enseignement du Bouddha, *par Walpola Rahula*
Sa14. Récits d'un pèlerin russe, *traduit par Jean Laloy*
Sa15. Le Nouveau Testament, *traduit par Émile Osty et Joseph Trinquet*
Sa16. La Voie et sa vertu, *par Lao-tzeu*
Sa17. L'Imitation de Jésus-Christ, *traduit par Lamennais*
Sa18. Le Mythe de la liberté, *par Chögyam Trungpa*
Sa19. Le Pèlerin russe, trois récits inédits
Sa20. Petite Philocalie de la prière du cœur *traduit et présenté par Jean Gouillard*
Sa21. Le Zohar, *extraits choisis et présentés par Gershom G. Scholem*
Sa22. Les Pères apostoliques *traduction et introduction par France Quéré*
Sa23. Vie et Enseignement de Tierno Bokar *par Amadou Hampaté Bâ*
Sa24. Entretiens de Confucius
Sa25. Sept Upanishads, *par Jean Varenne*
Sa26. Méditation et Action, *par Chögyam Trungpa*
Sa27. Œuvres de saint François d'Assise
Sa28. Règles des moines *introduction et présentation par Jean-Pie Lapierre*
Sa29. Exercices spirituels, *par saint Ignace de Loyola traduction et commentaires par Jean-Claude Guy*
Sa30. La Quête du Graal *présenté et établi par Albert Béguin et Yves Bonnefoy*
Sa31. Confessions de saint Augustin *traduction par Louis de Mondadon*

Sa32. Les Prédestinés, *par Georges Bernanos*
Sa33. Les Hommes ivres de Dieu, *par Jacques Lacarrière*
Sa34. Évangiles apocryphes, *par France Quéré*
Sa35. La Nuit obscure, *par saint Jean de la Croix traduction du P. Grégoire de Saint Joseph*
Sa36. Découverte de l'Islam, *par Roger Du Pasquier*

Collection Points

SERIE POINT-VIRGULE

V1. Manuel de savoir-vivre à l'usage des rustres et des malpolis
par Pierre Desproges
V2. Petit Fictionnaire illustré, *par Alain Finkielkraut*
V3. Quand j'avais cinq ans, je m'ai tué
par Howard Buten
V4. Lettres à sa fille (1877-1902), *par Calamity Jane*
V5. Café Panique, *par Roland Topor*
V6. Le Jardin de ciment, *par Ian McEwan*
V7. L'Age-déraison, *par Daniel Rondeau*
V8. Juliette a-t-elle un grand Cui ?, *par Hélène Ray*
V9. T'es pas mort !, *par Antonio Skarmeta*
V10. Petite Fille rouge avec un couteau
par Myrielle Marc
V11. Manuel à l'usage des enfants qui ont des parents difficiles
par Jeanne Van den Brouck
V12. Le A nouveau est arrivé
par Pierre Ziegelmeyer et Jean-Benoît Thirion
V13. Comment faire l'enfant (17 leçons pour ne pas grandir)
par Delia Ephron
V14. Zig-Zag, *par Alain Cahen*
V15. Plumards, de cheval, *par Groucho Marx*
V16. Bleu, je veux, *par Gisèle Bienne*
V17. Moi et les Autres, *par Albert Jacquard*
V18. Au vrai chic anatomique, *par Frédéric Pagès*
V19. Le Petit Pater illustré, *par Jacques Pater*
V20. Cherche souris pour garder chat, *par Hélène Ray*
V21. Un enfant dans la guerre, *par Saïd Ferdi*
V22. La Danse du coucou, *par Aidan Chambers*
V23. Mémoires d'un amant lamentable
par Groucho Marx
V24. Le Cœur sous le rouleau compresseur
par Howard Buten
V25. Le Cinéma américain, *par Olivier-René Veillon*
V26. Voilà un baiser, *par Anne Perry-Bouquet*
V27. Le Cycliste de San Cristobal, *par Antonio Skarmeta*
V28. Tchao l'enfance, craignos l'amour, *par Delia Ephron*
V29. Mémoires capitales, *par Groucho Marx*
V30. Dieu, Shakespeare et Moi, *par Woody Allen*
V31. Dictionnaire superflu à l'usage de l'élite et des bien nantis
par Pierre Desproges
V32. Je t'aime, je te tue, *par Morgan Sportès*
V33. Rock-vinyl (Pour une discothèque du rock)
par Jean-Marie Leduc

Collection Points

SERIE BIOGRAPHIE

B1. George Sand ou le scandale de la liberté, *par Joseph Barry*
B2. Mirabeau, *par Guy Chaussinand-Nogaret*
B3. George Orwell, une vie, *par Bernard Crick*
B4. Colette, libre et entravée, *par Michèle Sarde*
B5. Raymond Chandler, le gentleman de Californie
par Frank MacShane
B6. Lewis Carroll, une vie, *par Jean Gattégno*
B7. Van Gogh ou l'enterrement dans les blés, *par Viviane Forrester*
B8. Frère François, *par Julien Green*
B9. Blaise Cendrars, *par Miriam Cendrars*